O Brasil dos espertos

Uma análise da construção social de
ARIANO SUASSUNA como criador e criatura

Eduardo Dimitrov

O Brasil dos espertos

Uma análise da construção social de
ARIANO SUASSUNA como criador e criatura

Copyright © 2011 Eduardo Dimitrov

Edição: Joana Monteleone/ Haroldo Ceravolo Sereza/ Roberto Cosso
Editor Assistente: Vitor Rodrigo Donofrio Arruda
Assistente editorial: Patrícia Jatobá U. de Oliveira
Revisão: Ana Paula Marchi Martini
Assistente de Produção: João Paulo Putini
Projeto gráfico, capa e diagramação: Patrícia Jatobá U. de Oliveira
Imagens da capa e quarta capa: Alexandre Nóbrega, *Teorias que Explicam o Universo I* VIII, 2000. Gravuras em metal impressas em papel 76 X 56.

CIP-BRASIL. CATALOGAÇÃO-NA-FONTE
SINDICATO NACIONAL DOS EDITORES DE LIVROS, RJ

D58b

Dimitrov, Eduardo
O Brasil dos espertos : uma análise da construção social de Ariano Suassuna como criador e criatura / Eduardo Dimitrov. - São Paulo : Alameda, 2011.
290p.

Inclui bibliografia
ISBN 978-85-7939-086-9

1. Suassuna, Ariano, 1927- - Crítica e interpretação. 2. Literatura brasileira - História e crítica. 3 .Teatro (Literatura) - Brasil - História e crítica. I. Título.

11-1620.

CDD: 869.92

CDU: 821.134.3(81)-2

025332

[2011]
Todos os direitos reservados à
ALAMEDA CASA EDITORIAL
Rua Conselheiro Ramalho, 694, Bela Vista
CEP 01325-000 São Paulo SP
Tel. (11) 3012-2400
www.alamedaeditorial.com.br

Para Maíra

Sumário

Um mundo feito de dicotomias e coincidências (mas nem tanto)	9
Prólogo	15
Introdução	19
Uma genealogia em fascículos	33
Briga de família ou teatro da vida, teatro da morte	39
Tragédia sertaneja ou o mito de um mundo perdido	48
1930 – Uma história fundadora	52
Formação	87
Companhias de teatro	93
Hermilo Borba Filho e o Teatro do Estudante de Pernambuco	104
TEP *versus* TAP, Sertão *versus* Cidade, ou, ainda, Brasil Real *versus* Brasil Oficial	113
Suassuna após o TEP	117
Teatro e Genealogia	133
As Tragédias Nordestinas	136
Cantam as Harpas de Sião ou *O Desertor de Princesa*	150
Torturas de um Coração ou Em Boca Fechada não Entra Mosquito	166
Tragédia da vida e alegria na morte	173

Saga nordestina às avessas	185
Sol, seca e fome	187
Entre espertos e ignorantes	189
Intimidade, favor e troca	210

Ariano Suassuna e a cultura popular: ou considerações finais — 231

A construção do popular	239
Suassuna entre o Popular e o Oficial	244

Epílogo — 249

Bibliografia — 253

Obras e depoimentos de Ariano Suassuna	255
Colunas na Imprensa	258
Sobre Suassuna	268
Livros, teses e artigos	272
Filmes	284
Sites	284

Agradecimentos — 285

Um mundo feito de dicotomias e coincidências (mas nem tanto)

No ano de 1990, Ariano Suassuna era empossado na cadeira número 32 da Academia Brasileira de Letras, cujo patrono é Araujo Porto-Alegre; famoso artista da corte de Pedro II. Como o universo de Ariano é feito de coincidências, poder-se-ia dizer que a homenagem vinha de encomenda ao homenageado. Um grande artista recebia a outro; um inventor de mundos abria espaços para um colega dileto. É certo que Porto-Alegre foi antes pintor e, depois, uma espécie de artífice do Estado, mas até as coincidências têm lá seus limites. De um lado, um inventor de uma Corte tropical, de outro, um criador de um Brasil modernista, porque nordestino.

O fato é que para aquele que acredita em coincidências, o limite está mais além do que a nossa "vã (e real) filosofia" pode se permitir ver ou entender. Se coincidências não existirem, dá-se um tapa na realidade e elas reaparecem no calendário, na mística celeste, ou no mistério do cotidiano. Afinal, foi talvez por isso (ou melhor, com certeza, por conta disso) que Suassuna escolheu o dia nove do mês de agosto, em 1990, para a sua posse na Academia: mesmo dia que, em outubro, se completaria sessenta anos da morte do pai.

Na verdade, para aqueles que acreditam em sorte, destino e (porque não) coincidências, o mundo parece estar sempre se voltando sobre si mesmo. Também não por acaso, em seu discurso na solenidade ocorrida na ABL,

Suassuna definiu sua atividade de escritor como uma maneira dileta de reviver a memória de seu pai: "Foi de meu pai, João Suassuna que herdei, entre outras coisas, o amor pelo Sertão, principalmente o da Paraíba, e a admiração por Euclides da Cunha. Posso dizer que, como escritor eu sou, de certa forma, aquele mesmo menino que, perdendo o Pai assassinado no dia 9 de outubro de 1930, passou o resto da vida tentando protestar contra a morte através do que faço e do que escrevo ..."

No relato feito para ser declamado em momento celebratório e memorável (no sentido de permanecer firme e forte na memória) destacam-se alguns elementos presentes na oratória de Suassuna, expressa em poemas, romances, artigos e em sua dramaturgia. Em primeiro lugar, a memória do pai, e de seu assassinato, a dividir-lhe e definir a vida futura. Esse episódio seria tantas vezes lembrado, e em ocasiões tão distintas, que o conjunto mais parece composto por versões, do que por dados fixos ou eventos rigidamente delimitados. Há um ar de mistério em cada novo texto; uma novidade muito bem guardada até a publicação de mais um artigo. Aí está o receituário para a ficção de Suassuna, que dando um tapa no evento o reinventa ao mesmo tempo que rememora. Em segundo lugar, surge o sertão da Paraíba e de Euclides da Cunha, igualmente marcado pela violência. O sertão isolado, da pobreza, das brigas e vinganças, mas de uma cultura popular guardada; como que imaculada. Em terceiro lugar, surge expressa, por fim, a posição de escritor; um escritor de protesto e pautado pela contraposição. Violência familiar, mas violência dos costumes, das práticas de jagunços e de famílias inteiras que se perdem (ou se ganham) em meio às suas rixas. Artista nordestino – identificado com o Nordeste –, avesso à modernidade e a todo o artificialismo que, segundo ele, ela possa significar. Mas há ainda espaço para um outro lugar. Na fala pública, fica também atestado o partido literário daquele que sempre misturou ficção com realidade, de maneira a borrar fronteiras e disfarçar dicotomias fáceis. Afinal, seu Nordeste não é exatamente a região vasculhada pelo etnógrafo, em busca de laivos

O Brasil dos espertos

de verdade. Nesse caso, o mito vira metáfora e vice-versa, como diz sempre Marshal Sahlins, e a literatura vira espaço para o lúdico, para a criação, para um imaginário vincado por uma agenda que se pretende diferente do Sul moderno e modernista.

Suassuna tinha três anos na lembrança, mas quase sessenta e três na memória quando apresentou-se na frente do salão nobre da ABL. Tal qual sonho impactado pela realidade, e que por isso se assemelha a pesadelo, a narrativa de nosso autor seleciona, distingue, esconde ou destaca. E não são poucos, afinal, os autores que se voltaram à infância para falar e legitimar passos futuros. Lembro, sobretudo, do relato melancólico de Joaquim Nabuco, em "Massangana", quando o menino de oito anos surge no ensaio como senhor idoso, autoexilado e que lamenta o destino do Império e recorda com saudades dos idos da meninice, no engenho de sua avó. O recuo ao passado é sempre feito de novas descobertas, e movido pelo afã de encontrar unicidade e coerência em percursos que muitas vezes devem mais ao acaso e à sorte.

Mas o mundo de Ariano não parece feito de acaso, e sim de reiteradas coincidências. Ao mesmo tempo, são elas que repõem uma série de dicotomias, fundantes da obra, e que vão como que constituindo universos de significação: sertão versus cidade; seca versus chuva e cheia, fome versus abundância; popular versus burguês, pureza versus conspurcação; espertos versus ignorantes; deus versus o diabo. Desse repertório vasto, sobressai-se um novo território feito de paradoxos e oposições criadoras: um Nordeste da seca, mas rico e pujante; a outra face da modernidade que a tudo iguala e a todos anula.

É por detrás desse autor que surge um novo autor, com direito a estilo e marca autoral. Estou me referindo ao trabalho inteligente e sensível de Eduardo Dimitrov que, identificado com Suassuna, jamais se confunde com ele, por mais que esse seja um "objeto" dado a identificações desse tipo. Eduardo mantém-se firme em sua posição de analista e dá um banho de

Eduardo Dimitrov

método ao mostrar como a simpatia para com um personagem não nos faz reféns dele, ou de sua biografia detalhadamente construída.

Até o último momento do livro, Eduardo Dimitrov não abre mão de sua posição de intérprete, vacinado pela antropologia mas também pela sociologia e pela história. Ri, inclusive, de seu próprio papel, quando, convidado a assistir uma peça de Suassuna, assume uma nova roupagem: a de um aluno de pós-graduação, estudante de antropologia e da obra de Suassuna. Nessa hora, criador e criatura se confundem, e é o "objeto de estudo" que tenta se voltar contra o "sujeito". Mas sujeito que é sujeito não perde a pose, e Eduardo vira o jogo ou parte para nova partida.

Dono de um estilo preciso e direto, Eduardo conduz seu leitor a uma bela orquestração, que nos leva a percorrer a biografia desse autor, sem nos confundirmos com ela; entender o contexto cultural em que Ariano se movia (mas vacinados contra glorificações ou estetizações excessivas); reencontrar nos artigos as intrigas e brigas de família tão constitutivas da sociabilidade nordestina dos anos 1930, devidamente imunizados, porém, diante de um certo fascínio ou estética da violência. Adentramos, por fim, na produção teatral de Suassuna, para descortinar como, de um lado, fato e criação se enlaçam, mas, de outro, como se inventam tipos, modelos, universos culturais. Cultura é entendida aqui a partir da dupla face do espelho. Se reflete a realidade (e é isso que Suassuna nos leva a entender) também a cria, remodela e traduz. Um certo Nordeste, cuidadosamente desenhado, transparece nessa cartografia de dono próprio, cheio de espertos e ingênuos; ricos e pobres, mas favores de toda ordem e sofisticação.

Rigoroso, Eduardo vai à bibliografia teórica só quando ela se apresenta necessária, e, mesmo assim, a utiliza com critério e de maneira cuidadosa. Nada de erudição fora de lugar, ou tentativa de impactar o leitor a partir do desfile de nomes, escolas ou do lustros de conhecimento fácil e de citação. Ao contrário, modelos teóricos parecem ser introduzidos apenas quando inspiram a pensar, interpretar e apoiar a análise das obras de dramaturgia ou dos textos e

O Brasil dos espertos

ensaios. Sim, pois Suassuna é esperto como seus personagens, e é melhor levá-lo "no laço", a fim de evitar o risco de só parafrasear o que o texto já diz: jurar a vingança, lamentar a sina ou desfazer dos mais abonados. Paradoxal é pensar que, diante de texto tão exuberante, cheio de adjetivos, barroco até, Eduardo nos devolve uma análise quase contida – tímida como seu autor – mas absolutamente essencial. Com sua escrita enxuta e competente, Dimitrov é econômico no número de páginas, mas nunca esquece a piada, o riso, o deboche; outro elemento fundamental no cancioneiro de Suassuna.

Se o mundo é mesmo feito de boas dicotomias e coincidências, mais uma uniu o analista ao objeto analisado. Só um intérprete tão cirúrgico, como Eduardo Dimitrov, poderia articular, com tanta felicidade, as dimensões sociológicas, históricas, estéticas e antropológicas, especialmente relevantes em um trabalho voltado para a análise da obra de Suassuna. Foi mais ou menos esse o parecer de sua banca de dissertação de mestrado (que agora, e finalmente, se transforma em livro), a qual, de forma reiterada e com justiça, destacou a originalidade e excelência desse trabalho que agora chega ao público mais amplo. Foram quatro longos anos, mas dizem que "quem espera sempre alcança". O livro sai agora, muito melhor, ainda mais maduro, ainda mais impactante em seus argumentos. Essa é também a opinião dessa amiga, "colega, desorientadora" que, com a emoção penhorada, reconhece no antigo aluno um grande intelectual. Como diria o Eduardo: "É isso".

Lilia Moritz Schwarcz
Professora titular do Departamento de
Antropologia da Universidade de São Paulo

Prólogo[1]

Conheci Ariano Suassuna pessoalmente em um evento na cidade de Jundiaí (S.P.). Seu secretário, Alexandre Nóbrega, que já me conhecia, avisou-me que Ariano receberia uma homenagem, na parte da manhã. No final da tarde, inauguraria, com uma palestra, uma sala de teatro com o seu nome. Fui, então, pela primeira vez, a Jundiaí. Como me perdi, tanto na saída de São Paulo, quanto na entrada da cidade, cheguei já no final da homenagem. Não a tempo de assistir à cerimônia. Vi apenas Ariano posando para fotógrafos.

De qualquer forma, logo encontrei Alexandre, que, a essas alturas da minha pesquisa, já me tratava como um amigo. Ficamos conversando até ele conseguir apresentar-me ao escritor.

Logo no primeiro cumprimento, Ariano tratou-me como se nos conhecêssemos há muito tempo. Dispensou os jornalistas, sentou-se numa cadeira, puxando-me para que sentasse ao seu lado, e começou a comentar meu trabalho e a me perguntar coisas.

Alexandre, vendo a afobação de Ariano em me atender, procurou acalmá-lo dizendo que ele poderia terminar de tirar as fotos, porque eu iria almoçar com eles e teríamos tempo suficiente para conversar. Eu nem imaginava que iria almoçar naquele dia, muito menos com o meu objeto de estudos. Se ele falou, teria de concordar na hora.

---

1 Este prólogo foi lido durante a defesa da Dissertação de Mestrado que deu origem a este livro. Por sugestão da banca examinadora, ele foi incorporado como uma apresentação deste trabalho.

O cicerone da prefeitura – se não me engano, o secretário de Cultura – imaginou que eu fosse, no mínimo, um grande amigo do escritor, e não questionou em nenhum momento quem eu era. Fomos então para um restaurante na zona rural de Jundiaí.

Olhando a cena hoje, cerca de três anos depois, fico com dó do cicerone. Ele cometeu uma série de pequenas gafes que evidenciavam o seu desconhecimento do convidado e que me ajudarão a, rapidamente, caracterizar Suassuna para os que não o conhecem.

Já no carro, indo para o restaurante que ficava a uns trinta minutos do centro da cidade, enquanto Ariano Suassuna assobiava uma música do Quinteto Armorial,[2] o cicerone, aumentando o volume do rádio do carro, dispara um elogio a Gilberto Gil, que começara a tocar.

Ariano olhou-o desconfiado. O cicerone perguntou então: "O senhor não gosta de Gilberto Gil?". Suassuna respondeu: "Não tenho nada contra ele não, mas de sua música eu não gosto". Desconcertado, o representante da prefeitura tentou de algum modo se livrar da situação e disse: "Gostando ou não, não há quem negue que ele tem *swing*". Ariano, num gesto, ou diplomático ou esperto, calou-se, para que o seu cicerone não se enrolasse ainda mais.

O diálogo, evidentemente, não agradou Ariano. O Tropicalismo foi o movimento estético que o escritor mais combateu nos anos 1970; acusou Gil, Caetano e outros tropicalistas de descaracterizarem a cultura "genuinamente brasileira", por adicionarem elementos "estrangeiros" e "massificadores" na música popular: o rock e a guitarra elétrica.

O mesmo argumento Ariano usa para defender a língua portuguesa dos estrangeirismos, principalmente daqueles provindos do inglês. É contra a substituição de palavras portuguesas por estrangeiras sem nenhum critério

---

2 *Quinteto Armorial* foi um grupo de música de câmara e carro-chefe do *Movimento Armorial*, encabeçado por Suassuna nos anos 70 que, em boa parte de suas prerrogativas, se contrapunha aos tropicalistas e a influência do rock na Música Popular Brasileira.

O Brasil dos espertos

(como "promoção" por "sale", "desconto de 50%" por "50% Off" ou "pausa para o café" por "coffee-break").

Aliás, essa atitude contra estrangeirismos provoca uma visão caricaturizada de Ariano que, de modo geral, aparece na mídia: o intelectual ufanista que combateu o Tropicalismo (e posteriormente o Mangue-Beat), que não gosta de andar de avião, que odeia computador e tem pavor de palavras inglesas na língua portuguesa.

Chegando ao restaurante, Ariano pede uma água de coco. Quando o garçom traz seu pedido, ele fica alguns segundos a mirar o objeto: uma água de coco em caixinha. Gira a embalagem, olha-a por todos os lados e afirma com uma voz de desalento: "isso é uma desmoralização com a água de coco...". E, depois de mais alguns segundos de observação inconformada, ele completa: "ela vem em uma embalagem tão bonita na natureza, tão original...".

Essas passagens complementam um dos argumentos centrais do meu texto: a ideia de que Ariano guia suas opiniões e suas tomadas de posição a partir de valores sociais que giram em torno da intriga, nos termos da Ana Cláudia Marques (2002), em que sua família se envolveu nos anos 1930.

Suassuna faz questão de, em seu teatro, em seus romances e artigos, construir narrativamente, como uma espécie de genealogia familiar, uma história fundadora de toda a sua estirpe sertaneja. É a partir dessa construção de uma identidade familiar – associando os Suassuna ao mundo rural e popular em oposição ao inimigo urbano e cosmopolita, representado pela família Pessoa –, que Ariano baliza suas posturas estéticas, políticas e, até mesmo, a observação de uma novidade para ele: uma água de coco em caixinha.

Para Ariano, o mundo urbano e industrial havia violado algo belo – a embalagem original da água de coco. Ali, naquele restaurante em Jundiaí, Ariano não fez um discurso ecológico, listando os males das embalagens Tetra Pak e o aumento da produção de lixo no planeta. Ele simplesmente personificou a água de coco: reconheceu nela o *status* de ente desmoralizado por ter a origem alterada pelo mundo urbano.

A defesa da cultura popular, a briga pela preservação das tradições e a ojeriza ao que chama de "moderno", simbolizado aqui no nosso exemplo pela guitarra elétrica, pelo *swing* e pela embalagem Tetra Pak, são variantes mínimas, expressas cotidianamente, de posições que o escritor fez questão de tomar ao longo de sua trajetória intelectual, artística e política.

Explorei de que modo determinadas escolhas artísticas, políticas e discursivas remetem a toda uma construção social da identidade da família ou de uma parentela à qual Ariano Suassuna pertence.

Para isso, debrucei-me sobre as peças de teatro que Ariano produziu entre 1947 e 1960, tentando extrair delas a tradução que faz do Brasil. Nessas peças, o dramaturgo cria uma imagem muito específica do Nordeste brasileiro, ligando-o às tradições populares, à alegria dos pobres, à esperteza dos menos favorecidos, ao privatismo das relações.

Essa imagem, de alguma forma, foi vitoriosa. Basta lembrar que tanto em Recife como em João Pessoa há grandes monumentos – prédios públicos, esculturas, painéis – voltados à "cultura popular". A propaganda turística, principalmente de Pernambuco, gira em torno do suposto de que o Estado manteria as "tradições genuinamente brasileiras" preservadas, entre elas, o maracatu, o frevo e a escultura figurativa inaugurada por Vitalino.

Ariano não foi o único a desenhar o Nordeste com essas feições. O que me interessou no autor foi o modo pelo qual, na medida em que construía uma imagem de Nordeste "típico" – nos romances, nas políticas públicas que implementou em seus diferentes cargos, e, principalmente, no teatro, que foi meu objeto de pesquisa –, ele também construía uma identidade familiar, posicionando-se no interior da briga de família. O desenrolar das disputas causou a morte, por um lado, de João Suassuna, seu pai, de João Dantas, seu primo, de Augusto Caldas, cunhado de Dantas, e, do outro lado, de João Pessoa, o inimigo urbano.

É nesse ponto que Ariano Suassuna pode ser pensado como criador e criatura de uma tradução de Nordeste e de uma genealogia familiar.

Introdução

Em 1980, Ariano Suassuna escreveu o seguinte soneto:

A Acauhan – A Malhada da Onça[1]
Com mote de Janice Japiassu

Aqui morava um Rei, quando eu menino:
vestia ouro e Castanho no gibão.
Pedra da sorte sobre o meu Destino,
pulsava, junto ao meu, seu Coração.

Para mim, seu Cantar era divino,
quando, ao som da Viola e do bordão,
cantava com voz rouca o Desatino,
o Sangue, o riso e as mortes do Sertão.

Mas mataram meu Pai. Desde esse dia,
eu me vi, como um Cego, sem meu Guia,
que se foi para o Sol, transfigurado.

Sua Efígie me queima. Eu sou a Presa,
Ele, a Brasa que impele ao Fogo, acesa,
Espada de ouro em Pasto ensanguentado.

---

1 Este é um dos sonetos Iluminogravados, ou seja, originalmente eram acompanhados por imagens em um suporte de papel cartão de 44 cm X 66 cm em uma tiragem de 50 exemplares. Ariano Suassuna fez dois álbuns com esse tipo de produção misturando texto e imagem; *Sonetos com mote Alheio*, 1980, e Sonetos de Albano Cervonegro, 1985. É possível recuperar os textos de todas as iluminogravuras a partir do livro organizado por Newton Júnior (Suassuna, 1999b).

20

Eduardo Dimitrov

Poucos são os que conhecem os versos do autor do *Auto da Compadecida*. Ariano Suassuna sabe que não é muito valorizado como poeta; ele também reconhece que grande parte de sua poesia é extremamente hermética, "carregada de imagens, de metáforas, portanto, meio difícil" (Suassuna, 2000b: 32). Não é o caso deste soneto. Com o título referindo-se a duas das fazendas da família Suassuna – Acauhan e Malhada da Onça –, o poema traz fortes referências biográficas. O eu-lírico apresenta as consequências da morte do "Pai", que, vestindo "Ouro e Castanho no gibão", era visto pelo filho como uma mistura de vaqueiro e rei.[2]

Além de rei das fazendas Acauhan e Malhada da Onça, o pai é lembrado a partir do seu cantar divino, quando, ao som da viola e do bordão, "cantava com voz rouca o Desatino, o Sangue, o riso e as mortes do Sertão". Após o desaparecimento do pai, o eu-lírico vê-se como um cego sem seu guia, tornando-se presa de sua imagem.

Apesar de o bom-senso dizer que o eu-lírico não é o autor, neste soneto são inegáveis os paralelos com a vida de Ariano Suassuna. João Suassuna, ex-governador da Paraíba, foi assassinado em 1930 em função do conturbado período de brigas no interior da oligarquia epitacista que comandava o Estado. Ariano contava apenas três anos de idade quando se tornou órfão e foi obrigado, com toda a sua família, a fugir da capital e esconder-se dos inimigos no interior do Estado.

O escritor fala muito sobre seu pai em artigos, entrevistas e palestras. Afirma, por exemplo, que João Suassuna era um amante de cantorias e desafios e que passava horas em meio aos funcionários de suas fazendas escutando os cantadores. Em uma entrevista, Ariano remete-se à paixão que o pai

---

2   Ariano, em seus textos, escreve uma série de palavras que julga mais importantes com letra maiúscula, uma técnica utilizada nos cordéis para destacar a palavra graficamente. Este soneto fornece uma boa amostra das que elege como as de maior destaque: Rei, Castanho, Destino, Coração, Cantar, Viola, Desatino, Sangue, Sertão, Pai, Cego, Guia, Sol etc.

O Brasil dos espertos

tinha pela literatura, pelos livros e pelo romanceiro popular e como tinha sido influenciado por isso tudo:

> Meu pai, que pra mim sempre foi uma figura mítica, tinha um livro de Leonardo Motta, que dedicou o livro, chamado Sertão Alegre, sobre o romanceiro, a umas seis ou sete pessoas, entre as quais meu pai. E no corpo do livro ele diz que meu pai forneceu muitos dos versos. Então, como livro era um objeto quase sagrado, comecei a respeitar os cantadores, comecei a ver que aqueles cantadores dos quais eu gostava tanto eram pessoas importantes. Isso foi fundamental para mim. (Suassuna, 2003b: 36)

Além disso, foi por meio da biblioteca deixada pelo ex-governador que Ariano entrou em contato com grandes autores, entre eles, Eça de Queiroz, Aloísio Azevedo, Machado de Assis e Euclides da Cunha.

Estes dois últimos são constantemente citados por Ariano como uma dupla fundamental para se compreender o Brasil. Diz o poeta em outra entrevista:

Machado de Assis tem uma frase que sempre me impressionou muito. Ele dizia que o país real é bom e revela os melhores instintos, mas o país oficial é caricato e burlesco. Eu [também] admiro profundamente Euclides da Cunha. Ele teve, como todos nós, a cabeça formada e deformada pelo Brasil oficial. Ele só foi enxergar o Brasil real pela primeira vez em Canudos. Para honra e glória dele, e graças ao gênio de escritor, ele mudou de visão. [...] Quando chegou lá, ele se viu diante de um crime e tomou imediatamente partido do Brasil real. A grandiosidade de Euclides da Cunha, para mim, é essa (Suassuna, 2005b: 34).

Essa distinção entre país real e país oficial, é central para compreender o modo como Ariano Suassuna opera e classifica o mundo: a partir de uma clara dicotomia. O Brasil real é aquele representado pelo povo de Canudos; são os pobres, os excluídos, os analfabetos, os sertanejos. Já o Brasil oficial é representado pela elite governante, que tem seus quadros formados pelas melhores escolas e universidades do país. Segundo a leitura suassuniana de Euclides da Cunha, o Brasil real era o sertão; o oficial, o litoral. Para Ariano, a distinção dos dois Brasis não está apenas em termos geográficos, mas sim no grau de inclusão social que cada um representa. Os pobres urbanos, moradores das favelas, seriam pertencentes ao mesmo *Brasil real* que os sertanejos da Paraíba.

Diante dessa divisão, Ariano, embora assuma seu pertencimento a famílias oriundas do Brasil oficial, diz ter sua atenção voltada ao Brasil real. Segundo ele, foi por esse motivo que se tornou um defensor da "cultura popular". Ele, enquanto artista, teria procurado sempre dar atenção ao Brasil real e à "cultura popular". Por mais que o resultado de seu trabalho pertencesse ao "Brasil oficial", as bases de sua inspiração seriam, em grande parte, provindas da "cultura do povo sertanejo". Esses são, assim, na representação do autor, dois mundos que não se comunicam. Trata-se de uma espécie de "culturalismo", já que cada um dos mundos é composto por elementos característicos, que conformam suas próprias identidades.

Ao longo deste livro, será explorado com mais detalhes esse modo de Suassuna enxergar o Brasil, e de que maneira essa interpretação está presente em suas peças de teatro. Afinal, foi na década de 1950, por meio do teatro, que Ariano tornou-se um escritor conhecido nacionalmente, inventando um olhar muito peculiar sobre o Nordeste brasileiro. Mais ainda, deu um lugar particular ao Nordeste brasileiro.

Ariano Suassuna configura-se como uma espécie de "tradutor do Nordeste": seleciona uma série de elementos aos quais atribui o caráter de "genuinamente brasileiros", compondo com eles noções de "cultura popular" e "identidade nacional"; agencia essas noções, tanto na construção de sua memória familiar, como na empreitada de edificação de um teatro que se quer nacional.

O Brasil dos espertos

É importante destacar que, apesar de trabalhar com versões de conceitos antropológicos, Suassuna não se pretende antropólogo. Ele mobiliza suas formulações nos embates artísticos que travou (e ainda trava) ao longo de sua carreira, mas não leva esse debate ao ambiente teórico da Antropologia. Mesmo assim, é possível identificar paralelos entre as concepções de Suassuna e as do culturalismo boasiano.[3] Alguns autores já até exploraram a relação entre Suassuna e toda a tradição alemã, passando por Herder e chegando aos irmãos Grimm.[4] Não foram encontrados, porém, depoimentos de Suassuna reportando suas ideias a essa tradição. Portanto, os paralelos são frutíferos apenas para explicitar as nuanças do pensamento do dramaturgo, e não para tentar reconhecer Ariano Suassuna como antropólogo, uma vez que o escritor não se apresenta como um deles.

A entrada do culturalismo na obra de Suassuna provavelmente se deu por meio da influência de Gilberto Freyre, que foi aluno de Franz Boas na Universidade de Columbia e trouxe para os trópicos uma leitura específica dessas formulações. Gilberto Freyre, em seu Manifesto Regionalista, levanta alguns aspectos do culturalismo de Boas (Freyre , 1996).

Nesse Manifesto lançado em 1926, Freyre defendia, entre outras ideias, uma nova separação política do Brasil, baseada nas regiões culturais do território brasileiro. As fronteiras federalistas adotadas não corresponderiam às fronteiras dos costumes e das tradições regionais.[5]

Freyre faz uma larga defesa da divisão territorial a partir de critérios culturais: os costumes, a culinária, a existência de festas tradicionais etc. Não

---

3   Algumas formulações do Culturalismo de Boas serão vista nos parágrafos seguintes.

4   Para a relação de Ariano com a tradição alemã ver: Moraes (2000; 2004) entre outros.

5   Diz Freyre: "O conjunto de regiões é que forma verdadeiramente o Brasil. Somos um conjunto de regiões antes de sermos uma coleção arbitrária de 'Estados', uns grandes outros pequenos, a se guerrearem economicamente como outras tantas Bulgárias, Sérvias e Montenegros [...]". (Freyre, 1996: 51).

24   Eduardo Dimitrov

só esses traços culturais como também o folclore de uma dada região determinariam as fronteiras políticas da federação. Segundo o sociólogo não se deveriam importar modelos federativos de outros países, e sim seguir as divisões culturais já existentes no território brasileiro para delas criar as divisões políticas.

Tudo se passa como se cada região recebesse o "status" de um povo independente, com as suas próprias tradições e o seu "gênio" específico, e, ao mesmo tempo, a unidade do Brasil se desse pela soma dessas regiões. O projeto regionalista não visava apenas ao Nordeste, mas pretendia que em cada região houvesse escritores pesquisando as tradições locais para que, a partir delas, fosse produzida uma literatura harmônica com o "espírito do povo" daquela parte do país.

Ora, mesmo se opondo ao projeto regionalista,[6] Suassuna executa algumas operações extremamente semelhantes às adotadas pelo grupo de José Lins do Rego: mergulhar no universo cultural de uma região, extraindo dela os traços elementares que constituem a singularidade daquele povo, e a partir deles criar uma obra artística que dialogue de maneira harmoniosa com a matéria prima, sem descaracterizá-la.

De qualquer maneira, o que aproxima tanto Freyre quanto Ariano do culturalismo é a noção de cultura como algo material, palpável, que pode ser coligido, preservado ou alterado. Segundo Manuela Carneiro da Cunha, em seu artigo "O futuro da questão indígena", pode-se compreender cultura e identidade a partir de dois modos básicos:

---

6   Suassuna irá se opor ao regionalismo afirmando que este é um neonaturalismo (Suassuna, 2000b: 34). Ao mesmo tempo, em outros textos, afirma a proximidade com as ideias de Gilberto Freyre, como no artigo "Teatro, Região e Tradição" (1962), publicado em uma coletânea em homenagem à *Casa Grande & Senzala*. Não deve-se perder de vista, porém, que, nos anos 1950, quando iniciava sua carreira de escritor, Freyre já era um sociólogo renomado. Ariano, assim, vê-se obrigado a criar distanciamentos para se afirmar como um intelectual na cena recifense.

O Brasil dos espertos

25

> O primeiro, a que poderíamos chamar, por simples conveniência, de "platônico", percebe a identidade e a cultura como "coisa". A identidade consistiria em, pelo menos como horizonte almejado, ser "idêntico" a um modelo, e supõe assim uma essência, enquanto a cultura seria um conjunto de itens, regras, valores, posições, etc. previamente dados. Como alternativa a esta perspectiva, pode-se entender a identidade como sendo simplesmente a percepção de uma continuidade, de um processo, de um fluxo, em suma, uma memória. A cultura não seria, nessa visão, um conjunto de traços dados e sim a possibilidade de gerá-los em sistemas perpetuamente cambiantes. Por comodidade, poderíamos chamar esta postura de "heracliteana". (Cunha, 1995: 129)

Parece que tanto Freyre quanto Suassuna estão mais próximos da visão platônica de cultura do que da heracliteana. Aqui, no entanto, é importante ressaltar pontos de distanciamento entre os pensamentos de Suassuna e os de Boas, já que Freyre possui uma obra muito vasta e não constitui o foco desta análise.

Boas, mesmo acreditando ser a cultura composta por elementos, traços, costumes, etc., mostra que as migrações e toda difusão de traços culturais que possa haver entre diferentes povos não ocorre de maneira mecânica e puramente sobreposta uma a outra. Um elemento que migre de um povo para o outro não será adicionado ao repertório do receptor com o mesmo significado que possuía para o povo de "origem". Todos os traços difundidos não são inseridos em um novo contexto sem que sejam adaptados a essa nova situação pelo "gênio do povo". É esse "gênio" que atribui o sentido para aquilo que foi importado ou mesmo recriado por uma dada comunidade.

Assim, é o conceito de "significado" que faz a mediação entre o elemento e a totalidade. O elemento só se faz inteligível a partir do instante em que tem seu significado determinado pela totalidade. É nesse ponto que a ideia de "gênio do povo" torna-se importante na formulação boasiana,

Eduardo Dimitrov

como aponta Stocking (2004: 19). É o "gênio do povo" quem vai atribuir o significado ao elemento cultural. Mesmo sendo um elemento importado de um outro agrupamento, ele será lido e incorporado a partir de um "espírito" que dá a ligadura a todos esses elementos isolados. Pensando nesse duplo de elementos fixos e a dinâmica de suas significações culturais Stocking, comentando a obra de Boas, afirma:

> Embora adotado muitas vezes como se já estivesse pronto, esse material estrangeiro era "adaptado e tinha sua forma alterada segundo o gênio do povo que o tomava emprestado". Por um lado, a cultura era simplesmente uma adição acidental de elementos individuais. Por outro, a cultura [...] era ao mesmo tempo uma totalidade espiritual integrada que, de alguma maneira, condicionava a forma de seus elementos. (Stocking, 2004: 20)[7]

Mais uma vez vale a pena o estabelecimento de paralelos e contrastes. A ideia de "descaracterização" é muito forte em Suassuna. Ele é conhecido e divulgado pela mídia em geral por suas posições em "defesa" da cultura popular. A briga contra os estrangeirismos na língua, contra a guitarra elétrica dos tropicalistas ou os *samplers* do Mangue-Beat.[8] Nesses exemplos, o argumento dado por ele é que essas interferências não correspondem ao "espírito da cultura popular". Ao inserir uma guitarra elétrica em um maracatu, esse novo elemento estaria deturpando a lógica própria do maracatu.

Boas acreditava que todo elemento externo seria absorvido pela lógica do "gênio" do povo. O "gênio", para Boas, garante a identidade, pois torna familiar tudo o que é considerado estrangeiro e agrupa todos os elementos em

---

7 Neste trecho Stocking faz referência ao texto de Boas *Summary of the Work of the Committee in British Columbia*, Report of the BAAS, p. 667-682.

8 Para uma mostra desses três exemplos ver Programa *Roda Viva*, 2002.

O Brasil dos espertos

uma totalidade. Suassuna, por sua vez, propõe que algumas importações, por serem muito estranhas ao "gênio", seriam capazes de alterar essa lógica, ameaçando a identidade daquele povo. Esses elementos estariam pondo em risco o "gênio" e, com isso, a manutenção desse povo como um conjunto. Dessa forma, todos os elementos que estavam agrupados em uma totalidade poderiam perder seus sentidos. O "gênio", que para Boas era o que garantia a dinâmica cultural, para Suassuna é o que deve ser preservado e o que há de mais "genuíno". O perigo, para o dramaturgo, estaria na possível alteração do que, para Boas, era o próprio agente da mudança.

Ariano Suassuna utiliza, como já foi firmado, conceitos que fizeram, em diversos momentos, parte da literatura antropológica. Entre eles: "cultura popular", "identidade nacional", "gênio do povo", "espírito do povo". Não interessa, aqui, verificar o quão *antropólogo* Ariano Suassuna é, ou ainda, confrontar suas formulações com as de outros autores para uma avaliação da correspondência entre elas. Parece mais proveitosa a compreensão das estratégias usadas por Suassuna para construir uma imagem de Nordeste que, ao fim, pode ser considerada vencedora.

Ariano Suassuna não foi o único autor a desenhar um Nordeste brasileiro rico em "cultura popular" e em "tradições genuínas". Pode-se dizer, entretanto, que ele é, sem dúvida, um dos grandes artífices dessa construção que deposita no Nordeste o que há de "mais genuíno", ou melhor, o que faria do Brazil, Brasil (Pontes, 1989). É um dos criadores desta visão do Nordeste, tanto pela sua obra literária – que passa pelo teatro, romance, poesia e iluminogravuras – quanto pelas políticas públicas que implementou por meio dos diferentes cargos assumidos ao longo de sua vida.

Para compreender o teatro de Ariano Suassuna, bem como de seu projeto autoral e político, é fundamental descrever quem Ariano Suassuna pensa que é, o que ele pensa que está fazendo, e com que finalidade ele pensa o

28

Eduardo Dimitrov

que está fazendo. Para isso, é preciso familiarizar-se com um conjunto de significados em meio aos quais ele entende sua vida e sua obra.[9]

Assim, antes de abordar as peças dos anos 1950 que compõem o objeto propriamente dito deste estudo, foram explorados os artigos de uma coluna publicada no periódico recifense *Jornal da Semana*, entre dezembro de 1972 e junho de 1974, nos quais Suassuna, para narrar a história de sua família, utilizou dicotomias e pares de oposição que auxiliam na compreensão de sua obra, em particular, seu teatro.

Apesar de os artigos serem posteriores, eles explicitam aspectos importantes das escolhas que o dramaturgo fez ao escrever suas peças. Não se trata, portanto, de buscar a verdade do teatro fora dele, nos artigos e na biografia, mas, sim, de levantar um leque de valores sociais que guiam Ariano em todas as suas práticas e que se revelaram ao longo dessa coluna, que se configura como uma espécie de genealogia familiar.

A trajetória intelectual de Ariano – sua formação na Faculdade de Direito, os amigos, os debates artísticos que travou com outras companhias de teatro, os cargos que ocupou – é tratada no capitulo *Formação*. Com isso, por mais que o foco deste trabalho sejam as peças escritas entre 1947 e 1960, o leitor estará inteirado, de forma breve, do caminho que Ariano Suassuna tem percorrido até os dias de hoje. Poderá perceber, portanto, quais os passos anteriores e posteriores em relação às peças que foram escolhidas como objeto de análise.[10]

---

9 Clifford Geertz, em seu livro Nova Luz sobre a Antropologia, retomando uma tradição que remonta a Malinowski, afirma: "O estudo das culturas de outros povos (e também da nossa, mas isso levanta outras questões) implica descrever quem eles pensam que são, o que pensam que estão fazendo, e com que finalidade pensam o que estão fazendo [...]. Para descobrir quem as pessoas pensam que são, o que pensam que estão fazendo e com que finalidade pensam que o estão fazendo, é necessário adquirir uma familiaridade operacional com os conjuntos de significado em meio aos quais elas levam suas vidas [...]". (Geertz, 2001: 26).

10 Por mais que reconheça a importância dos grupos de intelectuais, como apontou Raymond Williams (1989), vale a pena destacar que o foco deste estudo não foi

O Brasil dos espertos

O mergulho nos textos dramáticos constitui a parte final do texto. Nela, procura-se extrair do conjunto das peças, a representação que o autor faz do Nordeste brasileiro, bem como relacioná-las tanto com os debates estéticos do período em que foram escritas, quanto com os artigos do *Jornal da Semana*. Ariano escreveu diversas peças, mas nem todas foram publicadas; algumas delas talvez tenham sido perdidas, já que nem mesmo o secretário[11] do autor as possui. Praticamente todas as peças escritas entre 1947 e 1960 foram contempladas.[12] *Uma Mulher Vestida de Sol* (1947) teve apenas uma segunda versão publicada em 1964. *O desertor de Princesa* (1958) foi originalmente escrita como *Cantam as Harpas de Sião* em 1948. Teve-se acesso apenas à segunda versão datilografada pelo autor, já que a peça não foi publicada. O *Auto da Compadecida* (1955), *O Santo e a Porca* (1957), *O Casamento Suspeitoso* (1957), *A Pena e a Lei* (1959) e *Farsa da Boa Preguiça* (1960) foram todas publicadas e reeditadas recentemente. Essas são as peças que foram analisadas.

Peça por peça, foram relacionadas levando em consideração recorrências e rupturas dos espaços dramáticos, dos personagens e das relações sociais que permeiam cada uma das histórias. Uma grande cisão que a leitura das peças sugere – e que já foi identificada por outros comentadores da obra de

---

o círculo de amigos no qual transitava o dramaturgo. Minha preocupação foi, especificamente, com a figura de Ariano Suassuna.

11 Contei também com a colaboração do professor Carlos Newton Junior, que me forneceu todas as peças de que dispunha. Mesmo assim, faltavam *Os Homens de Barro, O Auto de João da Cruz e A Caseira e a Catarina*. Tentei, então, com o próprio autor, mas seu secretário, Alexandre Nóbrega, informou também não as possuir.

12 Não ganhou o formato de livro também a peça O Arco Desolado (1952). Tive acesso a uma versão datilografada e repleta de apontamentos feitos à tinta por Ariano. Na Dissertação de Mestrado, que deu origem a este livro, fiz uma análise mais detida deste texto. No entanto, devido ao caráter inacabado que a peça possui – com exaustivas marcações, hesitações, rasuras –, decidi suprimi-la do corpus da análise.

Eduardo Dimitrov

Suassuna, entre eles, Newton (2000) – é a divisão de sua produção dramatúrgica em dois momentos. O primeiro seria o composto por suas três primeiras peças que possuem um tom trágico. Nelas não há qualquer menção ao cômico e ao jocoso tão presentes a partir da peça *Auto da Compadecida* (1955), que iniciaria o segundo momento de sua experiência dramatúrgica. Entre a exposição desses dois períodos, foram recuperados outros dramaturgos contemporâneos de Suassuna para que se possa mensurar o seu grau de originalidade, ou mesmo o diálogo que travou ao decidir investir em comédias sertanejas, histórias em que a miséria apresenta sua face alegre, transformando os textos em sagas nordestinas às avessas.

Nas comédias,[13] foi dada ênfase, pela sua recorrência, ao personagem *esperto*. Presente em *Auto da Compadecida* (1955), *O Santo e a Porca* (1957), *O Casamento Suspeitoso* (1957), *A Pena e a Lei* (1959), esse personagem "tipo"[14]

---

13 Denomino aqui genericamente por comédias as peças que possuem um tom cômico e jocoso identificados por Newton Jr. (2000) como pertencentes ao segundo momento da produção dramática de Suassuna. Lígia Vassallo reconhece, como fonte dos textos de Ariano Suassuna "o modelo de comédia de costumes conforme elaborado na Comédia Nova do grego Menandro (342-292 a.c.), adotado igualmente pelo romano Plauto (século III a.C.), fornecendo mais tarde as bases para as comédias do teatro clássico de Molière (século XVII)". Acrescenta ainda "o *Hamlet*, de Shakespeare (século XVI), os autos de Gil Vicente (idem), bem como *O grande teatro do mundo*, do espanhol Calderón de la Barca (século XVII)" (Vassallo, 2000: 151). Para mais detalhes sobre as fontes cultas ou populares dos textos cômicos ou trágicos de Suassuna ver também: Vassallo (1993), Santos (1999), Rabetti, Beti (2005), Guidarini (1992), Nogueira (2002) e Novais (1976).

14 Ariano Suassuna, no seu texto *Pequena Explicação sobre a Peça*, que antecede *A Pena e a Lei* (2003: 23) chama de personagem de "tipo fixos" aqueles ligados a tradição do mamulengo nordestino (Vicentão, o valente, Benedito, o "quengo" negro. São personagens muito semelhantes àqueles que Décio de Almeida Prado, associando à tradição da Farsa Atelana e da "Commedia Dell'Arte", define como os personagens padronizados: arquétipos cômicos tradicionais, ou seja,

O Brasil dos espertos

estabelece uma relação específica com os demais personagens, baseada na chave privada da intimidade e da troca de favor. O personagem e a forma dele se relacionar com seu entorno assumem a centralidade nas peças cômicas, o que o faz uma espécie de ponto de fuga, no qual todos os elementos desse quadro "brasileiro", pintado por Suassuna, convergem. O esperto, ou quengo, como Suassuna gosta de chamá-lo, é uma variante daquele tipo de personagem que Antonio Candido denominou de malandro em seu ensaio *Dialética da Malandragem* (1993). João Grilo, Caroba, Pinhão, Cancão, Benedito, Mateus e Joaquim – os espertos de Suassuna – são herdeiros, por um lado, dos pícaros da literatura europeia, e, por outro, dos malandros populares, assim como Leonardo Pataca e Macunaíma. Cada um dos personagens espertos de Suassuna possui especificidades que foram, ao longo da análise, delimitadas e identificadas. Não se trata, portanto, de simplesmente ancorá-los em uma tradição da literatura brasileira, mas, sim, de identificar como essa tradição foi atualizada e assume novos contornos na produção de Suassuna.

Suassuna não é o primeiro nordestino dramaturgo, nem o primeiro que teve o pai assassinado. Contudo, é um autor extremamente original, que se diferencia dos outros teatrólogos e romancistas brasileiros. O exercício empreendido neste texto foi tentar mobilizar o modo como o próprio Ariano construiu a sua história pessoal e familiar e a maneira como ele se inseriu no teatro de Recife. Por meio da análise das peças e dos artigos que desenharam e recriaram sua própria biografia, é possível compreender que tipo de tradução do Brasil Suassuna realizou e de que modo ele assumiu suas posições artísticas. Um Brasil esperto é o que se tem pela frente.

---

o galã, a ingênua, o pai nobre, a dama galã, a dama central, o cômico, a dama caricata, o tirano, a lacaia etc. São personagens, portanto, que possuem menos uma individualidade psicológica e mais um arquétipo, uma caricatura de uma dada posição social estabelecida (Prado, 1998: 93-94).

Uma genealogia em fascículos

Em primeiro lugar, sou de uma família de criadores. Não exclusivamente de cabras, mas criadores inclusive de cabras. Meu Pai foi criador; meu Avô; o Pai do Pai do meu Avô; e assim por diante. Eu ia, lá, admitir essa desmoralização de a única geração de Suassunas a não criar ser a minha?

(Suassuna, Jornal da Semana: 9/6/1972)

Infância

Com mote de Maximiano Campos

Sem lei nem Rei, me vi arremessado,
bem menino, a um Planalto pedregoso.
Cambaleando, cego, ao sol do Acaso.
vi o mundo rugir, Tigre maldoso.

O cantar do Sertão, Rifle apontado,
vinha malhar seu Corpo furioso.
Era o Canto demente, sufocado,
rugido nos Caminhos sem repouso.

E veio o Sonho: e foi despedaçado.
E veio o Sangue: o Marco iluminado,
a luta extraviada e a minha Grei.

Tudo apontava o Sol: Fiquei embaixo,
na Cadeia em que estive e em que me acho,
a sonhar e a cantar, sem lei nem Rei.

(Suassuna, 1999b: 191)

Eduardo Dimitrov

Ariano Suassuna (1927) é o oitavo dos nove filhos que João Urbano Pessoa de Vasconcellos Suassuna e Rita de Cássia Dantas Villar tiveram. Ambos genitores pertenciam a grandes famílias rurais – de criadores, ou de plantadores de algodão – do interior da Paraíba. A narrativa das origens das famílias, como se verá, é fundamental para a "narrativa ficcional" e o mundo criado por Suassuna em sua "genealogia em fascículos".

Sediados em Teixeira, Imaculada e Taperoá, com várias propriedades, os Dantas ocupavam cargos na política paraibana, pelo Partido Liberal, desde o Império. Com a proclamação da República e a ascensão da oligarquia Neiva-Lucena-Pessoa, que assumiu o poder[1] em 1889, os Dantas passaram para o campo da oposição.[2] Até o fim da Primeira República, a oscilação dos

---

1 Era a oposição quem chamava o grupo no poder de oligarquia, uma vez que os integrantes da posição de mando nunca se assumem como tendo bases oligárquicas. Essa guerra no campo das classificações também fazia parte dos embates entre as elites. De qualquer forma, o irmão de Venâncio Neiva era casado com a irmã do Barão de Lucena. Além disso, o sobrinho do Barão, Epitácio Pessoa, foi secretário de Venâncio e deputado Estadual, o que confirmava os laços familiares na organização do Estado.

2 De 1892 até 1912 os Dantas voltaram ao campo dominante da política quando do Álvaro Lopes Machado e Valfredo dos Santos Leal comandaram a Paraíba no que os "venancistas" – rótulo utilizado para se referir aos seguidores de Venâncio Neiva –, agora na oposição, chamaram de "oligarquia Machado-Leal". Em 1912, Epitácio Pessoa assume o controle do Estado e restabelece a liderança de sua oligarquia, Neiva-Lucena-Pessoa. Mais uma vez os Dantas passaram para o campo da oposição. Suas inimizades com os Pessoa já vinham desde 1904, quando começaram a perder o domínio sobre o município de Teixeira e a sofrer perseguições da Força Pública. Em 1912, postos novamente na oposição, os Dantas e outras famílias executaram uma revolta armada partindo de Teixeira e invadindo Patos, Santa Luiza do Sabugi e Soledade. A insurreição foi contornada por Epitácio Pessoa que, reatando alianças familiares, esvaziou o apoio dos rebeldes. Os Dantas, porém, continuaram na oposição. Para mais detalhes sobre as sucessões políticas na Paraíba na Primeira República ver, entre outros, Lewin (1993).

O Brasil dos espertos

Dantas no poder ou na oposição se dá pela disputa das duas grandes oligarquias paraibanas pelo controle do Estado. Os Dantas sempre estão no lado oposto aos Pessoa Cavalcanti de Albuquerque.

João Suassuna, por sua vez, pertencia a uma outra antiga família do sertão nordestino. *Suassuna*, veado negro em Tupi, foi o nome adotado pelo ramo Cavalcante de Albuquerque,[3] originário de Pernambuco, no surto nacionalista dos tempos da independência.

Casadas entre si, as famílias Suassuna, Maia e Agripino formavam uma grande rede de alianças. Segundo a historiadora Linda Lewin, o coronel Antônio Gomes de Arruda Barreto casou-se por duas vezes com filhas do coronel Francisco Maia. Ao enviuvar pela segunda vez, Barreto casou-se com Laura Amélia Suassuna Barreto, que trouxe três irmãos para morarem com ela e seu marido, entre eles, João Suassuna. Uma irmã mais moça de João casou-se com o filho que o coronel teve com Júlia Maia, uma de suas esposas falecidas.[4]

Antônio Gomes de Arruda Barreto era muito próximo de Epitácio Pessoa por ser amigo íntimo de seu irmão, o coronel Antônio Pessoa. Essa proximidade possibilitou que, depois de 1900, Antônio Gomes conseguisse trocar o apoio eleitoral de Catolé do Rocha-PB por uma posição na oligarquia dirigente, diferentemente dos Dantas que se afastavam cada vez mais do centro do poder.

Foi por meio dessa rede de relações que João Suassuna conseguiu estabelecer uma carreira ascendente no interior da oligarquia, chegando a ser indicado por Sólon de Lucena a ocupar o cargo de Governador do Estado. Tal indicação recebeu o endosso de Epitácio Pessoa, o que, já naquele momento, causou uma certa divisão no interior das alianças, que, aos poucos,

---

3   Apesar de, provavelmente, possuírem a mesma origem, Cavalcanti e Cavalcante constituem-se como famílias distintas. O distanciamento ou a aproximação das duas famílias varia de acordo com a situação em que se inserem cada uma delas: suas alianças, casamentos, compadrios etc.

4   Para mais detalhes sobre a as relações políticas e de alianças matrimoniais entre as famílias Maia, Agripino e Suassuna, ver Teruya (2002).

38 Eduardo Dimitrov

foi se agravando a ponto de, em 1930, resultar no assassinato de João Pessoa e João Suassuna, cada um representando um lado da disputa.

Essa história de João Suassuna é recorrentemente acionada por Ariano, que tinha apenas três anos quando o pai foi morto no Rio de Janeiro. Assim como seu irmão, João Suassuna Filho, que escreveu um livro de memórias, Ariano ensaiou uma biografia de seu pai. Diz ele:

> Na Década de 1950 tentei escrever uma biografia de meu Pai, a *"Vida do Presidente Suassuna, Cavaleiro Sertanejo"*. Chamei-a assim porque sempre vi Suassuna como um Rei e Cavaleiro: entre outras coisas ele tinha três Cavalos de sela, todos com nomes de Cangaceiros do grupo de Lampião: *Passarinho, Bom-Deveras* e *Medalha*. Não consegui escrever o livro, por causa da carga de sofrimento que ele me acarretava. (Suassuna, *Folha de S. Paulo* 9/10/2000, grifos do autor)[5]

Mesmo sem ter convivido por muitos anos com o pai, Ariano trava muitas narrativas a respeito dele, em diversos momentos diferentes – sendo esse trecho apenas uma delas. Conta dos cavalos aparentando lembrar-se de como o pai os tratava. A memória torna-se a própria história.

Não foi apenas a biografia de seu pai que Ariano tentou escrever naquela década. Foi nesse período que ele se iniciou como dramaturgo. É de 1955 o *Auto da Compadecida*, a mais famosa dentre todas as suas peças; *O casamento Suspeitoso* e *O Santo e a Porca* são de 1957, e *A Pena e a Lei*, de 1959. Ademais, o *Auto* projetou Suassuna no cenário nacional como uma grande revelação do teatro moderno. Não estaria, então, essa "carga emocional" – que o impediu de escrever a biografia de seu pai – ativada também na fatura das peças?

---

5 Importante notar que a data em que Ariano publica este artigo é a mesma em que, sessenta anos antes, seu pai foi assassinado.

O Brasil dos espertos

39

Seria possível isolar o autor das peças, do autor frustrado da biografia? De que maneira a memória foi incorporada na dramaturgia do autor? Ariano recupera a história de seu pai com certa frequência, cita-o sempre em entrevistas, artigos, apresentações e aulas. Foi consultado pela historiadora Linda Lewin quando ela escrevia seu livro *Política e Parentela na Paraíba* (1993), não só como um informante da genealogia Suassuna, mas também como uma importante fonte na reconstrução da figura de seu pai enquanto Governador do Estado.

Desse modo, é extremamente importante atentar para a forma como Ariano constrói a figura de João Suassuna para que sejam estabelecidos alguns paralelos com sua obra dramática. Nesse caso, não há separação evidente entre vida e obra, uma vez que a construção da sua genealogia se dá também pelos artigos e pela dramaturgia.

Briga de família ou teatro da vida, teatro da morte

Em dezembro de 1972, Ariano Suassuna inicia uma coluna em um pequeno semanário recifense, o *Jornal da Semana*.[6] Essa coluna – intitulada *Almanaque Armorial do Nordeste* – dura até meados de 1974. Uma pequena nota explicativa acompanhava o texto de Ariano:

---

6 Tive acesso aos artigos de Ariano publicados nesse periódico, graças à colaboração de Carlos Newton Júnior, Professor Doutor da Universidade Federal do Rio Grande do Norte. Não foi possível encontrar outras informações sobre esse jornal nem na Fundação Joaquim Nabuco, nem no Arquivo do Estado de Pernambuco, ambas instituições sediadas em Recife. Segundo Ariano Suassuna, era um pequeno semanário financiado pela fábrica de farinha Moinho Recife. Assim que a fábrica deixou de patrocinar a publicação, o jornal encerrou suas atividades.

Eduardo Dimitrov

Contendo ideias, enigmas, informações, comentários e a narração de casos acontecidos ou inventados, contados, em prosa e em verso, num "Livro Negro do Cotidiano", pelo Bacharel em Filosofia e Licenciado em Artes.

O cabeçalho da página é composto pelo nome do periódico, na parte mais alta, e uma pequena reprodução da gravura *Caçador de Onça*, de J. Borges.[7] O título principal, *Almanaque Armorial do Nordeste*,[8] a nota explicativa e a gravura são uma constante em todos os 74 artigos dessa coluna de página inteira, ao longo de praticamente um ano e meio.

Como o próprio Ariano faz questão de esclarecer logo de início, os artigos são compilações de histórias, casos e comentários a respeito de política, literatura, pintura, escultura. Muitos deles funcionam como variantes das genealogias, tão comuns nas grandes famílias. As genealogias, que traçam e legitimam uma determinada linha de descendência de uma família, acabam se confundindo com histórias municipais e locais, ou com livros de "Fatos e Vultos". O genealogista debruça-se sobre aqueles parentes mais "ilustres", narrando seus grandes feitos em suas cidades. Essas famílias, com várias gerações nascidas em território brasileiro, estão associadas a cidades ou regiões. Quando contam a história das famílias, as genealogias contam também a história das localidades às quais estão associadas. Letícia Canêdo, estudando as famílias de Minas Gerais percebeu nesse gênero literário

---

7   Nascido em 1935, em Bezerros-PE, José Francisco Borges ficou famoso pelos seus folhetos de cordel e, principalmente, por suas xilogravuras que decoravam as capas (Fundação Joaquim Nabuco. Disponível em: http: //www.fundaj.gov. br/docs/pe/pe0063.html. Acesso em: 22/06/2006).

8   Referência clara ao Movimento Armorial, encabeçado por Ariano Suassuna no início dos anos 1970. Esse movimento pretendia diminuir a distância entre a cultura popular e a erudita ao fazer uma mescla das duas. Pretendeu-se dar início a uma produção cultural erudita com base nas raízes populares do sertão nordestino (Suassuna, 1974). O Movimento Armorial será tratado mais detidamente no capítulo seguinte.

O Brasil dos espertos

41

uma fonte de dados muito curiosa porque legitima determinada descendência, assegurando, no seu traçado, a continuidade e a coesão de diversas gerações de uma família. Dessa forma, torna verdadeiro muitos parentescos que, na verdade, foram construídos sobre a base de diversas manipulações. Trata-se de manipulações necessárias à acumulação de um capital simbólico: os elementos da experiência coletiva que um determinado grupo procura lembrar e ver lembrados são filtrados pelo genealogista que os transforma em símbolos. São símbolos de experiências sociais consideradas importantes, que devem ser transmitidas por meio de exemplos concretos, com capacidade de aglutinar pessoas para uma mesma visão do mundo, oferecendo a elas uma identidade. *Na memória dos indivíduos passa a coabitar a memória específica da família misturada com as lembranças ligadas à sociedade em geral.* (Canêdo, 1994: 99, grifos nossos)

A genealogia reforça alianças e estabelece limites no interior do próprio parentesco. Ou seja, não basta possuir laços de sangue para ser considerado parente e, por vezes, não é necessário tê-los para ser incluído no interior da família. Um amigo próximo pode, muitas vezes, ser considerado como se fosse um parente. Ao mesmo tempo, um ramo da mesma família pode ser visto como muito distante e inimigo, mesmo que o grau de consanguinidade seja alto.

Essas genealogias traçam, então, linhas delimitadoras entre os próximos e os distantes, os amigos e os inimigos. Além disso, configuram uma memória familiar que compõe as memórias individuais, como apontou Canêdo. Essas narrativas genealógicas inventam tradições, continuidades e alianças sociais; algo semelhante ao que Hobsbawm identificou em *A Invenção das Tradições* (1984). As narrativas genealógicas têm a intenção de, por meio da seleção de fatos, personagens, linhas de parentesco e/ou de amizade, inventar uma tradição familiar, uma história comum, formando um passado "mítico".

Criam, assim, uma continuidade entre o passado e o presente: a história familiar é vista como um contínuo de tradições passadas de pais para filhos ao longo de gerações. Por outro lado, não se trata de apenas "manipular" tradições, como parece sugerir o famoso artigo de Hobsbawm. Como diz Roy Wagner (1981), não há como não inventar; culturas inventam a partir de sensibilidades pré-existentes.

Ariano não faz uma genealogia propriamente dita, já que não se trata de um livro, e sim de artigos em jornal.[9] Escreveu um "almanaque" no qual conta anedotas e fatos acontecidos no interior de sua família, como é o caso do clister de pimenta – um forte purgante que causaria grande mal-estar por conta, justamente, do excesso de pimenta utilizado em seu preparo.

Um grupo de homens cercou a casa de João Alves Couto Filho, conhecido como coronel Joca Pinga-Fogo, a fim de tentar matá-lo. Segundo Ariano, como os invasores encontraram resistência do coronel, que se defendia sozinho, despejaram gasolina em torno da casa e atearam o fogo que se alastrou rapidamente. Joca Pinga-Fogo não teve tempo de correr para a outra parte da casa. Sua única chance foi tentar se proteger dentro de uma mala/baú coberta com folhas de flandres. Não se sabe ao certo se a causa da morte foi o calor ou a asfixia, uma vez que a mala foi encontrada fechada por inteiro.

Na narração, vê-se uma valorização do coronel Joca Pinga-Fogo: "sozinho" apresentou tamanho poder de resistência. Para os "invasores", só teria

---

9 Uma genealogia da família Suassuna em formato de livro foi escrita por seu primo, Raimundo Suassuna, pai do Senador Ney Suassuna, e publicada em forma de livro com o título *Uma Estirpe Sertaneja: Genealogia da Família Suassuna* (Suassuna, 1993). O irmão de Ariano, João Suassuna Filho, escreveu um livro de memórias sobre os acontecimentos de 1930 (Suassuna Filho, 2000); Natércia Suassuna Dutra Ribeiro Coutinho também escreveu outro livro de memórias familiares, *História de Duas Vidas: Adília e Natércio*, além da biografia de João Suassuna (Ribeiro, 2001; 2000). O conjunto dessas narrativas e de outras não publicadas, passadas oralmente entre os familiares, vai compondo e delineando o que chamei aqui de tradição familiar.

O Brasil dos espertos

restado a alternativa de atear fogo em tudo e matar o inimigo sem enfrentá-lo diretamente. Não foram capazes de vencer o coronel cara a cara; tiveram de agir de maneira indireta, incendiando a casa. Essa é uma das características da genealogia. Não são revelados os motivos que levaram os "invasores" a atacar, de forma tão agressiva o coronel, mas Ariano deixa claro o tamanho da covardia do bando.

É só então que o clister de pimenta entra na história. Delmiro Dantas, parente materno de Ariano Suassuna, por ser amigo e contraparente do coronel Joca Pinga-Fogo indignou-se com a resolução da justiça em absolver os suspeitos do crime. Foi até São José do Egito, onde o caso havia sido julgado, tirar satisfação com o juiz Farias, encarregado do processo:

> Delmiro Dantas, acompanhado de dez cabras, saiu da Imaculada, Sertão da Paraíba, invadiu São José do Egito, capturou o Juiz Farias, que estava dormindo e já acordou com os tiros, e deu-lhe o clister corretivo do costume, usando, para isso, a famosa bexiga de couro, com ponta de flandre, que vivia pronta em sua fazenda, expressamente para tais empresas. (Suassuna, *Jornal da Semana*, 10/02/1973)

Suassuna ilustra o relato com o versinho do "Romanceiro Popular":

> Delmiro Dantas, Dedé,
> com dez cabras cangaceiros,
> dez cabras pajeuzeiros,
> que a Paraíba criou;
>
> Delmiro Dantas, Dedé,
> com uma bexiga de couro,
> rebateu o desaforo
> do Juiz de São José.

44

Eduardo Dimitrov

> Farias estava dormindo,
> longe de pensar na intriga,
> e os cabras da Imaculada
> foram com ele à bexiga, etc.

Ariano ainda completa a narrativa atribuindo as seguintes palavras ao seu parente:

> contam que era, essa, uma frase de Delmiro Dantas, antes de dar o clister no Juiz Farias: "ele protegeu os miseráveis que tocaram fogo no nosso amigo. Mas o Coronel Joca Pinga-Fogo era homem, e teve morte de homem: morreu queimado por fora. Aquela peste do Juiz Farias, não merece morrer assim não, merece ser é desmoralizado! Não vou queimá-lo por fora não, vou tocar fogo nele é por dentro, com um clister de pimenta!" (Suassuna, *Jornal da Semana*, 10/02/1973)

Essa é uma dentre inúmeras histórias que Ariano conta com muita graça mesmo quando envolvem cenas extremamente violentas. A decisão da justiça, absolvendo os supostos assassinos do coronel Joca Pinga-Fogo, não agradou Delmiro Dantas porque não vingou a morte do amigo e contraparente. O código particularista e personalista mescla-se ao código legal; a justiça corresponde à vingança: como o juiz não incriminou os réus, ela não foi feita. Coube, então, ao próprio Delmiro Dantas executá-la em seus moldes pessoais.

Foi também nesse *Almanaque* que comentou o recebimento, em 1972, do Prêmio Nacional de Ficção (instituído pelo Ministério da Educação e Cultura através do Instituto Nacional do Livro), para sua maior obra, *O Romance da Pedra do Reino*. Ao longo de dois artigos, mobilizou diferentes justificativas para convencer o leitor de que o melhor investimento para o dinheiro recebido com o prêmio, com os direitos autorais de *A Pedra do*

O Brasil dos espertos

Reino e com os direitos sobre a montagem francesa do *Auto da Compadecida*, era a criação de cabras:

> Muita gente, da cidade, fica admirada pelo fato de eu querer criar cabras. Não vejo nada de estranho nisso. Em primeiro lugar, sou de uma família de criadores. Não exclusivamente de cabras, mas criadores inclusive de cabras. Meu Pai foi criador; meu Avô; o Pai do Pai do meu Avô; e assim por diante. Eu ia, lá, admitir essa desmoralização de a única geração de Suassunas a não criar ser a minha? Confesso que era uma coisa que me humilhava; sensação que aumentou muito quando, um dia, lendo um discurso pronunciado por meu Pai no tempo em que ele governava a Paraíba, encontrei um trecho no qual ele falava com invencível desprezo dos "parasitas da cidade, de rosto pálido e bolso vazio", e rematava, com orgulho, dizendo que, quanto a ele, sempre fora um homem do campo que vivera apegado à terra, plantando e criando, e, portanto, produzindo algo de concreto e indiscutível. (Suassuna, *Jornal da Semana*, 9/6/1973)

Depois de se sentir enquadrado pelo próprio pai como um "parasita da cidade, de rosto pálido e bolso vazio", Ariano convence o leitor de que o melhor que ele tinha a fazer com o dinheiro do prêmio e dos direitos autorais de suas obras seria, sim, investir na criação de cabras.

Com esses dois trechos, portanto, anuncia-se um código de sociabilidade – o da aliança familiar –, que se mistura às leis impessoais do Estado e da Justiça, bem como a trama de relações familiares que Ariano faz questão de construir narrativamente e nelas se ancorar. Para ele, é preciso respeitar a tradição e honrar a fama da família, ou seja, de pessoas trabalhadoras, simples

46 Eduardo Dimitrov

e sertanejas.[10] É nesse sentido que os artigos se assemelham às genealogias, pois são textos que explicitam as alianças e as inimizades, ao mesmo tempo em que criam uma história coletiva e um passado possível.

Em *Intrigas e Questões: Vingança de família e tramas sociais no sertão de Pernambuco*, Ana Claudia Marques mostra como a lógica de vingança entre as famílias sertanejas é estruturante para aquela formação social.[11] Quando há um desentendimento entre dois indivíduos, toda a rede familiar é acionada e posicionada, o que dá início a uma *intriga*. O indivíduo dificilmente entra sozinho em uma briga: carrega sempre o nome de sua família e, com ele, o de todos os seus aliados. Ao mesmo tempo, não há famílias sedimentadas ou cristalizadas. O parentesco não é suficiente para garantir a união de toda uma linhagem ante um desafeto de um de seus pertencentes. Diz a autora:

> os grupos efetivos, conforme venho mostrando, são efêmeros e circunstanciais e por princípio não constituem unidades fechadas, mesmo aqueles que possuem uma duração e efetuam-se de modo suficientemente consistente para que sejam reconhecidos enquanto grupos e eventualmente lhes seja atribuído um nome. Por maiores que sejam suas ressonâncias com as genealogias, não a reproduzem, sequer em parte, na medida em que incluem, por exemplo, membros não consanguíneos; os parentes distantes eventualmente abrangidos tampouco precisam sê-lo por intermédio de outros indivíduos. O parentesco, em

---

10 Na análise das peças, será ressaltada essa posição intermediária de Suassuna entre a lógica privada e a impessoal, assim como a ideia de cordialidade, apresentada por Sérgio Buarque em *Raízes do Brasil* (2001).

11 "A intriga é a relação nascida de um conflito, intrinsecamente infinita, estabelecida entre partes tendencialmente iguais nos planos de hierarquia social e moral, que se expressa fundamentalmente através de códigos territoriais e verbais." (Marques, 2002: 81, grifo da autora).

O Brasil dos espertos   47

suma, não constitui seu único critério, por mais importante
que costume ser. (Marques, 2002: 131)

E continua um pouco mais à frente:

> Não estou dizendo que os Albuquerques, os Santanas, os
> Aguiares não existem, mas que tais nomes não designam
> sempre a mesma coisa. Tais entidades não são palpáveis, mas
> virtualidades. Quando se pensa que se captou, elas mudam
> de forma e de sentido. (Marques, 2002: 133)

Isto é, os laços de consanguinidade não garantem a união das famílias
em torno de um conflito. Os grupos que se formam nesse tipo de disputa
variam de acordo com cada situação. Em um desentendimento, uma agressão, a recusa a uma dança, um insulto verbal podem ser motivo para iniciar
uma *intriga* entre duas partes. Segundo Marques (2002: 57), é a valoração
social que o ato carrega que pode determinar o inicio de uma *intriga*. A
recusa a uma dança, como a autora descreve, já foi motivo para uma *intriga* envolvendo duas famílias. No entanto, hoje em dia, se alguém sentir-se
ofendido por essa rejeição, pode até tentar iniciá-la, mas não contará com
um apoio tão imediato da comunidade como teria caso a agressão fosse
"uma tapa na cara" ou algo mais grave.

O que interessa aqui é salientar como os conflitos familiares do sertão
nordestino, tais quais os estudados por Ana Claudia Marques, seguem uma
lógica social. Não se trata de círculos de mortes aleatórias, e sim de vinganças
envolvendo famílias, que passam a ser entidades fluidas, cuja extensão não é
determinada exclusivamente pelo parentesco, mas, sobretudo, pelas alianças
e pela proximidade afetiva entre os indivíduos em uma dada circunstância.

As genealogias, os livros de memórias, os relatos sobre fatos e vultos de uma
localidade são importantes instrumentos para o desenho dos limites desses

48 Eduardo Dimitrov

grupos de identidade. Essas formas de narrativa exaltam as qualidades dos aliados, excluem ou detratam os inimigos e criam um mundo de alianças. O que Ariano Suassuna faz nesses artigos é algo muito semelhante. Elabora um relato a respeito da história de sua família, incluindo nela amigos, compadres, contraparentes etc. Entre histórias cômicas e trágicas, ele desenha narrativamente os limites de sua família e, a partir deles, posiciona-se no mundo.

Tragédia sertaneja ou o mito de um mundo perdido

A coluna de Suassuna de 06/10/1973 do *Jornal da Semana* começa com uma diagramação diferente. Acima do título principal, surge um *box* com quatro pequenas colunas de um texto intitulado *O Museu do Cangaço*, que começa assim:

> O poeta Olímpio Bonald sugeriu que se criasse, em Triunfo, Pernambuco, um Museu do Cangaço. Comentando essa notícia, a jornalista Vanessa Campos disse que Triunfo era "município frequentemente visitado por bandos, no ciclo de cangaço, principalmente por Lampião, Zé Pereira, Luís Padre, Senhor Pereira" [...].

Essa notícia – reproduzida em lugar de destaque nesse número do *Almanaque Armorial do Nordeste* – que coloca José Pereira,[12] antigo aliado

---

12 José Pereira Lima (1890?-1949?) foi Deputado Estadual, líder político da cidade de Princesa. Foi Chefe de Polícia e encarregado de combater o cangaço durante o governo de João Suassuna, de quem era amigo pessoal, aliado e padrinho de sua filha Selma Suassuna. Encabeçou, em 1930, o movimento separatista de

O Brasil dos espertos

49

de João Suassuna, entre os cangaceiros, desencadeou uma série de artigos do autor sobre os acontecidos naquele ano.

A partir da publicação dessa notícia, até o último artigo publicado no *Jornal da Semana* que foi encontrado, Ariano trata dos episódios que levaram à morte de João Pessoa, João Dantas, Augusto Caldas e João Suassuna. Segundo o dramaturgo, os historiadores e partidários de João Pessoa contam a história do ponto de vista dos vencedores de 1930. Com isso, cometeriam injustiças com a "memória dos vencidos". São 33 edições da coluna, inteiramente dedicadas ao "esclarecimento" dos fatos ocorridos. Nelas, algumas tomadas de posição de Ariano, que não repercutem apenas em suas inclinações políticas, mas também em suas escolhas artísticas, são explicitadas.

Ao tomar posse na Academia Brasileira de Letras,[13] por exemplo, Ariano definiu sua atividade de escritor como uma maneira de fazer reviver seu pai:

> Foi de meu Pai, João Suassuna, que herdei, entre outras coisas, o amor pelo Sertão, principalmente o da Paraíba, e a admiração por Euclides da Cunha. Posso dizer que, como escritor, eu sou, de certa forma, aquele mesmo menino que, perdendo o Pai assassinado no dia 9 de outubro de 1930, passou o resto da vida tentando protestar contra sua morte através do que faço e do que escrevo, oferecendo-lhe esta precária compensação e, ao mesmo tempo, buscando recuperar sua imagem, através da lembrança, dos depoimentos dos outros, das palavras que o Pai deixou. (Suassuna, 1990: 34)

Por outro lado, a orfandade do escritor paraibano é recorrentemente referida por críticos. A maioria dos estudos, artigos e entrevistas aborda, de

---

Princesa, que passou a se chamar Território Livre de Princesa, com constituição, bandeira e hino (Odilon, 1984).

13 Empossado em 1990 na cadeira número 32 da Academia Brasileira de Letras, cujo patrono é Araújo Porto-Alegre (1806-1879).

50

Eduardo Dimitrov

alguma maneira, a morte de seu pai. Muitas vezes, esse assunto ocupa boa parte da biografia na qual um pequeno prelúdio ou balanço entre vida e obra é feito. Tais textos destacam a infância sofrida pela súbita ausência de um pai que fora assassinado por "cruéis" brigas políticas. Idelette Muzart Fonseca dos Santos afirma, por exemplo:

> A magia da infância filtra a lembrança, principalmente quando dramática, como a de Ariano Suassuna. (Santos, 1999: 100)

Carlos Newton Júnior, por sua vez, afirma:

> [...] o sentimento trágico da vida começa a manifestar-se em Suassuna desde muito cedo. Ariano foi um menino marcado pelo problema da morte, não só pela vivência no sertão – o convívio com as secas, as lutas de família, as incursões dos cangaceiros, os tantos casos de morte por motivos de vingança ou honra, as lutas pela terra –, mas principalmente pela morte violenta e trágica do seu pai [...]. (Newton Jr., 1999: 162)

Ou mesmo em revistas de divulgação como esta:

> Ariano não se recorda do pai dentro de casa, nem durante a viagem. Mas lembra da sua mãe apontando-o na escotilha do navio. Tem na memória a imagem do derradeiro adeus. "Foi a última vez que vi meu pai", diz. João Suassuna não voltou do Rio. Morreu assassinado com dois tiros nas imediações da Câmara, no centro velho. (Suassuna, Luciano: 2000c)

Esses três exemplos são suficientes para demonstrar o tom adjetivado com que é tratada a morte do pai, dentro e fora da academia: os dois primeiros são estudos acadêmicos – um defendido na Sorbonne Nouvelle e o

O Brasil dos espertos

outro na Universidade Federal do Rio Grande do Norte –, o terceiro é uma introdução à entrevista da revista *IstoÉ Gente*.

Nesses estudos, poucas relações são feitas entre as escolhas artísticas do autor e a "vivência sofrida" do filho órfão. Os críticos acabam transformando em anedotas ou em mera passagem o fato que mais marcou e imbricou socialmente Ariano Suassuna na construção de sua obra. Alguns, como Carlos Newton Júnior (1999) e Maria Aparecida Lopes Nogueira (2002), até ensaiaram utilizar a morte do patriarca como uma chave interpretativa da produção literária do filho. Partem, porém, da ideia de que a obra é uma espécie de elaboração, uma sublimação. Ou seja, tratam o fato como mais um elemento singular e que diz respeito apenas à individualidade de Ariano, que estaria, para esses autores, tentando resolver, em termos psíquicos e inconscientes, a morte de seu pai. Eles também não confrontam essa suposição com as obras e, com isso, colam-se à racionalização e à lógica que o próprio Ariano cria acerca de seus escritos.

É preciso transformar esse aglomerado de "historietas curiosas" em material de análise, que auxilie na interpretação das peças e na compreensão das posições artísticas assumidas pelo autor. Isto é, por meio da narrativa feita por Ariano em seus artigos no *Jornal da Semana*, deve-se identificar quais elementos são acionados para justificar sua conclusão no discurso da Academia Brasileira de Letras. Afinal, o momento ritual – quando Suassuna torna-se imortal – pode resumir uma série de argumentos dispersos em diferentes artigos. Se sua obra como um todo é uma forma de protesto contra a morte do pai, como ele mesmo afirma, então quais seriam, na dramaturgia, os momentos em que o pai é mais presente? Quais seriam as posturas, as opções e as criações artísticas relacionadas à figura do pai? Até que ponto o discurso para a Academia realmente se verificaria em sua obra, ou seria apenas uma homenagem ao pai em um dia solene para o filho? Aliás, observa-se que Ariano, em 1990, solicitou que a sua posse na Academia ocorresse em um dia nove, mesmo dia que, em outubro, se completariam sessenta anos

52 Eduardo Dimitrov

do assassinato do pai.[14] Essa escolha é frequentemente lembrada em entrevistas concedidas pelo autor.

Não se trata de buscar relações inusitadas entre datas, mas, sim, de se verificar a construção que Ariano faz da vida e da morte do pai. Foi ele quem escolheu a data da posse na Academia e é ele quem faz questão de alardear essa e outras coincidências, em diversos pronunciamentos.

O que se quer mostrar é justamente a construção de uma história familiar por Ariano – um de seus membros – e como, a partir dessa construção, ele atribui significado à sua prática artística. Desse modo, é importante reconstruir o ambiente social em que ele se movimenta e para o qual tenta criar uma obra dotada de significado. Assim, recusa-se a premissa de que os escritos do filho sejam apenas uma resposta individual à morte do pai. Parte-se do pressuposto de que as escolhas estéticas de Ariano, por mais íntimas que pareçam, dialogam com seu ambiente social, e fazem sentido nessa perspectiva.

1930 – uma história fundadora

A história dos Suassuna contada por Ariano cola-se à história da Paraíba de 1930. A história vira memória e mito. Entre 1924 e 1928, João Suassuna presidiu o Estado da Paraíba representando o Partido Republicano Progressista, cujo líder regional era o senador Epitácio Pessoa. Ariano nasceu, justamente, em 1927, no Palácio do Governo. Tudo o que conta a respeito do pai – que viveu apenas mais três anos após o seu nascimento –, refere-se a relatos feitos por seus familiares, e por opositores políticos. Ariano narra os feitos do pai como se fosse testemunha daquilo que ele fez ou deixou de fazer. Mais uma vez, o tempo linear no espaço da memória perde sentido. É em sociedade que os indivíduos adquirem suas

---

14 Ariano tomou posse na Academia Brasileira de Letras em nove de agosto de 1990.

O Brasil dos espertos

53

lembranças, que as reconhecem e as localizam como lembranças suas. É no interior de grupos sociais que cada um constrói sua memória.[15] A primeira imagem do pai, presente em boa parte dos artigos, vincula-se à ideia de que João Suassuna fora um defensor dos "interesses sertanejos".

Ariano, embora contestando as constantes acusações de que seu pai privilegiara o sertão, não nega que as preferências de seu governo concentravam-se na terra de origem:

> Durante seu governo, de 1924 a 1928, a preocupação fundamental de Suassuna foi com a zona rural, principalmente com o Sertão. Queria dotá-lo de estradas, de açudes, vê-lo coberto de gado, de pastagens e de algodão. A Capital da Paraíba, cidade de funcionários públicos, começou a reclamar. Injustamente, aliás. Primeiro, porque, se essa era a preocupação principal do Governo, não era a exclusiva: bastaria o que Suassuna fez no Saneamento da Capital para defendê-lo da acusação de exclusivismo sertanejo. Depois, porque, quando Suassuna foi escolhido para governar a Paraíba, todo mundo sabia que ele era um homem do campo, um sertanejo: e como o Sertão nunca fora centro de atenção de nenhum governo anterior, é claro que Suassuna iria sanar a injustiça. (Suassuna, *Jornal da Semana*, 15/12/1973)

Ariano apresenta seu pai como um político que veio para fazer a "justiça", para olhar para os sertanejos – historicamente sempre esquecidos –, sem que isso significasse o abandono da capital. Reforça ainda a origem camponesa do pai e sua integridade: ele não esqueceria sua terra se pudesse

---

15 "Il semble que, pour comprendre nos opérations mentales, il soit nécessaire de s'en tenir à l'individu, et de sectionner d'abord tous les liens qui le rattachent à la société de ses semblables. Cependant c'est dans la société que, normalement, l'homme acquiert ses souvenirs, qu'il se les rappelle, et, comme on dit, qu'il les reconnaît et les localise" (Halbwachs, 1994: VI).

54

Eduardo Dimitrov

ajudá-la. O pai, dessa maneira, representa o campo "e a pureza", a despeito de sua situação financeira privilegiada.

Nesse mesmo artigo, Ariano explicita a dicotomia que se desenharia nos anos pré-revolução. Completa ele:

> Cito esses pormenores para que se veja que a luta política e armada que rebentou na Paraíba em 1930, já vinha se esboçando desde o governo de Suassuna e era a consequência natural de um confronto entre a Burguesia urbana de comerciantes e funcionários públicos, representada pela *família Pessoa*, e os Senhores rurais, representados por Suassuna, por José Pereira e por *famílias*, como a sertaneja dos Dantas, ou como a Cunha Lima, do Brejo. (Suassuna, *Jornal da Semana,* 15/12/1973, grifos nossos)

A dicotomia sertão *versus* cidade ganha a feição de briga familiar no relato de Ariano: a família Pessoa *versus* as famílias sertanejas, em que Suassuna se vê representado.

No artigo publicado em 20 de outubro de 1973, Ariano explora a posição intermediária que João Suassuna, João Dantas e José Pereira Lima possuíam no interior da sociedade paraibana. Diz que, se por um lado os três nasceram e foram criados no meio rural, fortemente marcados por uma educação familiar, em que os laços sanguíneos eram muito valorizados, por outro, ingressaram na Faculdade de Direito e obtiveram uma formação distinta dos seus antepassados, ou mesmo de seus irmãos mais velhos.[16]

---

16 O único que não concluiu os estudos foi José Pereira Lima, que, em função da morte do pai, foi obrigado a assumir a liderança política que o progenitor deixara em Princesa.

O Brasil dos espertos

Eram, segundo Ariano, personagens divididos entre a lógica familiar, do compadrio, da vida privada de obrigações para com os seus parentes, e a lógica jurídica na qual imperariam as leis e os direitos impessoais:

> Todos três eram sertanejos, com infância rural, ligados pelo sangue, pelo sentimento e pelos laços de família, ao meio sertanejo. Tinham, todos os três, as qualidades e os defeitos de seu meio. Mas essa "garra" sertaneja deles tinha sido, no caso de todos, polida, se bem que não destruída, pela formação posterior, citadina e universitária. (Suassuna, *Jornal da Semana*, 20/10/1973)

Mais adiante Ariano exemplifica essa posição intermediária em que o pai vivia:

> Quando meu pai assumiu o governo da Paraíba em 1924, um dos problemas que mais o afligiram foi o comportamento de seus irmãos. [...] Estes não entendiam – nem podiam entender nunca – que, tendo um deles subido ao Poder, repudiasse os códigos sertanejos em nome de outras éticas, para eles absolutamente estranhas e absurdas. Houve casos verdadeiramente trágicos, nos quais, inclusive, irmãos de Suassuna se consideraram traídos por ele: foi o que aconteceu, por exemplo, com meu tio Cristiano, que teve a casa cercada pela Polícia, que lá ia, a mando de seu irmão e meu Pai, João Suassuna, a fim de prender um *cabra* que tinha cometido não sei quantas mortes. Meu tio Dantas contava-me sempre da consternação com que meu Pai ouviu, de cabeça baixa, o *carão* que seu irmão Anacleto, mais velho do que ele, dava no Presidente do Estado, por ter, daquele modo, consentido "no insulto" ao outro irmão, Cristiano, também mais velho. E como meu Pai retrucasse que tinha apenas "cumprido sua obrigação", meu Tio Anacleto gritou-lhe: "— Obrigação? Sua obrigação era com

sua família e com Cristiano, seu irmão; e seu irmão mais velho, ainda por cima! Eu por mim não quero saber de *obrigação nenhuma* contra qualquer um de vocês! O que quero saber é que Cristiano é meu irmão, é seu irmão, e é com vocês todos que eu conto em qualquer momento difícil! Se eu não contar com vocês com quem é que vou contar?" Eram argumentos que talvez não tenham força hoje, para o pessoal da cidade. Mas doeram muito no sertanejo que era meu Pai [...]. (Suassuna, *Jornal da Semana,* 20/10/1973, grifos do autor)

João Suassuna pendulava entre as duas lógicas: a familiar e a "jurista universitária". Como governador, sua principal medida foi a de extinguir o cangaço do Estado. Segundo Ariano, seu pai combateu fortemente diversos grupos de cangaceiros, inclusive o famoso grupo de Lampião, Corisco e Sabino Gório. Essa atitude evidenciou essa pendulação. Em primeiro lugar, como a polícia paraibana estava completamente desaparelhada e não apresentava número suficiente de soldados para combater o banditismo sertanejo, a solução encontrada por João Suassuna foi criar

um grupo respeitável de soldados "fora de linha", isto é, de civis dispostos e valentes que, provisoriamente, passavam a receber soldo e patente, organizados em batalhões sediados no próprio sertão e integrados por Sertanejos que conheciam a região, as pessoas, as veredas, as furnas, os esconderijos. E, para coordenar a campanha que iniciaria imediatamente, valeu-se daqueles *amigos* mais fiéis, leais, corajosos e prudentes que dispunha. Entre estes, destacavam-se bacharéis em Direito como o Doutor Pedro Firmino, de Patos. E, mais do que todos, pelo prestígio, pelo tato, pelo tirocínio, pela prudência aliada à coragem, José Pereira Lima, de Princesa. (Suassuna, *Jornal da Semana,* 27/10/1973, grifo nosso)

O Brasil dos espertos

Isto é, João Suassuna armou os "cabras" dos coronéis sertanejos, principalmente os de Pereira Lima, para combater o cangaço. Optou por uma via "personalista" no ramo da política, dado que, ao invés de equipar a polícia paraibana, elevou ao *status* de polícia, as forças armadas particulares que cada coronel aliado mantinha em suas propriedades. Segundo Ariano, há vários testemunhos, entre eles de ex-cangaceiros, dizendo que a "polícia paraibana" era a mais dura do Nordeste. Nos artigos, Ariano afirma ter sido esse tipo de banditismo fortemente combatido e quase extinto do Estado na gestão Suassuna. Pode-se, assim, entender sua revolta ao ver o nome do amigo José Pereira Lima ao lado do de cangaceiros, na notícia que anunciava o *Museu do Cangaço*.

Sobre a luta contra o cangaço, Ariano retrata o seu pai como um homem "inteligente" por ter escolhido a maneira mais eficiente de se opor ao banditismo: armar as milícias privadas. Entretanto, é também com certo tom orgulhoso que relata a investida do governador, representante da lei, contra seu irmão Cristiano, por mais que isso tenha lhe rendido uma represália familiar. Dessa forma, Ariano oscila em sua argumentação valorizando ora da lógica personalista ora daquela que chamou de "jurista universitária".[17]

Segundo o dramaturgo, a escolha de um sucessor à presidência do Estado talvez tenha sido o episódio em que essa indefinição causou mais danos à carreira política e, consequentemente, a vida do pai. Indicado por Epitácio Pessoa, o candidato à sucessão de João Suassuna era Carlos Pessoa. Filho do coronel Antônio Pessoa, de Umbuzeiro, era a única vertente da família

---

17 A denominação de um bando armado de "cangaceiros" é sempre feita pelos opositores. Assim, milícias de um dado coronel são chamadas de "bando de cangaceiros" por seu rival, ao passo que pelo próprio coronel são chamadas de "partidários" etc. Cangaceiro é sempre o "outro" armado. Isso fica claro nos artigos de Ariano e nos jornais de 1930, em que, dependendo das alianças do jornal, o termo cangaceiro se referia ou aos Pessoa, ou aos Suassuna.

58   Eduardo Dimitrov

Pessoa ainda vinculada às atividades rurais. Carlos Pessoa, conforme Ariano, era amigo íntimo de João Suassuna. Por intermédio dele, o Senador Epitácio Pessoa exercia sua influência no sertão,

> e a obediência a que Suassuna se julgava obrigado em relação ao senador Epitácio era, mais, um reflexo do culto que ele mantinha à memória de Antônio Pessoa do que, mesmo, um prestígio pessoal de Epitácio Pessoa. (Suassuna, *Jornal da Semana*, 15/12/1973)

Na visão de Ariano, não existiria sucessão melhor para os interesses de João Suassuna.[18] No entanto, havia um impedimento legal: para que um

---

18 Isso pode ser facilmente contestado com as informações coligidas por Linda Lewin (1993). A brasilianista afirma que João Suassuna, no momento em que foi indicado para o cargo de governador por Sólon de Lucena, já não gozava de alto prestígio principalmente pelo fato de ser casado com uma Dantas e ter fixado residência em Taperoá, cidade próxima a Teixeira, dominada por seus parentes afins. Além disso, Lewin mostra que, durante seu governo, Suassuna distancia-se do centro da oligarquia. Os principais cargos vão sendo ocupados por sobrinhos de Epitácio, principalmente os filhos do coronel Antonio Pessoa, ao passo que se tornam adultos. Com o aumento do contingente de parentes aptos a assumirem cargos importantes, os amigos políticos, como Suassuna, perdem espaço. Suassuna não era tão favorável à candidatura de Carlos Pessoa como Ariano desenha. Os Pessoa de Umbuzeiro, ramo do qual Carlos faz parte, se hostilizam com os primos Pessoa de Queiroz, de Recife. Epitácio Sobrinho Pessoa de Queiroz assassinou o marido de uma prima. Essa morte dividiu a família Pessoa. O assassino, no entanto, pediu homizio ao coronel José Pereira Lima, que o concedeu, pois José Pereira, além de ser compadre de Epitácio Sobrinho e João Pessoa de Queiroz, mantinha relações comerciais muito fortes com eles. Os Pessoa de Umbuzeiro exigiram, portanto, que João Suassuna impedisse o homizio. No entanto, o governador preferiu manter-se fiel a Zé Pereira em vez de atender às reivindicações. Dessa forma, a aliança de João Suassuna está mais forte com o ramo urbano de Recife, os Pessoa de Queiroz, do que com

O Brasil dos espertos

59

cidadão fosse aceito candidato à presidência da província: segundo a constituição estadual, seria preciso ser natural da Paraíba. Não era o caso do Doutor Carlos Pessoa, que era pernambucano. Epitácio iniciou um processo de mudança constitucional; João Suassuna não apoiou a medida, uma vez que, na visão de Ariano, tratar-se-ia de um caso típico de personalismo na lei. Vetou o projeto sob acusação de traição ao partido e ao próprio senador.

Ainda segundo Ariano, João Suassuna, ao vetar o projeto, sugeriu simultaneamente dois outros nomes: Júlio Lira,[19] para presidente, e José Pereira, para vice. Em carta a Epitácio Pessoa, declarou que, se o senador tivesse nomes diferentes desses, apoiá-los-ia imediatamente. Tentou, assim, conciliar as duas lógicas, a da lei, vetando um projeto personalista, e a da família, mantendo-se fiel a uma aliança feita com um companheiro que outrora o apoiara para assumir o cargo que agora exercia. Como se vê, Ariano Suassuna seleciona a narrativa e revela sua maneira de construir uma memória local.[20]

Foi aí, então, que o senador indicou seu sobrinho João Pessoa para a presidência. É Ariano quem caracteriza João Pessoa:

> Este [João Pessoa], ao contrário do que sucedia com os Pessoa de Umbuzeiro, era a expressão exata daquele *civitismo*, daquele contingente populacional das cidades a que Suassuna se referia, funcionários públicos "de face clorética e bolso vazio", que "temem o sol e desamam a terra quente e fecunda". Mas, tendo dado sua palavra, Suassuna não tergiversou: indicou, para sucedê-lo no governo, o Doutor João Pessoa,

o ramo rural, os Pessoa de Umbuzeiro. No entanto, a divisão urbano *versus* rural prevalece na narrativa de Ariano, que inverte a situação ao colocar o pai como um defensor da lei.

19 Júlio Lira era afilhado de João Suassuna; foi padrinho de Ariano.

20 Reconstruí aqui a maneira como Ariano conta esse período de escolha do sucessor apesar de, como foi assinalado na nota 32, muitos desses fatos não encontrarem eco nas afirmações da historiadora Linda Lewin (1993: 310-315).

e, dando assim, como já disse, o maior erro político de sua carreira, abriu oportunidade a que assumisse proporções dramáticas aquele confronto Cidade-Sertão que se esboçara no seu governo e que iria aportar na luta de Princesa, em 1930. (Suassuna, *Jornal da Semana*, 15/12/1973, grifos do autor)

O detalhe, aqui recortado, anuncia a figura do pai como refém de uma lógica externa: a da palavra dada. João Suassuna, mesmo sabendo que João Pessoa era um de seus piores adversários, não tentou impedir sua candidatura; pelo contrário, apoiou fielmente, pois tinha dado sua palavra ao senador Epitácio Pessoa. Novamente, a lógica pessoal se sobrepôs e a política partidária foi feita com base na lógica privada das alianças. O fato de João Suassuna não ter quebrado sua palavra em prol de um interesse pessoal não é entendido "pelo filho" como um erro, e sim como virtude. Por várias vezes Ariano diz que o maior erro político de seu pai foi ter recusado a candidatura de Carlos Pessoa, pois isso, dentro dessa lógica, obrigou-o a aceitar a de João Pessoa. Ariano hesita, assim, entre as duas lógicas: a familiar e a impessoal. Em alguns momentos valoriza os atos do pai que visam à impessoalidade da lei, em outros, orgulha-se dele por ser fiel aos seus amigos e parentes.

A candidatura de João Pessoa não foi bem recebida pelos parceiros de João Suassuna. No entanto, pelo que conta Ariano, seu pai era o mais prudente entre eles. Como líder político influente, acalmou os ânimos de seus colegas e convenceu-os – inclusive José Pereira – a apoiar João Pessoa nas eleições. Os Dantas sempre foram inimigos da família Pessoa, mas, como Rita de Cássia Dantas Villar casara-se com João Suassuna e este era aliado dos Pessoa, principalmente dos de Umbuzeiro, aproximaram-se dos Pessoa apoiando-os na eleição.

A feição das alianças varia de acordo com a posição do observador. Ariano afirma que os Dantas aproximaram-se dos Pessoa pelo casamento de João Suassuna. Já Lewin afirma que Suassuna, criado muito próximo ao

O Brasil dos espertos

coronel Antônio Pessoa, afastava-se pouco a pouco da oligarquia, na medida em que suas convicções políticas o ligavam ao desenvolvimento do sertão. Esse afastamento teria sido expresso e agravado por ele ter se associado

> a um poderoso grupo de base familiar dos sertões [os Dantas], grupo esse considerado, na melhor das hipóteses, como altamente suspeito entre os auxiliares mais próximos de Epitácio. (Lewin, 1993: 313)

Com esse contraponto de Lewin, fica mais nítido o processo, em que Ariano está envolvido, de construção de uma memória familiar. A história como seleção e narração, e não como uma sucessão de fatos objetivos, se torna mais clara. De qualquer modo, é o próprio Ariano quem narra, do seu ponto de vista, os detalhes desse emaranhado de alianças políticas e familiares que tomaram conta do cenário de 1930:

> Os Dantas, uma das famílias de minha mãe, tinham sido sempre inimigos do Doutor Epitácio Pessoa. Mas, com o casamento de meu Pai e com a subida deste ao Governo, os Dantas consentiram em se aproximar de seus velhos adversários, os Pessoa, apoiados por Suassuna. De modo que, quando o Doutor João Pessoa ascendeu ao Governo, estavam do lado dele, João Suassuna, José Duarte Dantas, José Pereira, etc. (Suassuna, *Jornal da Semana,* 19/01/1974)

O dramaturgo pinta João Pessoa como se ele, de repente, passasse a negar os "antigos aliados fiéis": um traidor inconsequente. Uma vez eleito, João Pessoa, iniciaria seu governo perseguindo os suassunistas e os coronéis sertanejos. João Suassuna, no entanto, teria a postura mais ponderada, segundo seu filho.

Na visão de Ariano, João Pessoa adota uma série de medidas desagradáveis para os coronéis sertanejos, acirrando, cada vez mais, a referida polarização entre o campo e a cidade. Três dessas medidas, talvez as principais, foram: a guerra tributária, a tentativa de desarmamento dos jagunços ligados aos coronéis e a perseguição, por parte de João Pessoa, a funcionários vinculados às famílias sertanejas.

O algodão produzido no interior do Estado era, em grande parte, escoado por Recife, principalmente a produção das regiões mais a Oeste, que não contavam com boas estradas. Além disso, o porto da cidade pernambucana possibilitava o acesso de navios maiores, com grande calado, o que as águas rasas de Cabedelo não permitiam.

Muitas empresas comerciais de Recife atuavam nesse trânsito, por terra, de mercadorias entre os Estados. Os Pessoa de Queiroz, por exemplo, tinham tráfego livre nas estradas da Província, até o momento em que João Pessoa passou a cobrar altos impostos pelas mercadorias que saíam das fazendas e cruzavam a fronteira por terra.

Obrigou, assim, os produtores da Paraíba a utilizarem o porto de Cabedelo e não mais escoarem sua produção por Recife. Desse modo, João Pessoa tentava estabelecer uma maior independência com relação à capital pernambucana e garantir a arrecadação do Estado. Ao mesmo tempo, porém, desagradava os produtores rurais, que se viam obrigados a gastar mais com o transporte até a capital – mais custoso do que a viagem para Recife, devido às péssimas estradas – ou a pagar altos impostos quando cruzavam a fronteira por terra.

As empresas comerciais de Recife também sofreram muito com essa medida. Os Pessoa de Queiroz tentaram interferir, uma vez que eram do ramo comercial pernambucano e primos de João Pessoa. Essa disputa de interesses foi mais um dos fatores que colaboraram para a cisão da família em os Pessoa de Queiroz (de Recife) e os Pessoa Cavalcanti de Albuquerque (de Umbuzeiro).

O Brasil dos espertos

Na tentativa de desarmar os exércitos privados, João Pessoa criou um imposto sobre as armas de fogo, outra medida que desagradou os coronéis do sertão. Essa política foi entendida como contraditória, pois teria sido o Estado da Paraíba, na gestão de João Suassuna, quem fornecera aos coronéis, para combater o cangaceirismo, essas mesmas armas. Em seus artigos, Ariano dá pouca importância a esse fato. No entanto, José Pereira Lima, principal aliado de João Suassuna, via-se extremamente acuado, uma vez que ele detinha o maior poder bélico do oeste paraibano.

Além dos impostos que incidiam sobre a produção agrícola e também sobre a posse de armas de fogo, João Pessoa removeu alguns funcionários de seus postos. Em Princesa, foi retirado de seu cargo o irmão de José Pereira, chefe da Mesa de Renda. Ensaiou, também, a demissão do prefeito de Princesa, assim como de Antônio Suassuna, prefeito e chefe político de Brejo do Cruz, irmão de João Suassuna. Segundo Linda Lewin,

> Antônio Suassuna, irmão do ex-governador, foi destituído por João Pessoa tanto da chefia política como da prefeitura de Brejo do Cruz, município que havia sido governado pelos Suassuna durante vinte anos. A atitude do governador valeu-lhe a admiração de boa parte dos setores urbanos de classe média. Antônio Suassuna dera proteção ao bandido Chico Pereira [Francisco Pereira Nóbrega], um dos participantes do célebre ataque a Souza realizado em 1924 por um grupo de cangaceiros liderados por Levino, irmão de Lampião. Antônio Suassuna chegara mesmo a alardear sua proteção ao fugitivo Chico Pereira (parente de seu irmão por casamento na família Dantas) [...]. (Lewin, 1993: 333)

Ariano não se detém nessas ligações de sua família com o cangaceirismo. Diz apenas que seu pai perseguiu cangaceiros; nunca afirma ter ele mantido alguma relação de proteção. Percebe-se, novamente uma oscilação entre valorizar ou não a proximidade com cangaceiros: o escritor conta, com certo orgulho, o fato de o pai ter três cavalos com nome de integrantes do bando de Lampião, mas sempre se defende das possíveis relações familiares entre cangaceiros e Suassunas, que não parecem ser poucas. Além dos problemas políticos que dividiram a oligarquia, havia também uma divisão causada por diferenças culturais. Em diversos momentos, Ariano orgulha-se de seu pai, por ele ter sido um defensor e amante da cultura popular. Diz que, enquanto era governador da Paraíba, João Suassuna "escandalizou uma porção de gente porque costumava levar para o Palácio, cantadores, músicos populares etc" (Suassuna, *Jornal da Semana*, 27/01/19736).

Linda Lewin também considera a crescente diferenciação dos costumes entre as elites urbanas e agrárias como um fator de distanciamento das duas camadas no interior da oligarquia. Diz a historiadora:

> O crescimento econômico e os interesses geoeconômicos divergentes ocasionaram rachaduras no conjunto dos valores, estilos e costumes, historicamente derivados de uma cultura rural, até então amplamente compartilhados pelas elites. A urbanização alterou modas, o discurso e a identidade das elites durante a década de 1920, reforçando frequentemente percepções dos interesses geoeconômicos diferenciadas entre o litoral e o interior. A "modernidade", numa capital de ares provinciais como Parahyba, significava ainda dançar as músicas europeias – valsas e polcas –, embora o samba já houvesse começado a conquistar a elite social da nação, no Rio de Janeiro, como a dança brasileira moderna. Os políticos da capital paraibana viam em seus gostos cosmopolitas – mesmo que desatualizados – uma maneira de se distinguir de seus primos caipiras do interior que ainda preferiam cantar desafios – como Suassuna – ou dançar os ritmos populares tradicionais de seus antepassados do século XIX. (Lewin, 1993: 313-314)

O Brasil dos espertos

Apesar de a brasilianista destacar certa determinação do econômico sobre a cultura e os costumes, é interessante atentar para a maneira como a diferenciação dos interesses geoeconômicos foi acompanhada de uma diferenciação de discurso legitimador para cada extrato da elite paraibana. De um lado, os citadinos valorizando seus hábitos "modernos" e, de outro, os sertanejos, como Suassuna, promovendo festivais de violeiros. A cultura surge, portanto, como um elemento para marcar diferenças e identidades; é inventada para salientar as disputas simbólicas e políticas que se desenrolavam em torno desses dois diferentes grupos sociais.

O pai de Ariano era, também, um colecionador de folhetos de cordel. João Suassuna colaborou, assim como João Dantas, na coletânea de cordel organizada por Leonardo Motta, *Violeiros do Norte*, publicada pela Cia. Graphico-Editora Monteiro Lobato em 1925. Ariano conta que seu pai adorava passar a noite com o "povo" das fazendas ouvindo histórias e desafios. Como se vê, Ariano vai "costurando" elementos culturais "do povo" à figura de seu pai e à sua própria identidade.

Todos esses fatores levaram a oligarquia Pessoa a um novo realinhamento, no qual Suassuna e seus aliados foram deixados de lado. Nas eleições para a Câmara dos Deputados, João Pessoa excluiu o nome de Suassuna da chapa de candidatos.

Toda essa situação se agrava quando João Pessoa chama José Pereira Lima de cangaceiro. Deve-se lembrar que essa ofensa deveria ser de fato grave. Primeiro porque Ariano a conta como decisiva para a eclosão do conflito e, segundo, porque o próprio dramaturgo, em sua coluna do *Jornal da Semana*, muda drasticamente o tom dos artigos, passando a relatar os conflitos de 1930, a partir da publicação de uma notícia na qual a jornalista relatava a criação do *Museu do Cangaço* e a inclusão de José Pereira como um de seus personagens.

Essa ofensa verbal não poderia passar em branco: a *intriga* começa a assumir feições cada vez mais violentas até culminar na guerra de Princesa e nos assassinatos de Suassuna, Dantas e Pessoa. O insulto foi feito de modo público, como uma ameaça, uma declaração de guerra, que se confirma, segundo Ariano, quando Pereira avisa José Américo que romperá com a aliança que o unia a João Pessoa.

O fato de o insulto ter sido feito publicamente – para todos ouvirem – é uma atitude recorrente no sistema de *intrigas*, pois, segundo Marques, as

> ameaças são muitas vezes proferidas para serem ouvidas por toda uma comunidade – não somente pelo rival –, que possui papel multifacetado nas disputas. (Marques, 2002: 54)

Assim, a guerra significa o acirramento da *intriga* iniciada pelo desentendimento de Pessoa com toda uma articulação de famílias aliadas em torno dos Suassuna: dos Pereira Lima e dos Pessoa de Queiros.

Ariano narra o anúncio do corte de João Suassuna, em 18 de fevereiro, como mais um ato de traição e covardia de João Pessoa. E apenas 11 dias antes das eleições que ocorreriam no dia 1º de março. João Pessoa tentava, a todo custo, minar o projeto político de João Suassuna, deixando-o com pouco tempo para se lançar como candidato "avulso" – sem vínculo com nenhum partido.

Mesmo assim, num ato de "coragem e bravura", segundo o filho, João Suassuna lança-se como candidato nas eleições para deputado. Os votos que recebeu, porém, estariam circunscritos ao seu reduto de maior influência, isto é, à região sertaneja de Princesa e Teixeira. Ariano segue sua narrativa da seguinte forma:

> A primeira coisa que o presidente João Pessoa fez foi ordenar que todas as autoridades estaduais se retirassem de Princesa. Com isso pretendia – é evidente – considerar "nula" a eleição em Princesa, onde ele sabia que Suassuna teria votação maciça, coisa que queria evitar. A outra providência que tomou foi mandar para Teixeira, terra dos Dantas, uma força volante

O Brasil dos espertos

> da Polícia, comandada por um inimigo pessoal da minha família materna, o Tenente Ascendino Feitosa. A escolha fora feita a dedo. O Tenente Ascendino Feitosa tinha sido delegado de Teixeira, e, lá, inimizara-se com um primo nosso, Silveira Dantas. A inimizade se azedara, a ponto de chegarem ao desforço físico. Ou, para ser mais preciso: terminou saindo de Teixeira, corrido, o Tenente Ascendino que, ali, seguiu ordens do presidente João Pessoa, estava tentando humilhar todos os nossos amigos, que eram a todo instante revistados na rua, a pretexto de "combate ao cangaceirismo". (Suassuna, *Jornal da Semana,* 02/02/1974)

Foram os Feitosa que incendiaram a casa do coronel Joca Pinga-Fogo, contraparente dos Dantas, que foram acobertados pelo Juiz Farias (Suassuna, *Jornal da Semana,* 04/1974). O caso do clister de pimenta utilizado por Delmiro Dantas no juiz como vingança era referente a essa briga. A *intriga* entre as famílias Dantas e Feitosa, portanto, já era antiga, e o envio de Ascendino Feitosa à Teixeira apenas trazia mais uma carga afetiva ao que, a princípio, poderia ser lido como uma medida impessoal.

Segundo Ariano, Epitácio Pessoa não concordaria com o envio de Ascendino Feitosa para Teixeira justamente por estar *intrigado* por muitos anos com a família Dantas. Assim, João Pessoa teria dito ao tio Epitácio que enviara o Tenente Arruda,[21] oficial externo à briga de família. Ao encadear os fatos dessa maneira, Ariano preserva a figura de Epitácio Pessoa, descrito como mais ponderado e não completamente ciente dos acontecimentos, ao mesmo tempo em que desenha João Pessoa como alguém imerso no ciclo de vinganças.

---

21 Não temos informações exatas sobre esse tenente, uma vez que Ariano se refere a ele apenas como Tenente Arruda, mas parece que o Tenente Arruda seria Manuel Arruda de Assis, oficial miliciano e Deputado Estadual entre 1954 e 1957 (Leal, S/d).

68

Eduardo Dimitrov

O recrutamento de um inimigo familiar para invadir o reduto eleitoral de Suassuna fez com que a política eleitoral e a briga de família trabalhassem de forma paralela, sendo praticamente infrutífero tentar encontrar os limites entre uma e outra. Entretanto, estava claro que, por Feitosa ser um inimigo familiar, ao escalá-lo, dava-se outro recado, outro teor ao conflito, que não convinha tornar muito explícito para os políticos mais afastados, como o senador Epitácio Pessoa, a quem apenas interessava a disputa eleitoral.[22]

Foi a partir desses fatos que Ariano desenhou a oposição entre cidade e sertão, de maneira ainda mais nítida, colada à imagem da briga familiar Pessoa *versus* Suassuna, Dantas e Pereira Lima.[23] Com a investida da polícia em Teixeira e a retirada das autoridades estaduais da cidade de Princesa, entre 23 e 28 de fevereiro de 1930 –, os coronéis, que tinham sido armados pelo próprio Estado da Paraíba na gestão Suassuna, responderam com a mesma violência. Fortificaram a cidade de Princesa e fizeram o pleito que daria o cargo de deputado a João Suassuna. No entanto, o governo do Estado anulou a eleição, uma vez que ela ocorrera em uma região conturbada militarmente.

A guerra de Princesa foi de fato um evento marcante para a vida de Ariano, mesmo ele tendo apenas 3 anos em 1930. As consequências desse conflito, a morte do pai e a polarização entre campo e cidade

---

22 Segundo Ariano Suassuna, há uma grande polêmica em torno do nome que comandou a invasão de Teixeira. Ele trata desse assunto em alguns artigos (Suassuna, *Jornal da Semana*, 9/02/1974; 16/02/1974; 9/03/1974) com muito mais detalhes. O ponto central é mostrar que João Pessoa encontrava-se também em uma briga de família, além de participar de uma briga eleitoral. Por isso, escalou um outro inimigo pessoal para a invasão e não um oficial que desconhecesse o lado pessoal da disputa.

23 É interessante notar que, mesmo reconhecendo que os Pessoa de Queiroz eram aliados importantes dos partidários de Princesa, Ariano não os aciona com a mesma ênfase que outras famílias rurais. Se os acionasse, sua divisão sertão *versus* cidade ficaria fragilizada, uma vez que os Pessoa de Queiroz eram comerciantes de Recife.

O Brasil dos espertos

69

permaneceram tão presentes na obra do autor que é revelador esmiuçar a forma como Ariano constrói o seu relato sobre esse conflito, uma vez que essa narrativa tem muitos pontos em comum com a construção de suas peças e romances.

Ariano Suassuna continua, em seus artigos, com a narrativa da guerra:

> Como já tem sido explicado várias vezes, a Polícia paraibana, depois de atacar Teixeira, em 28 de fevereiro de 1930, encaminhou-se em direção a Princesa, seguindo as tropas de Luís do Triângulo. Houve pequenos combates em Imaculada, Água Branca e Tavares. Aí, a Polícia foi encurralada, caindo numa armadilha que Luís do Triângulo lhe armou: entrou na cidade convencida de que a conquistara pondo em fuga o pessoal de Princesa; este, porém, tinha, apenas ficado oculto nas imediações da cidade; e mal a polícia entrava lá, os guerrilheiros de José Pereira reapareceram e cercaram os soldados do Doutor João Pessoa. Toda a história da campanha de Princesa se desenrola em torno desse fato. O Doutor João Pessoa, ao saber do curso dos acontecimentos, declarou que tomaria Princesa em 48 horas. Passaram-se essas 48 horas e a polícia continuava cercada em Tavares. Terminou março: a polícia continuava lá. O Governo do Doutor João Pessoa contratou os serviços de um aviador que iria bombardear Princesa. Várias bombas começaram a ser fabricadas no Estado. A principal era a de Campina Grande, destinada a ser jogada pelo avião sobre a cidade sertaneja rebelada. Sabedor disso, José Pereira despachou, de Princesa, um de seus guerrilheiros, que saiu de lá calmamente, atravessou toda a zona ocupada pela polícia, chegou em Campina Grande, informou-se sobre o lugar onde estava sendo fabricada a bomba e então, dirigindo-se para lá, deu, nela, com um rifle sem coronha, um tiro que a fez explodir, levando pelos ares a bomba e a fábrica. O avião, por seu turno, caiu ao levantar voo. Eram fatos tão desmoralizantes, que era necessário apresentá-los como obra do acaso.
> (Suassuna, *Jornal da Semana*, 9/03/1974)

70

Eduardo Dimitrov

É possível extrair desse trecho de Ariano, alguns elementos importantes para a compreensão do seu universo literário. Em primeiro lugar, a forma com que a polarização campo *versus* cidade se estabelece no texto. A polícia, representante da cidade, é caracterizada como uma tropa que ruma para o sertão, certa de sua vitória. Ela acreditava que o seu poderio militar era muito superior ao dos coronéis e que, pela força, dizimariam a rebelião. Já os sertanejos são caracterizados como mais espertos e maliciosos. Sua vitória – ainda que parcial neste momento – se deu por uma "armadilha" planejada por Luís do Triângulo, cujo o nome, sem referências a grandes famílias, poderia caracterizar um sertanejo "típico".[24] O fato de possuírem também um forte arsenal, herdado da gestão Suassuna, não é referido por Ariano como o ponto decisivo.

A sabotagem da bomba – executada com uma arma improvisada, "um rifle sem coronha" – também foi um ato de tranquilidade, esperteza e coragem dos sertanejos, que não teriam se assustado com a aparente força militar. A partir do relato da armadilha montada, que encurralou a polícia em Tavares, Ariano aponta como João Pessoa dava ordens acreditando em sua grandeza, em sua força militar e como, pela esperteza, os sertanejos venciam, dia após dia, as novas investidas da polícia.[25]

---

24 É necessário matizar um pouco esse relato de Ariano. Luís do Triângulo não era um "cabra". Pertencente à família de José Pereira, ele comandou as tropas dos coronéis em vários ataques contra a polícia. No entanto, na maneira como Ariano arma a narrativa, ele leva o leitor a imaginar que Luís do Triângulo era apenas mais um, dentre muitos sertanejos espertos. A questão do "típico nordestino", ou "típico popular", é um tema que será abordado principalmente na análise das peças. Ariano Suassuna constrói uma série de personagens "tipos" e, com isso, monta um universo singular. Aqui, cabe apenas ressaltar que a ideia de fazer a armadilha não partiu, segundo o relato de Ariano, de um coronel e, sim, de um suposto "cabra", de um sertanejo comum, dotado de sua "intrínseca esperteza".

25 Joaquim Inojosa, em seu livro *A República de Princesa*, afirma que um avião teco-teco caiu ao decolar, mas outros foram usados para despejar sobre Princesa

O Brasil dos espertos

71

Essa armadilha, segundo Ariano, foi o cerne da batalha de Princesa. Os homens de João Pessoa ficaram encurralados, mostrando que a batalha, no sertão, era quase impossível. Mesmo assim, João Costa[26] mandou dizer a João Pessoa que, se tivesse mais um contingente de 200 homens, conseguiria invadir a cidade de Princesa. O Presidente acreditou e criou essa nova frota, que rumou para o sertão em junho de 1930. Para narrar esse episódio, Ariano Suassuna transcreve, no mesmo artigo, um trecho do livro de memórias de José Américo, que na época era o chefe de defesa do Estado. Diz Américo:

> Arrumaram 180 homens em 9 caminhões, fora os que transportavam material. Contava-se que, dessa vez, Princesa seria arrasada. A expedição pôs-se em marcha em caminhões que se alinhavam, pegados uns aos outros, quase engatados. Havia certo orgulho nessa marcha. Desfilava o comboio pela estrada estourada, aos toques de corneta, engolindo poeira e entornando-se nas curvas. Atravessou Campina Grande, Taperoá e Teixeira com essa ostentação... Princesa iria à gaita. E a soldadesca entusiasmada dava vivas... Iam pegar José Pereira à unha... Já ia longe com todo esse aparato. Passou além de Imaculada e o inimigo não dava sinal de vida. Ouvia-se a corneta estalar e tudo mais emudecia. Agora pisava o chão beligerante, penosamente, com os motores gastos rangendo e guinchando nas rampas. Pernoitou em Água Branca, por ter-se quebrado um caminhão, o povoado de três ruazinhas

---

folhetos escritos por José Américo ameaçando um futuro bombardeio e pedindo que os sertanejos se rendessem. Segundo ainda o mesmo autor, a única bomba que se tentou jogar sobre a cidade de Tavares acabou atingindo Santa Maria, por um desvio acidental de rota (Inojosa, 1980: 198).

26 Responsável pela operação. Não foram localizadas mais informações sobre João da Silva Costa, a não ser a de que era comandante da polícia destacando-se no conflito de Princesa.

toscas, tristemente abandonado. Só apareceram dois ou três desconhecidos e o dono de uma bodega. Olhos matreiros espiavam. Contavam e mediam, como quem faz uma partilha. No dia seguinte, os soldados em jejum tomaram cachaça na falta de café. A partida estava marcada para as 7 horas... E lá se foram... Pouco adiante, a menos de dois quilômetros, numa elevação de terreno, com taludes que o deprimiam dos dois lados, 80 feras, chefiados por João Paulino e Gavião, bandidos dessa marca, estavam divididos em dois grupos. Agachavam-se à espera, num silêncio que só era quebrado pelo ruído dos motores que se aproximavam. Sob a proteção da noite tinha preparado a armadilha. E, de repente, o horror. João Paulino, ao lado de Água Branca, deixou passar a Fila. Era o momento; rompeu a fuzilaria. Um grupo atacou pela frente e o outro aguentou por trás. A luta tinha esse caráter: a ação de surpresa. Colhida entre dois fogos, a coluna estacionou, com os caminhões imprensados, sem poder avançar nem recuar, chocando-se, incendiando-se num rolo de ferros partidos e corpos despedaçados. O da frente arrancou e pegou fogo. A coluna, feita em pedaços, acabou desarticulada. Os poucos que, abandonando as armas, pularam dos carros, caíam sob as descargas... Foi horrível a mortandade. Quem não morreu se escafedeu... O comandante foi a primeira vítima levado ainda com vida, agonizante, com quatro ferimentos, pouco durou. Posto fora de combate ninguém mais se entendeu; estabeleceu-se a confusão. Estavam uns dependurados dos carros, outros queimados, tudo destroçado... Voltou o bando agressor para Princesa, cada qual conduzindo um fuzil novo. E perderam-se 35 mil cartuchos, reservados para o ataque final que estavam planejando. [...] Na segunda quinzena de junho dei uma chegada à capital... João Pessoa estava mais envelhecido. O desastre de Água Branca – contava-me seus íntimos – fora-lhe um golpe penoso. (Américo *apud* Suassuna, *Jornal da Semana* 09/03/1974)

O Brasil dos espertos

Ao fazer uso dessa longa citação, Ariano transforma as palavras de Américo em suas, e com muito mais propriedade, já que quem reconheceu o estado de desespero das tropas policiais foi o próprio chefe de defesa. O relato mostra a polícia com uma prepotência exacerbada, subestimando a astúcia sertaneja e sua capacidade de atacar de surpresa.[27] Ariano Suassuna finaliza essa citação de José Américo fazendo uma comparação: aproxima a batalha de Princesa à guerra de Canudos. Reativa, assim, dicotomias sertanejos *versus* urbanos; pobres *versus* ricos; religiosos *versus* racionais; fracos *versus* poderoso; espertos *versus* ignorantes e brutos, que revelam muito da leitura que faz desses elementos, tornando-os praticamente intercambiáveis. Dessa maneira, campo, pobres, religiosos, espertos estão de um dos lados, enquanto cidade, ricos, racionais, ignorantes – no sentido de que apelam para a força bruta – estão do outro. Diz ele:

> De modo que quanto à luta, mesmo nós, os de lado de Princesa, só temos que nos orgulhar: ali, como em Canudos, a raça e a garra dos Sertanejos marcou a seu favor vitórias como esta, na qual 80 homens – entre os quais, posso dizê-lo hoje, estavam Silveira e José Florindo Dantas – destroçaram completamente a "Coluna Invencível" que, com invencibilidade e tudo, terminou assim, como diz o doutor José Américo: "entre os tiros e as chamas dos caminhões incendiados, quem não correu morreu". (Suassuna, *Jornal da Semana,* 09/03/1974)

---

27 Apesar de ser possível extrair dessa passagem de José Américo um certo grau de crueldade dos sertanejos no massacre às tropas, essa não é uma chave de leitura apontada por Ariano ao reproduzir esse trecho em seu *Almanaque*. Aqui, mais uma vez, fica nítido a operação de seleção e construção de uma história e uma memória para os fatos.

74

Eduardo Dimitrov

Em um outro artigo, Ariano Suassuna novamente aproxima o ocorrido em Princesa com a guerra de Canudos. Diz ele sobre a invencibilidade do reduto sertanejo:

> O resto das derrotas que a Polícia paraibana sofreu, assim como sua manifesta impotência de assaltar e tomar Princesa, se explicam pela capacidade de luta dos Sertanejos, pela tenacidade que sempre revela qualquer população que vê sua terra invadida, pelo comando natural que a personalidade fascinante de José Pereira exercia sobre seu povo e pelo fato de que os soldados lutavam por obrigação, enquanto os sertanejos estavam defendendo sua terra, seu modo de vida, sua cultura particular: era, *mutatis mutandis*, o que acontecera já, em maiores proporções, em Canudos, e que agora se repetia em Princesa, como se os Sertanejos pressentissem que os partidários do Doutor João Pessoa, recrutados na Burguesia das cidades, estavam tentando destruir aquela forma especial de Cultura que era a deles e que se caracterizava por uma união dos senhores de terra com o Povo de *moradores* e camponeses – aquela Cultura que formara a partir da *livre sociedade dos Vaqueiros* do século XVIII que Capistrano de Abreu denominara tão bem de *Civilização do Couro* e que os sociólogos abstratos das Cidades, dominados por seus esquemas rígidos e ideológicos, nunca conseguirão entender, julgando sempre – por causa de suas ideias sobre *luta de classes*, que tanto faz um "camponês" sertanejo como um camponês da Zona da Mata, ou um "operário" das Cidades. (Suassuna, *Jornal da Semana*, 3/03/1974, grifos do autor)

É importante destacar em todos esses trechos citados que a oposição desenhada por Ariano não é dos coronéis *versus* burgueses ou citadinos, e, sim, sertão *versus* cidade, sendo que a sociedade sertaneja seria formada pelos coronéis, jagunços e o "povo miúdo". Essa "Civilização do Couro" representa

O Brasil dos espertos

75

a união harmoniosa entre coronéis e povo, de tal forma que o povo defende seu coronel e sua terra, assim como defenderia seu rei e seu país. Ariano Suassuna, pelo menos nesse momento de sua trajetória intelectual,[28] enxerga essa "Civilização do Couro" como uma forma de sociabilidade livre de conflitos e contradições internas. O coronel, em uma relação de troca e de compadrio, comandava o seu povo sem exploração. A força militar dos sertanejos era muito maior, sobretudo quando comparada com a polícia da Paraíba, que sofria constantes derrotas. A fadiga e o desespero já estavam instalados. Muitos soldados recusavam-se a lutar, outros fugiam e alguns simplesmente mudavam de lado, uma vez que os coronéis sertanejos pagavam quase o dobro do soldo dado pelo governo da Paraíba. Mas, para Ariano Suassuna, a principal razão da força de Princesa era a sociabilidade particular e extremamente forte que unia coronéis ao povo, ou, mais especificamente José Pereira, "de personalidade Fascinante", ao "seu Povo" – uma relação que iria além do vínculo empregatício e se lastrearia no vínculo moral e de compadrio. Não se trata aqui de identificar essa forma de sociabilidade como um fato sociológico. O desafio é sempre destacar a maneira específica como Ariano Suassuna enxergava e caracterizava a sociedade sertaneja.

De qualquer forma, ainda segundo Ariano, João Pessoa, vendo que não seria possível continuar com a batalha nos moldes que ela se desenvolvera, adotou uma nova estratégia. Mandou incendiar as fazendas dos partidários de Princesa. Foi nessa leva que as fazendas *Santo Agostinho* e *Pedro II*, ambas

---

28 Ele irá rever essa posição assumindo-a como um erro em sua interpretação do Brasil. Mais tarde, entenderia a guerra de Princesa não como uma briga entre poderosos da cidade contra o povo do sertão, semelhante ao ocorrido em Canudos, e sim como uma guerra entre poderosos da cidade e poderosos do sertão. Mas essa formulação se dará bem mais tarde, em meados dos anos 1980. Para mais detalhes ver entrevista dada ao programa *Roda Viva* da TV Cultura (Suassuna, 2002b).

Eduardo Dimitrov

da família Dantas e a última pertencente ao pai de João Dantas, foram queimadas. Familiares mais vulneráveis foram selecionados para serem atacados, uma vez que Princesa era considerada inatingível.

O irmão de João Dantas foi preso sem qualquer justificativa e, sendo transferido de delegacia em delegacia, o *habeas corpus* emitido pelo tribunal não conseguia ter efeito (Suassuna, *Jornal da Semana,* 16/03/1974).

João Dantas, que morava na capital da Paraíba, teve sua casa cercada pela polícia e só escapou com vida porque Rita de Cássia, mãe de Ariano, ajudou-o na fuga para Recife. Dantas continuou, agora de Pernambuco, a escrever artigos contra o governo de João Pessoa no *Jornal do Comércio*[29] e no *Jornal Pequeno.* Enquanto isso, na cidade da Paraíba, o jornal da oposição, no qual publicava seus artigos, fora incendiado pela multidão "açulada e estimulada pela polícia" (Suassuna, *Jornal da Semana,* 16/03/1974).

Em 1º de junho de 1930, João Dantas manda um telegrama a João Pessoa, acusando-o de manter preso seu irmão em Piancó e de ser o mandante dos incêndios criminosos nas fazendas da família Dantas. Ariano transcreve as palavras finais do telegrama:

> Mas ficai certo de que nenhum Dantas se amedrontará nem se humilhará diante do vosso capricho. E, uma vez que vosso obliterado senso moral e vossa absurda consciência Jurídica vos permitem tais desatinos *apesar do longo exercício da magistratura,* sou forçado a lembrar, sem os estardalhaços tão do agrado do vosso temperamento teatral, que *felizmente tendes filhos e, juntamente com eles, respondereis pelo que sofrer minha família,* respondendo também o Estado (da Paraíba) pelos prejuízos materiais que nos causardes. Saudações. – João Duarte Dantas. (Dantas, João *apud* Suassuna, *Jornal da Semana,* 16/03/1974, grifos nossos)

---

29 O *Jornal do Comércio* era de propriedade da família Pessoa de Queiroz, que estava, como foi exposto, rompida com o primo e aliada a José Pereira.

O Brasil dos espertos

Nesse trecho, citado por Ariano em seu artigo, o conflito é relatado nos termos da briga entre famílias. João Dantas afirma claramente que, mesmo sendo advogado, conhecendo as leis, não será por meio delas que tentará ressarcir os prejuízos de sua família, e sim por meio dos filhos e do próprio João Pessoa. Há um sentido no fato de Ariano reproduzir tal ameaça.

Recuperando essa afirmação de Dantas e incluindo-a na sua narrativa sobre os acontecimentos de 1930, Ariano faz com que as questões da vingança, da honra familiar, da coragem pessoal de seu parente materno ganhem lugar de destaque e sejam ingredientes importantes para o desenrolar dessa história dramática, que ele se empenhou tanto em narrar.

O jornal do governo de João Pessoa, *A União*, responde ao telegrama de Dantas, insultando-o ainda mais. Somado a isso, o "delegado" Adhemar Vidal[30] invade o apartamento de João Dantas e retira de seu cofre, cartas íntimas, seu diário e armas. O caso foi alardeado no jornal *A União*, que caracterizava o evento como um escândalo.

Esse episódio é extremamente controverso. De qualquer forma, Ariano Suassuna o relata como uma invasão bárbara ao apartamento de seu primo. O jornal *A União* publicava manchetes e artigos sensacionalistas. João Dantas era retratado, pelo jornal, como um passador de moedas falsas, um maníaco sexual que, junto com sua amante Anaíde Beiriz,[31] trocava cartas por demais obscenas para serem publicadas, mas que estavam à disposição

---

30 Adhemar Victor de Menezes Vidal (1897-1986), formado em Direito pela Faculdade do Recife, foi oficial de gabinete do Governo Solon de Lucena e secretário do Interior e Justiça e de Segurança Pública no governo João Pessoa. Trabalhou também como editor do jornal oficial do governo *A União*. Foi membro da Academia Paraibana de Letras (Odilon, 1984). Suassuna refere-se a Vidal como delegado, no entanto, esse cargo não é listado nas biografias encontradas.

31 Professora primária e poetisa paraibana, Anyde Beiriz (1905-1930), teve sua biografia escrita por José Jofilly, que, junto com Tizuka Yamazake, adaptou o livro para o longa *Parahyba Mulher Macho* de 1983.

Eduardo Dimitrov

para quem quisesse ver na delegacia. Não se sabe se as correspondências pornográficas realmente existiram, pois nunca foram encontradas.

Ariano atribui, em sua coluna, duas mortes a esse "escândalo infundado" criado por João Pessoa. Anaíde Beiriz, rejeitada pela família, teria cometido suicídio.O quadro de saúde do pai de João Dantas, Franklin Dantas, que já apresentava complicações cardíacas, teria piorado; o choque o teria levado a falecer.

O dramaturgo afirma ainda que a situação se agravava e desde 1929 alguns partidários de Princesa já tinham sido obrigados a abandonar o Estado. Foi o caso de João Dantas e do próprio João Suassuna, que se mudaram para o Recife. Em 1930 o resto da família Suassuna teve que ir para Natal, e essa é uma das lembranças que Ariano faz questão de frisar. Escreve, no seu artigo de 17 a 23 de março de 1974:

> A situação de qualquer pessoa que discordasse do Doutor João Pessoa na Cidade da Paraíba era insustentável. Nossa casa, por exemplo, foi, várias vezes, varejada pela Polícia, que tentava, assim, ver se, entrando nela de repente, surpreendia meu Pai, lá. Mas este também ia fora para o Recife. A situação ficou tão difícil que fomos para Natal, no Rio Grande do Norte. Outras famílias se mudaram. (Suassuna, *Jornal da Semana*, 23/03/1974)

Marcos Vinícius Vilaça,[32] encarregado de fazer a apresentação de Ariano Suassuna no dia de sua posse na Academia Brasileira de Letras, conta a seguinte história:

---

32 Marcos Vinícios Rodrigues Vilaça nasceu em Nazaré da Mata-PE, em 30 de junho de 1939. Bacharel em Direito pela Faculdade de Direito da Universidade Federal de Pernambuco em 1962, foi empossado da cadeira 26 na Academia Brasileira de Letras no dia 2 de julho de 1985.

O Brasil dos espertos

79

na crise perrepista, tendo a a casa cercada, o povo açulado – a cantar a "Vassourinhas" – ameaçando sopresá-la, enrigeceu-se de bravura pela ordem dada a um dos filhos, por dona Ritinha, mãe dele:

— Vá pro piano e toque o Hino de Princesa.

E a meninada, ao som da música aliciadora, Ariano Suassuna inclusive, começou a cantar:

"Cidadãos de Princesa aguerrida
Celebremos com força e paixão
A beleza invulgar desta lida
E a bravura sem par do sertão". (Vilaça, 1992).

Em outro artigo Ariano afirma:

> uma das lembranças que guardo do ano de 1930 é do dia em que tivemos que fugir da Paraíba, eu, minha mãe e meus oito irmãos, para escapar à perseguição implacável do governo e da multidão, açulada por policiais contra nós. Meu Pai estava fora do Estado, e foi Fernando Nóbrega que nos acompanhou até Natal. Depois da morte de meu Pai, foi ele o advogado que teve coragem de nos defender na Paraíba, num tempo em que isso importava em grande risco. E, no dia da morte do Presidente João Pessoa, a multidão enfurecida, conduzida por policiais e por assassinos que tinham sido soltos da Cadeia expressamente para isso, incendiou uma pequena torrefação de café que Fernando Nóbrega possuía e que era a principal fonte de seus rendimentos. (Suassuna, *Jornal da Semana*, 14/09/1973)

Com certeza essa é uma lembrança marcante uma vez que Ariano tinha apenas três anos de idade e, tanto nesse artigo quanto ainda hoje, aos 83 anos, ele afirma lembrar do dia da fuga. Pelo relato do autor, um importante

Eduardo Dimitrov

aliado de João Suassuna, Fernando Nóbrega,[33] teria sido uma vítima inocente dessa história: só por ajudar o amigo, teve sua torrefação destruída.

Em função dos motivos expostos, João Dantas encontrava-se exilado em Recife. Foi nesse período que a polícia invadiu seu escritório, confiscou documentos, cartas e passou a publicar uma série de matérias difamando-o. João Dantas soube, pelo mesmo jornal *A União,* que, naquele dia – 26 de julho –, João Pessoa viajaria para Recife, logo depois de Dantas o ameaçar em um telegrama. Ariano comenta o fato e se pergunta:

> Qual era o objetivo do Doutor João Pessoa nesta viagem? João Dantas, depois, em carta dirigida à sua Mãe [...] dizia que sentira no gesto do Presidente da Paraíba a intenção de feri-lo e desmoralizá-lo, mostrando, com sua viagem, que não o temia e que ele, João Dantas, não passava de um covarde e bravateiro: "Veio e andou a exibir-se por casas de fotógrafos, por ruas frequentadas e confeitarias. Queria, mesmo, me passar um atestado de covarde", dizia João Dantas, nessa carta. (Suassuna, *Jornal da Semana,* 4/05/1974)

Com isso, Suassuna arma a narrativa mostrando os motivos que levavam João Dantas a assassinar João Pessoa. Todos os fatores foram acumulados ao longo dos artigos: as perseguições, a prisão-sequestro de seu irmão, o incêndio em suas fazendas, a invasão de seu escritório e a armação de um

---

33 Fernando da Cunha Nóbrega, segundo o *Dicionário Biobibliográfico da Paraíba,* nasceu em 1904, foi diplomado Bacharel em Direito pela Faculdade de Direito de Recife em 1927 e, ainda estudante, já assumia o cargo de Oficial de Gabinete de João Suassuna no governo do Estado. Seguiu carreira política sendo Prefeito da cidade João Pessoa; Secretário do Interventor Federal; Deputado Estadual à legislatura 1934/1938; Deputado Federal; Ministro da Agricultura e do Trabalho; Ministro do Tribunal Superior do Trabalho (Leal, S/d). Segundo Ariano, era amigo íntimo de toda a família Suassuna, mesmo após a morte do patriarca.

O Brasil dos espertos

81

escândalo com Anaíde Beiriz, o que teria levado à morte do pai e ao suicídio da amante, e agora a visita à cidade onde Dantas estava exilado. As motivações do crime estão, nesse ponto da argumentação, mais do que explícitas e justificadas por Ariano.

João Dantas, procurando o Presidente, avistou-o na Confeitaria Glória, no centro de Recife, ao lado de Agamenon Magalhães[34] e Caio de Lima Cavalcanti.[35] Entrou, apresentou-se – "Eu sou João Dantas" –, e fez os disparos.

João Dantas, e seu cunhado Augusto Caldas – cúmplice do homicídio– foram presos logo em seguida. Ambos foram mortos semanas depois, dentro da Casa de Detenção de Recife. Ariano Suassuna sustenta que a morte dos dois foi um assassinato de vingança, mas, oficialmente, ela continua inexplicada.

Suassuna narra uma de suas recordações de menino aos três anos de idade:

> Três dias antes da morte de João Dantas, eu acompanhei minha Mãe, que ia visitá-lo na Detenção do Recife. Lembro-me perfeitamente de que fiquei impressionado com a escadaria que

---

34 Político de carreira, Agamenon Magalhães elegeu-se à Câmara Federal em 1923 renovando seu mandato quatro anos depois. Em 1930, em oposição ao governador pernambucano Estácio Coimbra, apoiou a candidatura presidencial de Getúlio Vargas, lançada pela Aliança Liberal. Com a derrota da Aliança, participou ativamente, em Recife, do movimento revolucionário, deflagrado em âmbito nacional, que depôs o presidente Washington Luís e levou Vargas ao poder em outubro de 1930 (CPDOC-FGV. Disponível em: http: //www.cpdoc.fgv.br/nav_historia/htm/biografias/ev_bio_agamenonmagalhaes.htm. Acesso em 20/06/2006).

35 Caio de Lima Cavalcanti (1898-1975) era diplomata; fundou, em 1927, junto com seu irmão, Carlos de Lima Cavalcanti, o Diário da Manhã e, posteriormente, o Diário da Tarde. Seu irmão Carlos de Lima Cavalcanti apoiou Vargas desde sua candidatura, ocupou lugar de destaque na articulação armada e foi nomeado, depois da tomada do poder em outubro de 30, interventor federal no Estado de Pernambuco (CPDOC-FGV. Disponível em: http: //www.cpdoc.fgv.br/nav_historia/htm/ev_biografias.htm. Acesso em: 20/06/2006; Genealogia Pernambucana. Disponível em: http: //www.araujo.eti.br/cascao2.asp. Acesso em: 20/06/2006).

subimos, com o tamanho da chave que abriu a porta e com a tranquilidade em que fomos encontrar nosso primo: João Dantas estava sentado a uma mesa, jogando baralho com seu cunhado Augusto Caldas e, se não me engano, mais duas pessoas que não sei quem eram e que se retiraram quando da nossa chegada. Nesse dia, ele contou a minha mãe que, no dia do crime, ao ler a notícia, saltou do bonde, cego de raiva. Estava em tal estado de Espírito que, na sua caminhada de volta para casa do cunhado – onde ia buscar o revólver, – bateu com a cabeça contra um poste de luz. *Contava-nos* ele que só veio tomar consciência disso depois de tudo, naquele dia: sentindo uma dor na cabeça, palpou a testa, sentiu a inchação e, somente então, recordou-se confusamente que batera com a cabeça contra o poste. (Suassuna, *Jornal da Semana,*11/05/1974, grifo nosso)

É importante ressaltar qual memória Ariano constrói nesses textos em que evoca lembranças dos tempos de criança. Não é difícil, a essas alturas, de imaginar que a experiência de visitar, na cadeia, um primo que matou uma outra pessoa é algo marcante para a maioria das crianças.[36] No entanto, é muito pouco provável que, com apenas três anos de idade, fosse capaz de compreender todas as circunstâncias, principalmente dos diálogos, que envolviam os adultos. Assim, esses relatos são uma mistura de lembranças de fatos e de conversas posteriores com seus familiares. Não se trata de identificar o que Ariano realmente lembra, mas, sim, de explicitar que a seleção desses acontecimentos como memória de infância é, nos termos de Halbwachs (1994), sem dúvida, uma evidência de que são lembrados no interior de um contexto social/familiar, e fazem sentido especificamente para Ariano e para os Suassuna enquanto grupo social. Halbwachs mostra

---

36 Levar crianças para visitar parentes presos é uma prática recorrente entre famílias intrigadas do sertão pernambucano. As cadeias e o estado de "ilegalidade" não são algo tão distante do universo cotidiano e essas visitas colaboram para a perpetuação da intriga. Informação fornecida pela Profa. Dra. Ana Claudia Marques, em 2005.

O Brasil dos espertos

83

como o indivíduo é incentivado, pelo meio social no qual está inserido, a lembrar determinados eventos – atribuindo significados a eles –, e não a outros. Nesse caso, Ariano é um exemplo dessa seleção social dos eventos; transforma-os em memória individual e coletiva.

Com o assassinato de João Pessoa por João Dantas, e com a eclosão da Revolução de 1930, a situação de João Suassuna e de José Pereira Lima complicava-se ainda mais. Pelo que conta Ariano, José Pereira Lima teve de vagar por meses pelo sertão para escapar das constantes emboscadas. João Suassuna, acusado de ser o mandante do crime cometido pelo cunhado, teve de ir ao Rio de Janeiro prestar depoimento. Uma das lembranças que Ariano afirma ter é o pai partindo de navio enquanto a mãe aponta para a escotilha em que ele se encontra.

João Suassuna, antes de viajar para o Rio de Janeiro – no que seria sua última viagem –, já se sentia muito ameaçado e mudara a família da Paraíba para Paulista, cidade próxima do Recife, onde acreditava que estariam mais protegidos: "Nossa situação ficou insustentável. A polícia cercou nossa casa várias vezes. Uma multidão enfurecida também. Ficamos sitiados" (Suassuna, 2000: 11).

Além de permanecer armado durante todo o tempo, pressentindo a morte, João Suassuna escreveu, na véspera de seu assassinato no centro do Rio de Janeiro, uma carta de despedida para sua esposa. Nessa carta,[37] mostra-se preocupado com a possibilidade de os parentes do Dr. João Pessoa o matarem. Afirma ainda não querer, em hipótese alguma, que a família Suassuna ou seus amigos alimentem sentimento de vingança contra seus possíveis assassinos.

João Suassuna morreu no dia nove de outubro de 1930 assassinado a tiros pelo pistoleiro Miguel Alves de Souza, a mando dos Pessoa. Dona Rita de Cássia, que nunca mais tirou o luto, foi apoiada por uma rede de proteção. Passou por diversas cidades e fazendas até conseguir instalar-se em uma das propriedades da família em Taperoá. Rita de Cássia acatou o desejo do

---

37 Essa carta está reproduzida em diversas publicações, entre elas: Nogueira (2002), Suassuna, Raimundo (1993) e Nóbrega (1950).

marido, retirou-se do cenário de guerra, recolheu-se em uma de suas fazendas e nunca deixou que um filho seu vingasse a morte do pai.

O assassino de João Suassuna foi preso e condenado a quatro anos de prisão, sendo solto após cumprir a metade da pena. Ariano Suassuna conta que, um dia, o ex-presidiário passou pelas redondezas da fazenda onde estavam instalados:

> Lembro de um morador, que gostava muito de papai, ajoelhado nos pés de mamãe. Ele pedia que ela não dissesse que mandava matar ele, mas dissesse apenas que permitia. Ela não permitiu. (Suassuna, 2000c: 77)

O desterro é uma das possibilidades para o encaminhamento de uma *intriga* quando uma das partes se sente mais vulnerável do que a outra, conforme Ana Cláudia Marques (2002). A opção pelo desterro é a mais prudente, no sentido de abandonar a disputa por honra e *status* e priorizar a vida dos familiares. No entanto, a própria Ana Claudia mostra que uma *intriga* não acaba nunca. Por mais que o ciclo de vingança se interrompa, dificilmente a paz completa reinará entre duas famílias intrigadas.

> [...] o terror que se sente diante dela deriva de nunca mais se poder confiar na paz obtida pelo acordo tácito ou explícito, subsequente a um agravo ou à sua compensação. [...] uma pessoa que se vai embora por conta de uma *intriga* pode voltar a qualquer momento, muito tempo depois, para matar de surpresa o intrigado. De qualquer maneira, entre partes intrigadas, mesmo que um acordo esteja prevalecendo, um problema qualquer pode deflagrar tudo de novo. Esta possibilidade é o que pereniza o estado de *intriga*. (Marques, 2002: 77)

Parece que essa situação se aproxima do caso dos Suassuna, ou ao menos da visão que Ariano tem dele. Em entrevistas recentes, ele ainda conta essa

O Brasil dos espertos

85

história. Conta, por exemplo, que a mãe mentiu para os filhos ao dizer que o assassino estava morto:

> Quando eu soube que ele estava vivo, perguntei a minha mãe: "A sra. dizia pra gente que o Miguel tinha morrido, por que?" Ela respondeu: "É verdade, meu filho, eu menti. Precisava tirar esse peso de vocês". Pouco antes de morrer, minha mãe deu uma entrevista procurando inocentar o mandante. Eu tenho a impressão de que ela fez isso ainda temendo que a gente pudesse agir movido por um sentimento de vingança, de dívida de sangue. (Suassuna, 2000b: 28-29)

A preocupação de Rita de Cássia evidencia que o desterro interrompeu o ciclo de mortes, mas não a *intriga*, que potencialmente poderia ressurgir a qualquer momento. Segundo Ariano, a mãe tirou a ideia de vingança da cabeça dos filhos, mas, ao mesmo tempo, nunca tirou o luto.

Não se pretende explicar a biografia de Ariano a partir de uma teoria antropológica, mas, sim, realçar que a narrativa que Ariano tece a respeito de sua vida faz sentido no interior de um sistema de brigas de famílias. Desse modo, não se trata de identificar a "verdade" da biografia, mas o sentido que uma biografia construída por Ariano adquire em um determinado contexto social e para o próprio dramaturgo em sua obra.

A memória dos fatos ocorridos na virada dos anos 1920 aos 1930 na Paraíba foram refeitos, por Ariano, como história em uma chave familiar e socializada. Ele estabelece dicotomias, deixa evidente os seus "heróis", assim como prepara a sua própria ficção. Com efeito, fica difícil estabelecer os limites entre ficção e não-ficção, mito e metáfora, nos termos de Sahlins (1990). Afinal, as representações, como já mostrou Durkheim (2000), encontram-se ancoradas no mundo. Não há, assim, como separá-las da realidade. A obra e a vida de Suassuna se misturam: fato e ficção/ficção e fato.

Formação

Fugindo do ciclo de mortes, a família Suassuna, chefiada pela matriarca, passa por um período de deslocamentos constantes,[1] até recolher-se na Acauã, uma fazenda no sertão da Paraíba, no município de Souza. Em função da seca de 1932, perdem praticamente todo o gado dessa fazenda e de outra, a do Saco. Parece que as dificuldades financeiras colaboraram para que Rita de Cássia se mudasse com a família para Taperoá, município próximo a outras propriedades dos Dantas.

O estabelecimento em um pequeno centro urbano possibilitou que Ariano e seus irmãos frequentassem a escola primária e passassem temporadas nas fazendas dos tios maternos. O contato com esses tios é de extrema importância, pois será por meio deles que Ariano conhecerá a biblioteca que o pai havia deixado. Manuel Dantas Villar e Joaquim Dantas apresentam ao futuro dramaturgo, em 1942, as obras de Euclides da Cunha, Eça de Queiroz, Guerra Junqueiro e Antero Figueiredo. Por intermédio de outro tio materno, Antônio Dantas Villar, lê *Doidinho*, de José Lins do Rego.[2]

---

1 Foram seis fugas em quatro meses; a família passou pelo sertão e pela capital da Paraíba, por Natal-RN – onde o Governador Juvenal Lamartine, casado com uma parente de Rita de Cássia, deu-lhes abrigo em sua casa –, por Paulista-PE, onde receberam o apoio de empresário "Coronel" Frederico Lundgren, que mantinha sua indústria têxtil em Rio Tinto-PB e Paulista-PE e os abrigou misturados com os funcionários alemães. Sobre as fugas, ver o livro de João Suassuna (2000). Sobre os Lundgren, ver Alvim (1997).

2 A importância dos tios em sua formação é reconhecida por Ariano. Os tios, segundo ele, foram até transformados em personagens importantes no *Romance*

90

Eduardo Dimitrov

Entre 1934 e 1937, as dificuldades financeiras levaram Rita de Cássia a vender, pouco a pouco, as fazendas herdadas para custear a vida urbana que escolhera. Foi com a venda de algumas propriedades que Ariano entrou para o colégio Americano Batista em Recife e que seus irmãos mais velhos, Saulo e João, passaram a frequentar a Faculdade de Medicina e Lucas, a de Direito.[3] Esses três irmãos moraram em uma pensão bem frequentada pela jovem intelectualidade recifense. Noel Nutels[4] era filho dos donos e morava lá, juntamente com Capiba,[5] Rubem Braga[6] e Fernando Lobo.[7] Ariano conta em um artigo do *Jornal da Semana* como as aventuras desse grupo de amigos

---

     da Pedra do Reino.

3   Ariano afirma em entrevista que a escolha por Recife, mesmo com a morte do Pai, se deu ainda pelo medo de represálias: "Meu pai não botava ninguém para estudar na capital por causa do ambiente político, que era muito contrário a nós por causa dos acontecimentos de 1930. Aí, minha mãe, revelando uma visão enorme, resolveu colocar os filhos para estudar aqui [Recife]" (Suassuna, 2003b: 36).

4   Noel Nutels, ucraniano vindo para o Brasil com alguns anos de vida, tornou-se um importante sanitarista dedicado à saúde dos povos indígenas. Entre 1942 e 1943, participa da Marcha para o Oeste, por intermédio da Fundação Brasil Central e da Expedição Roncador-Xingu em 1946, ambas ao lado dos Irmãos Villas Boas.

5   Lourenço Fonseca Barbosa (1908-1997), filho de maestro, tornou-se músico e compositor principalmente de frevos, maracatus e músicas de carnaval. Ao mudar-se para Recife para estudar Direito funda o Jazz Acadêmico de Recife. Capiba, Ariano Suassuna e Guerra Peixe elaboram as bases para a música Armorial. Ariano chega a escrever um ensaio sobre a obra de Capiba (Suassuna, 1951). Para mais detalhes ver Santos (1999).

6   Nessa época, Rubem Braga (1913-1990) era redator do jornal recifense *A Folha do Povo.*

7   Compositor, nasceu em Recife-PE em 26/7/1915 e faleceu no Rio de Janeiro-RJ em 22/12/1996. Estudou piano com o pai de Capiba, o que os tornou muito próximos. Na época da pensão, era estudante de Direito.

O Brasil dos espertos

chegavam aos seus ouvidos, durante as férias de seus irmãos em Taperoá, com um tom de história legendária e personagens fantásticos.

> Suas histórias me chegavam através de meus irmãos mais velhos, de modo que, para mim, ainda morando em Taperoá, Capiba, Noel Nutels e Rubem Braga eram verdadeiros tipos de legenda. Eu seguia as "aventuras" vividas por eles no Recife e contadas por meus irmãos em Taperoá, nas férias, como quem segue a vida de personagens de novela. (Suassuna, *Jornal da Semana,* 24/03/1973)

Alguns desses tornaram-se, mais tarde, amigos também de Ariano. Esse é o caso de Nutels, que frequentou a casa da família Suassuna, e de Capiba, que se tornou íntimo de Ariano.

Não tardou muito para toda a família mudar-se para a capital. Em 1942, Rita de Cássia vende a fazenda *Malhada da Onça* para um irmão e compra uma casa em Recife, onde todos os filhos já moravam. Em 1943, Ariano ingressa no Ginásio Pernambucano e em 1945 passa a estudar no Colégio Oswaldo Cruz, dois grandes colégios de elite em Recife.

Apesar de, com auxílio de um professor do colégio, ter publicado o poema "Noturno",[8] foi na Faculdade de Direito que Ariano iniciou sua atividade artística de maneira mais sistemática.

Logo no primeiro ano – 1946 –, conheceu uma turma de jovens interessados em artes e literatura. Juntos, criaram o Teatro do Estudante de

---

8   Esse poema foi publicado no suplemento literário do Jornal do Comércio a 7 de outubro de 1945. Em 1946, Ariano publicou-o novamente na revista Estudantes, da Faculdade de Direito do Recife (ano I, n. 1, ago. 1946, p. 37). Uma versão modificada pode ser encontrada na seleção organizada por Carlos Newton Júnior (Suassuna, 1999b).

92
Eduardo Dimitrov

Pernambuco (TEP).[9] Foi por incentivo de um concurso promovido pelo TEP em 1947 que escreveu a peça que inaugura o teatro de Ariano Suassuna –Uma Mulher Vestida de Sol – recebendo o primeiro lugar em 1948. A partir daí o artista escreve quase uma peça por ano até 1962.[10]

O *Teatro do Estudante de Pernambuco* foi um centro importante de produção teatral, principalmente para Ariano Suassuna. No entanto, quando ele foi fundado pelos alunos da Faculdade de Direito, Recife já vivia um momento de efervescência teatral. Os ditames que guiaram o TEP em suas escolhas estéticas ficam mais claros quando confrontados com o que outras companhias de teatro, principalmente o *Teatro de Amadores de Pernambuco*, realizavam no

9 Compuseram o TEP: José Laurênio de Melo (poeta), Carlos Maciel, Salustiano Gomes Lins, Capiba, Galba Pragna, Joel Pontes, ator e ensaísta, José de Morais Pinho, homem de teatro, Gastão de Holanda, escritor, Aloísio Magalhães, pintor, Ivan Neves Pedrosa, Genivaldo Wanderley, Heraldo Pessoa Souto Maior, Fernando José da Rocha Cavalcanti, Ana e Rachel Canen, Epitácio Gadelha, José Guimarães Sobrinho. Sobre a criação do TEP ver também: Santos (1999: 39); Suassuna (1998; 2000b); Vassalo (1993), Carvalheira (1986), entre outros.

10 Em 1948 escreve *Catam as Harpas de Sião*. Em 1949, *Os Homens de Barro* e *O Auto de João da Cruz*, que recebeu o prêmio Martins Pena da Divisão de Extensão Cultural e Artística da Secretaria de Educação e Cultura de Pernambuco. Em 1951, *Torturas de um Coração ou Em Boca Fechada Não Entra Mosquito*. Em 1952, *O Arco Desolado*, que, em 1954, recebe Menção Honrosa no concurso do IV Centenário da Cidade de São Paulo. Recria, em 1953, o conto popular *O Castigo da Soberba*, transformando-o em um entremez. Em 1954 é a vez de transformar uma peça popular de mamulengo no entremez *O Rico Avarento*. Em 1955, escreve o *Auto da Compadecida*, a partir de contos populares e entremezes já escritos por ele anos antes. Em 1956, lança-se na prosa com *A História de Amor de Fernando e Isaura*, uma versão da lenda irlandesa *Tristão e Isolda*. Em 1957, escreve *O Santo e a Porca* e *O Casamento Suspeitoso*. O entremez *O Homem da Vaca e o Poder da Fortuna* é escrito em 1958, *A Pena e a Lei* em 1959. Em 1960, escreve *Farsa da Boa Preguiça* e, em 1962, *A Caseira e a Catarina*. Depois, dedica-se sobretudo à prosa, mas em 1987 escreve a peça *As Conchambranças de Quaderna* e em 1997 *A História de Romeu e Julieta*.

O Brasil dos espertos

93

mesmo período. Desse modo, antes de serem apresentadas as proposições feitas pelo TEP, será explorado o contexto teatral de Recife dos anos 1930-40.

Companhias de teatro

O teatro em Pernambuco era uma atividade artística realizada com certa regularidade quando os estudantes, em 1946, decidiram reativar o TEP.[11] Após a revolução de 1930, com a consolidação do novo governo na província pernambucana, Samuel Campelo,[12] em abril de 1931, deixa o cargo de delegado de polícia do 1º Distrito, torna-se diretor do Teatro Santa Isabel e, um ano mais tarde, junto com o ator Elpídio Câmara, forma a companhia *Gente Nossa*. Essa companhia é o marco inicial do teatro produzido em Pernambuco, uma vez que conseguiu manter um elenco expressivo e atuante durante quase dez anos. Antes do *Gente Nossa*, Recife recebia companhias nacionais ou estrangeiras para se apresentarem no Teatro Santa

---

11 O *Teatro do Estudante de Pernambuco* já tivera duas outras experiências antes desse grupo de jovens assumir sua direção. A primeira, em 1930, foi a encenação de uma peça de Paulo Gonçalves, dirigida por Valdemar de Oliveira. A segunda, uma fase mambembe em que se encenavam "peças fáceis", "para rir". Para mais detalhes ver Cadengue (1989: 186-189).

12 Samuel Campelo estreara como ator em 1905 no Clube Esportivo Pernambucano. Circulava por vários outros clubes e agremiações familiares que desenvolviam algum teatro. Enredou-se na política apoiando o general Dantas Barreto, escrevendo em jornais e discursando em comícios. Formou-se bacharel em Direito em 1912 e nos três anos seguintes foi promotor público em Vitória de Santo Antão, até perder o cargo com o rompimento entre Barreto e Manuel Borba. Dantas Barreto (1850-1931), por sua vez, participara da guerra do Paraguai como voluntário da pátria, participou da guerra de Canudos passando a Coronel. Fora ministro da defesa de Hermes da Fonseca, deixando o cargo para assumir o mandato no governo de Pernambuco (1911-1915).

94 Eduardo Dimitrov

Isabel, mas não conseguia manter uma agenda de apresentações regulares com produções locais (Pontes, 1990).

A companhia *Gente Nossa* era financiada pelo corpo de sócios mantenedores que pagavam mensalidades em troca de assentos garantidos nas estreias. Era claramente um teatro direcionado à elite e ainda estava muito atrelado ao teatro fácil das "comédias de boulevard". No entanto, tal companhia teve a originalidade de estimular autores locais a escrever pequenas peças e operetas e prezar por um aprimoramento técnico que, segundo Cadengue (1989), não era visto anteriormente nas produções pernambucanas.

Com o *Grupo Gente Nossa*, fica claro que desde os anos 1930 já havia uma vida teatral em Recife e uma conhecida demanda por montagens regulares; havia também um corpo de assinantes dispostos a financiar os espetáculos. Além disso, o teatro se viabilizou, principalmente, após a revolução, com a nomeação de Campelo para a direção do Teatro Santa Isabel, o que levou à fundação do *Gente Nossa*. Embora precária, houve então, um início de institucionalização das artes cênicas.

A maior contribuição do *Gente Nossa* talvez tenha sido propiciar um espaço de experimentação e aprendizagem para atores, encenadores, maquinistas e cenógrafos. Foi no interior desse grupo que Valdemar de Oliveira[13] familiarizou-se com o fazer teatral. Foi lá que, por meio de profissionais

---

13 Valdemar de Oliveira (1900-1977) era médico diplomado pela Faculdade de Medicina da Bahia em 1922. Atuou como jornalista e editor do *Jornal do Comércio* em Recife, e professor ginasial. Foi diretor do teatro Santa Isabel e autor de teatro com as peças: *Frevo, capoeira e passo*, *Os três maridos dela*, *Eva na política*, *Tão fácil a felicidade*, *Mocambo*, *O Mistério do Cofre*. Para biografia de Valdemar ver Arquivo Valdemar de Oliveira Fundação Joaquim Nabuco, Recife PE; Cadengue (1989; 1991) (Fundação Joaquim Nabuco. Disponível em: http://www.fundaj.gov.br/docs/pe/pe0026.html. Acesso em: 22/07/05).

O Brasil dos espertos

contratados para levar ao palco as peças do grupo, Oliveira pôde entrar em contato com diferentes técnicas que compõem a arte dramática.[14] Com a morte de Campelo, Valdemar de Oliveira assume o posto de diretor artístico do *Grupo Gente Nossa*. No entanto, não consegue manter o elenco, que, segundo ele, dissolvia-se em pequenas brigas (Cadengue, 1989: 51). Pouco a pouco, suas atividades são substituídas por um novo projeto de Oliveira: o *Teatro de Amadores de Pernambuco* que, tendo funcionado como um departamento autônomo no interior do *Gente Nossa*, ganha primeiro plano com a dissolução total do *Grupo*.

As primeiras montagens do TAP ainda estavam, até 1944, associadas ao *Gente Nossa*, que emprestava os cenários e mantinha seu nome nos prospectos. O nome *Gente Nossa* acabou funcionando como uma marca de qualidade. Não só o TAP, mas vários atores egressos desse grupo utilizavam essa chancela com a finalidade de atrair o público (Pontes, 1990).

Valdemar de Oliveira torna-se uma figura central na vida cultural de Recife. Com a morte de Samuel Campelo, foi nomeado, em 1939, além de diretor do *Gente Nossa*, diretor do Teatro Santa Isabel, cargo que exerceu até 1950. Foi indicado para esse posto pelo próprio prefeito de Recife, Novais Filho, e apoiado pelo então interventor Agamenon Magalhães. Com amplo relacionamento nos meios estatais, Valdemar teve apoio suficiente para fortalecer as artes cênicas na capital pernambucana.[15]

---

14 Passaram pelo *Gente Nossa* os atores portugueses Manoel Matos, Adolfo Sampaio, o brasileiro Carlos Torres e os cenógrafos Álvaro Amorim e Mário Nunes, entre outros profissionais. Para mais detalhes ver: Pontes (1990); Cadengue (1989).

15 Valdemar Oliveira também foi amigo do governador Carlos de Lima Cavalcanti, que, em 1935, chegou a indicá-lo para representar a imprensa pernambucana em uma viagem de Vargas à Argentina e ao Uruguai. A organização representante da classe, *Associação de Impressa de Pernambuco,* indignou-se pelo fato de Valdemar ser escolhido diretamente pelo governador sem que ela fosse ouvida. Além do mais, a *Associação* queixou-se por Valdemar ser médico, apenas um amador no jornalismo, e não um profissional. Para esse debate, ver tanto *Jornal*

Eduardo Dimitrov

Antônio Cadengue, pesquisador que, sob orientação de Sábato Magaldi, dedicou-se à história do TAP, afirma:

> Com o passar do tempo, foi o TAP consolidando-se na cena recifense, ganhando prestígio e proteção, tanto a nível cultural e artístico quanto a nível político-social. Assim é que, ao lado de sua mais profunda relação com o teatro, Valdemar desenvolvia as mais estreitas relações sociais com os poderes, que muito lhe valeram. Amizades com Governadores, Prefeitos, Interventores, políticos, de modo geral, com a elite da sociedade pernambucana, de que também fazia parte, como médico, professor, jornalista e intelectual. (Cadengue, 1989: 55)

Já o evento que marca o início do *Teatro de Amadores de Pernambuco* mostra essa intimidade com a elite. A primeira peça encenada pelo grupo foi *Knock ou o Triunfo da Medicina*, do francês Jules Romains, pseudônimo de Louis-Henri-Jean Farigoule, em uma festa comemorativa do centenário da fundação da *Sociedade de Medicina de Pernambuco*, ocorrida em 4 de abril de 1941. Tratava-se de uma sátira escrita em 1923, nos moldes de Molière, em que se abordava o poder que os médicos adquiriram em face da credulidade dos homens comuns. O elenco era composto pelos próprios médicos, suas esposas e familiares. Era um teatro amador, feito por amadores da mesma elite que consumia esse tipo de espetáculo. Eram os médicos encenando uma peça sobre sua profissão para a Sociedade *de Medicina de Pernambuco* e a renda dos ingressos seria revertida para essa mesma corporação profissional.

---

do Comércio como *Diário de Pernambuco* dos dias 15, 16 e 17 de maio de 1935. Esse e outros casos indicam o alto grau de intimidade de Valdemar de Oliveira com as instâncias de poder.

O Brasil dos espertos

Os vários elogios empolgados de autoridades evidenciam claramente que estavam satisfeitos com o resultado de seus investimentos nas artes cênicas. O prefeito Novais Filho, por exemplo, escreveu:

> O Teatro de Amadores vem conseguindo um sucesso muito grande e dia a dia verificamos quanto talento artístico possui a nossa melhor sociedade. Nenhuma outra cidade se avantajará ao Recife, nestas grandes manifestações de interesse e bom gosto no cultivo de beleza e de arte. Fico orgulhoso, como pernambucano e prefeito desta capital, vendo que a minha gente ama o belo e sente alegria em esforçar-se e defender todos os triunfos para as diferentes expressões de pura espiritualidade.

Já Agamenon Magalhães escreveu:

> Esse Teatro de Amadores, criado, dirigido e interpretado por Valdemar de Oliveira, que é médico e professor, e mais por outros médicos, clínicos e especialistas, homens de ciência e homens de laboratório, é realmente algo de extraordinário, de maravilhoso e original, na cultura brasileira. Esses médicos não interpretam sós, o que seria insípido. Não fazem um teatro só de homens, o que não teria graça. Representam com a colaboração das próprias mulheres e de um grupo de meninas bonitas e inteligentes, que têm temperamento, personalidade, espírito para interpretar e sentir as emoções mais profundas. O Teatro de Amadores é uma revelação. Revelação de arte. Revelação de cultura e de temperamentos privilegiados ocultos e desconhecidos, talvez oprimidos por outras profissões e outras necessidades,

98   Eduardo Dimitrov

mas, certamente, eleitos para interpretar e sentir as grandes belezas da vida.[16]

De 1941 até 1947, ano em que o *Teatro do Estudante de Pernambuco* inicia suas atividades, o TAP já tinha encenado 21 peças,[17] feito três excursões para Natal, Fortaleza e Salvador, e todas as apresentações com suas bilheterias revertidas para instituições de caridade.

O caráter humanitário foi uma estratégia importante para convencer a elite – principalmente na montagem de *Dr. Knock* – a participar do elenco e

---

16 Ambos os depoimentos foram retirados dos *Livros de Recortes* de Valdemar de Oliveira, mantidos na Fundação Joaquim Nabuco, Recife-PE. Oliveira possuía livros em que colava todas as notícias de jornal que saíam ao seu respeito, no entanto, praticamente nenhuma tem referência quanto à data ou ao veículo de publicação. Ainda assim, é possível inferir que se trata de comentários a respeito das primeiras encenações do Grupo, por volta de 1941. Para mais depoimentos dessas e de outras autoridades, ver: Cadengue (1989; 1991) (Site Oficial do TAP. Disponível em: www.tap.org.br. Acesso em: 14/06/2006).

17 *Dr. Knock*, de Jules Romains; *Primerose*, de Robert de Flers e G. Caillavet; *Uma Mulher Sem Importância*, de Oscar Wilde; *O Processo de Mary Dugan*, de Bayard Weller; *Por Causa de Você*, de Silvano Serra; *Alto Mar (Outward Bond)*, de Suntton Vane; *Canção da Felicidade*, de Oduvaldo Viana; *A Exilada*, de Henry Kistemaeckers; *Oriente e Ocidente (East of Suez)*, de Somerset Maugham; *A Evasão*, de Eugène Brieux; *O instinto*, de Henry Kistemaeckers; *O Leque de Lady Windermere*, de Oscar Wilde; *A Comédia do Coração*, de Paulo Gonçalves; *Capricho*, de Alfred de Musset; *Interior*, de Maurice Maeterlinck; *A Gota d'Água*, de Henri Bordeaux; *O Homem que não Viveu*, de Marcel Pagnol; *A Dama da Madrugada*, de Alejandro Cansona; *Um Dia de Outubro*, de Georg Kaiser; *Ultima Edição do Diabo*, de Alejandro Cansona; *Tinha de Acontecer (Karl und Anna)*, de Leonhard Frank. Além dessas, duas outras peças foram radiofonizadas em 1942-43. *Nuvem*, de Coelho Neto, e *Oráculo*, de Arthur Azevedo. A renda recebida pela emissora também foi destinada a instituições de caridade. Para detalhes sobre cada encenação ver Cadengue (1989).

O Brasil dos espertos

a encher os teatros para assistir ao espetáculo. O apelo à caridade partia sobretudo de Valdemar de Oliveira, que se manteria em atividades assistencialistas mesmo fora do TAP, na direção do Rotary Club a partir dos anos 1960.[18] De qualquer modo, os amadores, tendo a proteção dos governos, principalmente nas figuras de Agamenon Magalhães, interventor, e Novais Filho, prefeito do Recife, e não necessitando reverter a renda dos espetáculos para pagamento dos atores, podiam, segundo Cadengue (1989), manter-se, de certo modo, livres na escolha do repertório. Essa escolha, no entanto, deveria agradar à elite como um todo – tanto àqueles que assistiam à peça como àqueles que a executavam.[19]

Segundo Cadengue e Pontes, o teatro feito pelo *Gente Nossa* não apresentava um projeto de aprimoramento estético. Desse modo, não se pensava em uma renovação dos tipos de montagens levadas ao palco. Já no TAP, Valdemar de Oliveira conseguiu projetar um plano de mudança de "mentalidade artística". O primeiro indicador foi o repertório escolhido, que, no TAP, não se restringia a autores regionais. Cadengue ressalta que:

> Muito embora a maioria dos textos escolhidos nesta fase, que vai de 1941 a 1947, já revelasse certo anacronismo quando

---

18 Atualmente, o *Teatro de Amadores de Pernambuco* é dirigido pelo filho de Valdemar Oliveira, Fernando Oliveira. As bilheterias dos espetáculos continuam sendo destinadas a fins filantrópicos. Mais detalhes no site oficial do grupo: www.tap.org.br (acesso em 22/03/2006).

19 Essa liberdade deve ser matizada um pouco, pois é o próprio Antônio Cadengue que faz uma afirmação um tanto solta em sua Dissertação de Mestrado, que deixa o leitor sem saber o grau de autonomia na escolha das peças. Diz ele sobre a peça *Uma Mulher Sem Importância*, de Oscar Wilde: "Com o aval da Sra. Antonieta Magalhães, esposa do Interventor Agamenon Magalhães, iniciam-se os ensaios da peça [...]" (Cadengue, 1989: 94) – como se a senhora fosse uma espécie de censora do grupo. No entanto, não dá mais detalhes nem sobre ela nem sobre outras pessoas que tivessem uma intervenção direta na escolha dos textos.

100
Eduardo Dimitrov

> em confronto com outros conjuntos brasileiros, em Recife, eles constituíam-se novidades indiscutíveis. [...] Entretanto, o Conjunto buscava seus caminhos e, neles, mais uma de suas características afloraria: o ecletismo. Não temia apresentar um naturalismo à Brieux e derramar-se na finesse romântica de um Musset ou no simbolismo de um Maeterlinck. O importante era apresentar peças que possibilitassem ao Grupo um exercício de estilos e, ao espectador, a certeza de estar diante de acontecimento inédito e, por que não, modernos. Modernidade que rompia com o provincianismo de seu antecessor, inovando no mínimo o repertório e mesmo seus procedimentos cênicos, embora ainda encontremos nele o "velho teatro" com ponto, cenários de gabinetes, elenco sem domínio técnico e sempre escolhido em função do *physique du rôle.* (Cadengue, 1989: 204-205)

Conforme Cadengue, a qualidade técnica dos atores e do espetáculo, como um todo, melhorou muito com as atividades do TAP, se comparada com os espetáculos do *Gente Nossa.* A partir de 1944, já na montagem de *A Comédia do Coração,* de Paulo Gonçalves, foi contratado o diretor Zygmunt Turkow, justamente com o intuito de elevar o nível das encenações. Foi por intermédio dele que os atores entraram em contato com a figura do encenador, do "orquestrador do espetáculo" como um todo. Diferentemente da figura do ensaiador, a que os amadores estavam habituados, Turkow preocupava-se com o cenário, com a marcação dos atores e com a iluminação, que nesse espetáculo, segundo Cadengue, exerceu um papel central.

> A repercussão de *A Comédia* foi tão intensa que chega-se a concluir com segurança: Recife tem público capaz de prestigiar um outro tipo de espetáculo que não seja para rir! O TAP divisa, então, que existem outras linguagens cênicas que urge alcançar. [...] os amadores pretendem familiarizar-se com o palco e o fazendo, modificar o gosto do público. São seus anos de aprendizagem, suas primeiras letras: realiza espetáculos que lhe

O Brasil dos espertos

servem (sic) de lições, como prepara o público para receber o "grande teatro universal". (Cadengue, 1989: 205)

Os envolvidos com o TAP, principalmente Valdemar de Oliveira, estavam tentando executar a modernização do teatro em Recife, buscando colocá-lo no patamar do de outros centros culturais do país. Para isso, o diálogo não só com o público, mas também com o próprio elenco, fazia com que a "modernização" se desse aos trancos, permeada pelo ecletismo, pela falta de critério na escolha do repertório, pela priorização de autores estrangeiros e pela demora no abandono de técnicas antigas, entre elas a utilização do ponto. A questão não era apenas formar um público capaz de assimilar um novo tipo de espetáculo, mas também de criar um grupo capaz de encená-lo. É com esse intuito que a tendência de contratar diretores profissionais continuou nos anos seguintes. Além de Turkow, passaram pelo TAP, Adacto Filho, em 1948, Ziembinski, em 1949, e, em seguida, Jorge Kossowski, Willy Keller, Flamínio Bolloni Cerri, Graça Melo, Bibi Ferreira. Esses diretores renovaram as encenações da companhia, renovação já percebida por Décio de Almeida Prado, em artigo de 1955 sobre a peça *A Casa de Bernarda Alba*, encenada no mesmo ano.[20]

---

20 Diz Décio de Almeida Prado, em 1955, sobre a encenação feita pelo TAP da peça Casa de Bernarda Alba, de Federico de Garcia Lorca: "O fato mais extraordinário, entretanto, talvez não seja nem Lorca, nem a encenação, nem o elenco, mas o próprio Teatro de Amadores de Pernambuco, uma companhia amadora que, num meio de empresas teatrais de existência efêmera como o nosso, consegue durar quinze anos, podendo enfrentar, sem medo, qualquer plateia, e encenar, sem desdoiro, qualquer texto, representando com honestidade, dignidade artística e bom gosto. Talvez os pernambucanos não percebam, tão bem quanto nós que estamos de fora, o que há de miraculoso em tudo isso." (Prado, 2001: 225). Para outras avaliações do TAP por parte de Décio de Almeida Prado ver: Prado (1988: 78; 1964: 277-278).

O Teatro de Amadores de Pernambuco contribuiu na ampliação do repertório, uma vez que peças de grandes dramaturgos passaram a ser encenadas. Segundo Décio de Almeida Prado, a constância das montagens e a habilidade em dosar o teatro comercial sem se render à bilheteria foram virtudes dessa companhia. O TAP buscava sobreviver, mas conseguia equilibrar o êxito comercial com boa qualidade no repertório e na encenação, o que nem todas as companhias da época conseguiam.

Esse projeto de Valdemar de Oliveira de educar a elite para o bom teatro, assim como o intuito de proporcionar ao Recife as experiências artísticas do Rio de Janeiro e de São Paulo são, de certa forma, atitudes conscientes. Por sinal, a preocupação com a formação cultural está presente nas outras atividades que Valdemar de Oliveira desenvolvia paralelamente ao TAP.

Além do Santa Isabel, Valdemar dirigiu uma revista cultural – *Contraponto* –, publicação oficial do Teatro e, consequentemente, do TAP. Foram editados treze números de 1946 até 1951, quando deixou de circular.[21] Impressa com ótima qualidade gráfica, a revista *Contraponto* trazia ensaios, artigos, fotos, quadros, gravuras e informações culturais não só de Pernambuco, mas também de São Paulo, Rio de Janeiro e do exterior.

A revista apresentava notas, comentando peças encenadas em outros lugares, como *Vestido de Noiva*, de Nelson Rodrigues. Publicava, também, artigos sobre o expressionismo alemão, o cubismo, a música de Bach, a cultura popular, como o maracatu, o frevo, o cavalo-marinho, a cerâmica de Mestre Vitalino, e entrevistas com artistas famosos, como Villa-Lobos e Mário de Andrade. Nela se publicavam textos de Gilberto Freyre, Cecília Meireles, Hermilo Borba Filho, Valdemar de Oliveira, Mário de Andrade, Joel Pontes, Abelardo da Hora. Reportava eventos importantes para a comunidade artística local, por exemplo, a visita de personalidades à cidade, como a passagem de

---

21 A revista foi financiada, principalmente, pelos anúncios de casas de comércio ou fábricas, impressos ao longo de suas páginas.

O Brasil dos espertos

Adacto Filho, Cícero Dias e Paschoal Carlos Magno, que estiveram em Recife em 1948 para inaugurar a barraca-teatro do *Teatro do Estudante*. Tudo isso sem contar as páginas dedicadas ao *Teatro de Amadores*, sempre mais detalhadas, e ao *Teatro do Estudante*, que recebia alguma atenção. O periódico, por vezes, publicava notas sobre outras companhias, como a dos *Bancários* ou do *Teatro Universitário de Pernambuco*.

Revelando-se atualizada com relação aos assuntos tratados nos grandes centros brasileiros, Rio e São Paulo, além dos longos artigos a respeito dos movimentos estéticos europeus, a revista inseria um ar cosmopolita à produção recifense. Tentava legitimar a atuação do *Teatro de Amadores* como uma prática coadunada com o desenvolvimento das artes no resto do mundo.

No número 12, por exemplo, datado de dezembro de 1950, a *Contraponto* traz uma lista das atividades desenvolvidas naquele ano pelo Teatro Santa Isabel. As atrações e os artistas convidados indicam o desejo de se manterem a par do andamento artístico nacional. Villa-Lobos regeu a Orquestra sinfônica do Recife; Olegário Mariano fez uma palestra sobre seu pai, José Mariano, líder do movimento abolicionista de Pernambuco; Procópio Ferreira ministrou palestras e sua companhia realizou algumas apresentações. Isso sem contar os vários artistas estrangeiros que se apresentaram ao longo do ano, como o violinista russo-americano Isaac Stern (1920-2001), o pianista tcheco-americano Rudolf Firkusny (1912-1994), a contralto Marian Anderson (1897-1993), o bailarino alemão Harald Kreutzberg (1902-1968), entre outros.

Essa inclinação para o cosmopolitismo, que já era sentida no repertório adotado pelo TAP e nas contratações de diretores, estava presente também na *Revista Contraponto* e nas atividades desenvolvidas no Teatro Santa Isabel. Por mais que Cadengue afirme, ao analisar o repertório do TAP, que o objetivo de se manter compassado com os centros de produção cultural não tenha sido completamente atingido, é possível notar ao menos a intenção

104 — Eduardo Dimitrov

de Valdemar de Oliveira de acompanhar o desenvolvimento das artes no resto do mundo.

Hermilo Borba Filho e o Teatro do Estudante de Pernambuco

Em 1945, alguns jovens que cursavam a Faculdade de Direito articularam a reativação do TEP. Para isso, chamaram Hermilo Borba Filho, ator, diretor, tradutor do TAP e crítico teatral do *Jornal do Comércio*, com a coluna "Do Meu Caderno de Teatro".[22] Mostrando-se, em seus artigos, insatisfeito com a atuação do TAP, Hermilo adere à ideia de formação de um novo grupo amador com os estudantes da Faculdade de Direito, Joel Pontes, Genivaldo Wanderley, José Guimarães Sobrinho e Galba Pragna.

Com 28 anos, dez a mais do que praticamente toda a turma, Hermilo ingressou na Faculdade, em 1946, apenas para justificar sua direção do Teatro dos Estudantes. Além de já ter passado rapidamente pelos cursos de Medicina e Química Industrial – abandonando-os sem os concluir –, Hermilo era experiente no mundo do teatro. Caçula e 12 anos mais novo que o segundo irmão mais novo, nasceu em Palmares-PE em 1917. Seu pai, Hermilo Borba de Carvalho, foi um importante senhor de engenho, mas que, por volta de 1930, entrou em decadência.

Hermilo atuara em companhias amadoras em sua cidade antes de fixar residência em Recife, em 1936, para dar continuidade a seus estudos. Escrevera sua primeira peça, *Felicidade*, em 1935 e, ao chegar no Recife, trabalhou no *Grupo Gente Nossa* de Samuel Campelo, como ponto. Em seguida, passou a encenador do *Grupo Cênico Espinheirense*, pequeno grupo de amadores na cidade do Recife. Lá encenou *Fruto Proibido*, de Oduvaldo Viana, e *Divino Perfume*, de Renato Viana. Foi diretor de alguns espetáculos

---

22 Para mais detalhes sobre "Do Meu Caderno de Teatro", ver: Carvalheira (1986).

O Brasil dos espertos

do TAP, além de tradutor de peças encenadas pelo grupo de Valdemar de Oliveira e colaborador da *Revista Contraponto*.

Em 1946, o TEP estruturou-se com outros estudantes que ingressaram na Faculdade, entre eles Ariano Suassuna, Aloísio Magalhães, José Laurênio de Melo, Gastão de Holanda e Ana Canen.

Hermilo exercia a função de uma espécie de guia para esses jovens. Já tinha experiência como ator, tradutor e diretor de teatro. Era casado, independente financeiramente e possuía uma pequena biblioteca, o que atraía para ele as atenções dos estudantes.

Esses jovens encontravam-se diariamente na Faculdade e na própria casa de Hermilo, onde discutiam e trocavam informações sobre livros, peças, traduções. Aloísio Magalhães afirma:

> Hermilo sempre teve muitos livros. Coisa fantástica: Ele tinha a mania de ler... e a gente lia tudo. Para dar uma ideia, nós líamos Henry Miller quando ele era publicado somente por uma editora em Paris, que o publicava em inglês, chamada 'Olympic Press'. Pois bem: nós líamos isso em quarenta e seis, quarenta e sete, por causa de Hermilo. (Magalhães, Aloísio *apud* Carvalheira, 1986: 105)

O próprio Ariano manifesta a importância que Hermilo exerceu sobre essa juventude de artistas:

> Nesse grupo a figura mais importante era Hermilo Borba Filho. Mais velho do que nós, ele exercia uma liderança forte e era um entusiasta do teatro, era um grande leitor. Tinha um conhecimento espontâneo tanto da teoria quanto da própria

Eduardo Dimitrov

dramaturgia. Ele conhecia o teatro de todo o mundo. Era alucinado por Teatro. (Suassuna, 1998)[23]

Hermilo foi de fato importante para esses jovens, pois permitiu que o TEP iniciasse suas atividades compassadas com a vida dramática do Recife. O lançamento do TEP, marcado pela *II Semana de Cultura Nacional*, teve seus objetivos explicitados na palestra de Hermilo.[24] O texto lido – *Teatro, Arte do Povo*, espécie de manifesto contra o teatro feito, sobretudo, pelo TAP – apresentava uma série de propostas para a construção de uma nova dramaturgia brasileira. Hermilo lançou as principais diretrizes que guiaram esse grupo de jovens, especialmente Ariano Suassuna, em um intenso diálogo com o teatro feito em Recife. Iniciou sua exposição anunciando o desígnio do TEP em levar o teatro ao povo.[25] Dizia ele:

> O que o *Teatro do Estudante* pretende realizar é a redemocratização da arte cênica brasileira, partindo do princípio de que, sendo o teatro uma arte do povo, deve aproximar-se mais dos

---

23 Ariano Suassuna declarou em diversos momentos essa forte influência de Borba Filho. Em entrevista feita com o dramaturgo em junho de 2004, Suassuna insistiu que Borba Filho concentrava as atenções dos estudantes, principalmente por causa da sua biblioteca, por ser mais velho e já dispor de uma autonomia que eles não tinham. Mais detalhes ver entrevistas em: Suassuna (2000); Suassuna (2000b).

24 A *II Semana de Cultura Nacional* não passou de três palestras: o médico psiquiatra José Otávio de Freitas Júnior falou sobre psiquiatria social, Hermilo Borba Filho apresentou o texto *Teatro: Arte do Povo* e, na última noite, Gilberto Freyre proferiu a palestra *Povo, Província, Estudante e Arte*.

25 Nesse pequeno texto de 12 páginas, que se aproxima mais de um manifesto do que de um artigo, povo é entendido como pobre, analfabeto, explorado etc. Aí entraria toda a população, excetuando-se a elite econômica. A palavra povo aparece como uma espécie de curinga; é citada 64 vezes sem muito rigor.

O Brasil dos espertos

107

habitantes dos subúrbios, da população que não pode pagar uma entrada cara nas casas de espetáculos e que é apática por natureza, de onde se deduz que os proveitos em benefício da arte dramática serão maiores levando-se o teatro ao povo em vez de trazer o povo ao teatro. (Hermilo, 1947: 5).

Decepcionado com a ênfase que o TAP dava ao público de elite, Hermilo, no texto *Teatro, Arte do Povo*, faz clara oposição à companhia dos amadores, por mais que não cite nenhum nome. Os estudantes, assim, quando o chamaram para ser o diretor, inserem-se de uma maneira muito peculiar no debate que já estava em curso naquele momento em Recife.

Hermilo preocupava-se com a formação de uma dramaturgia nacional para que o país fosse pensado por meio do teatro. Esse movimento de "edificar" o país no palco está presente ao longo de todo o texto lido na palestra de inauguração do TEP. Utilizando-se das palavras de Garcia Lorca, Hermilo tenta explicar-se:

> Não posso deixar de citar as palavras pronunciadas pelo grande poeta e dramaturgo Federico Garcia Lorca, barbaramente assassinado pelo fascismo [...]: "O teatro é um dos mais expressivos e úteis instrumentos para a edificação de um país e o barômetro que marca a sua grandeza ou o seu declínio. O teatro é uma escola de pranto e de riso e uma tribuna livre onde os homens podem denunciar morais velhas e enganadoras e explicar com exemplos vivos normas eternas do coração e do sentimento do homem. Um povo que não ajuda e não fomenta o seu teatro, se não está morto, está moribundo". (Borba Filho, 1947: 6)

É nesse projeto de edificação de uma dramaturgia nacional que a aproximação com o povo se dá. Hermilo mostra-se não só nesse texto, como em outras entrevistas e depoimentos, insatisfeito com o distanciamento que

108

Eduardo Dimitrov

Valdemar de Oliveira criou entre o *Teatro dos Amadores* e o povo.[26] O TAP só encenava em grandes casas de espetáculos e tinha como público a camada dominante da sociedade nordestina. Em todas as suas viagens foi recebido e financiado pelos governadores dos Estados e prefeitos das grandes capitais. Hermilo, então, escreve:

> O Teatro deve ser dirigido ao povo, deve existir em função do povo que tem o instinto do espetáculo muito desenvolvido. É comum vermos na rua a aglomeração que se faz em volta de um camelô. Não é somente para comprar as suas drogas que a multidão o cerca – porque quase sempre nada compra – mas para ver a encenação do homenzinho. (Borba Filho, 1947: 7)

Esse olhar para o "povo", sugerido por Hermilo, não representou apenas uma tentativa de atingir outro público que não vinha recebendo a devida atenção dos amadores. Esse olhar para o "povo" significou a descoberta das festas dramáticas que o tal "povo" possuía e que poderiam ser aproveitadas pelos dramaturgos e atores na construção de um teatro nacional. Assim, o que está por trás dessas formulações de Hermilo é a busca por uma dramaturgia emergida das classes populares e que, por isso mesmo, representaria um teatro "genuinamente" brasileiro, numa espécie de condensação do "espírito de um povo". Diz Hermilo:

> O que se podia desejar agora, quando o teatro como arte é representado para grosso público e aceito, seria a descoberta do teatro *genuinamente brasileiro*, isto é, de assuntos exclusivamente nacionais que, bem tratados, tornar-se-iam universais. O campo é vasto e inexplorado. O teatro é uma arte essencialmente popular e como tal deve ser construído em termos de aceitação popular. Os seus temas devem ser tirados

---

26 Sobre esse incômodo com o TAP ver: Carvalheira (1989); Mesquita (S.D).

O Brasil dos espertos

daquilo que o povo compreende e é capaz de discutir. [...]. O teatro brasileiro deve atuar sobre o público com a exaltação do carnaval e do futebol. É preciso lutarmos para que o teatro se torne também profundamente popular. E para isto um dos meios é buscar os temas nos assuntos do povo. (Borba Filho, 1947: 9, grifos nossos)

Nem Hermilo, nem Ariano utilizam formulações antropológicas para legitimarem suas opções, por mais que em alguns momentos utilizem conceitos e noções retirados das ciências sociais. Aqui, o paralelo com o pensamento dos românticos alemães e, até certo ponto, de Boas, é muito forte. Alguns autores exploraram essa relação entre a concepção de cultura que guia Ariano Suassuna e Hermilo Borba Filho, e as formulações alemãs do XIX. Entre esses trabalhos está o de Maria Thereza Didier de Moraes, *Emblemas da Sagração Armorial*, 2000. No entanto, não foi encontrado nenhum depoimento ou artigo em que Ariano explicite seus possíveis diálogos com autores como Herder, irmãos Grimm ou mesmo Boas, o que faz pensar até que ponto esse tipo de comparação é elucidativo do modo como Ariano ou Hermilo pensam a cultura brasileira. Ao mesmo tempo, a convivência com Gilberto Freyre era cotidiana para esse grupo de jovens. Pode-se pensar, então, que a semelhança entre o pensamento de Ariano a respeito de cultura e o modo como ele agencia esse conceito em seus embates artísticos passaria pela presença de Freyre no cenário pernambucano.

Ariano mantém certo distanciamento de Freyre. Em poucos momentos cita-o ou afirma as influências que dele poderia ter sofrido. Isso talvez tenha ocorrido em função da disputa por espaço já no interior do próprio campo intelectual do Recife. Freyre era autor consagrado pela publicação de *Casa Grande & Senzala* em 1933, enquanto Ariano ainda iniciava sua carreira.

O texto de Hermilo, ao mesmo tempo em que apregoava a necessidade de buscar por repertórios, temas e técnicas dramáticas "genuinamente brasileiras", isto é, praticados pelo "povo" para a construção de uma dramaturgia

Eduardo Dimitrov

nacional, afirmava também, a preocupação em educar o "povo" para o teatro. Por mais que o "povo" conhecesse manifestações como o bumba-meu-boi, o mamulengo etc, seria preciso acostumá-lo a assistir a peças teatrais. E, para isso, temas populares – como as histórias de Lampião, de Antônio Conselheiro e dos heróis dos folhetos – seriam pretextos para o "povo" ir até o teatro.

> Nós, os que nascemos no interior, nos acostumamos a ver, nas feiras dos domingos, os cegos cantando os feitos lendários desses homens que lutam, que amam, que sofrem, que morrem tragicamente, que constroem poemas com o sangue e com a vida e vemos como o povo rodeia esses cegos-cantadores, vemos o interesse despertado por esses feitos, vemos como o auditório chora, vibra e decora os versos ricos de humanidade, para repeti-los aos filhos que ainda vão nascer, às mulheres que ficaram em casa. Eram homens como eles os que viviam dentro desses versos, as aspirações e os problemas eram os mesmos, a luta era a mesma. Que se faça teatro com esse material e a multidão sairá das feiras para as casas de espetáculos e daí partirá a compreensão para as obras de elite. Que se acostume primeiro o povo com os dramas que vive dentro do seu sangue. (Borba Filho, 1947: 9)

Estes foram os principais elementos que guiaram o TEP em sua atuação: a pesquisa de manifestações da cultura popular, o incentivo a autores que valorizassem temas ligados ao "povo", encenações gratuitas e fora do circuito oficial dos espetáculos. Essas prerrogativas criariam tanto uma nova dramaturgia brasileira, como um público apto a apreciá-la.

O *Teatro do Estudante de Pernambuco* começou suas atividades seguindo essas premissas, em 13 de abril de 1946, ao apresentar duas pequenas peças: *O Segredo*, de Ramom J. Sender, e *O Urso*, de Tchekov. As duas foram encenadas gratuitamente na Faculdade de Direito de Recife, seguindo depois para centros operários e periferias.

O Brasil dos espertos

Segundo Joel Pontes, o TEP dava ênfase aos bairros periféricos, às organizações sociais, à zona rural, aos presídios e sanatórios. Apresentava-se nessas áreas sempre gratuitamente. Essa era uma grande diferença em relação ao *Teatro de Amadores de Pernambuco*, que se apresentava exclusivamente para a elite, em grandes teatros, e convertia sua renda em caridade social. Pontes relata uma das apresentações do *Teatro do Estudante de Pernambuco* na zona rural:

> Em Itamaracá, o palco foi armado no engenho São João, que pertenceu ao conselheiro João Alfredo, defronte à casa-grande, que fica no alto. O público instalou-se sobre máquinas e tachos; gente de pé ou sentada em cadeiras trazidas nas cabeças dos moleques; cheiro misturado, de açúcar nas formas com estrume de boi espalhado na bagaceira [...]. (Pontes, 1990: 80)

Até mesmo Gilberto Freyre entra no diálogo entre o *Teatro Amador* e o *Teatro do Estudante*.

> Sugeri uma vez aos estudantes de Pernambuco que se tornassem uma espécie de traço de união entre as artes populares do Nordeste e a gente redondamente burguesa que desconhece ou despreza essas artes. [...] Daí a surpresa com que acompanho há meses o esforço paciente dos estudantes e dos artistas e intelectuais jovens que, em Pernambuco, não só iniciaram, como mantêm o Teatro do Estudante, que é também um teatro para o povo. Estudantismo do bom. Populismo ou Socialismo do melhor. [...] O mal do nosso teatro está em ter se desenvolvido como um divertimento de burguês, de ricos ou quase-ricos. [...]
>
> [Os estudantes fazem um teatro] que não pede casaca nem decote. Que se faz debaixo das mangueiras ou nos pátios

112
Eduardo Dimitrov

> de igrejas como os velhos mamulengos e pastoris das festas populares. Dentro desse sentido humano e social, popular e franciscano de teatro, é que os estudantes de Pernambuco, com Hermilo Borba à frente, estão levando à gente do povo, ao Pernambuco mais simples, ao homem da rua, peças de Garcia Lorca. E encontrando da parte da gente do povo, interesse, e até entusiasmo por um teatro que, parecendo todo novo, tem alguma coisa do velho teatro português do tempo de Gil Vicente. (Freyre *apud* Pontes, 1990: 80-81)

Nesse artigo veem-se não só a contraposição de Gilberto com o *Teatro Amador* como também vários preceitos defendidos pelo *Teatro do Estudante* e, após o seu término, pelo próprio Ariano Suassuna. O sociólogo, no trecho citado, afirma que teria sugerido um teatro de união entre o erudito e o popular. As formulações de Freyre assemelham-se muito às características que o teatro de Ariano Suassuna irá adquirir: a oposição entre o teatro da elite urbana e a simplicidade baseada no cotidiano do povo.

Ariano Suassuna, em entrevista realizada para este trabalho, disse desconhecer esse artigo de Freyre; afirmou também que Gilberto Freyre tinha a mania de dizer que eram dele muitas das boas ideias de outras pessoas. Nessa entrevista concedida em abril de 2002, ainda fazia questão de distanciar Freyre da história do *Teatro do Estudante*, por mais que seu colega Joel Pontes tenha acionado o sociólogo para caracterizar o grupo.

A primeira peça de Suassuna, *Uma Mulher Vestida de Sol* (1947), vencedora do prêmio Nicolau Carlos Magno em 1948,[27] foi escrita seguindo essas

---

27 Promovido pelo TEP em 1947-48, o prêmio Nicolau Carlos Magno visava a incentivar jovens dramaturgos. O nome do prêmio, homenageando o pai de Paschoal Carlos Magno, realça a afinidade do grupo com o movimento de teatro estudantil encabeçado por ele. Paschoal chegou até mesmo a visitar Recife e a se reunir com os integrantes do TEP, em 1948, quando se inaugurou a Barraca-Teatro doada pela Marinha, instalada no Largo 13 de Maio.

O Brasil dos espertos

diretrizes propostas por Hermilo. Tendo como modelo os escritores ibéricos – Garcia Lorca, Calderón de La Barca, Lope de Vega, Gil Vicente – apresentados pelo seu amigo mais velho, Ariano escreve sua "tragédia nordestina"[28] ambientada no sertão e baseada em romances populares.[29]

O *Teatro do Estudante*, porém, tem vida curta: termina seus dias em 1953, por problemas financeiros e em função de não ter conseguido renovar seu elenco. Hermilo Borba Filho, comprometido com dívidas, viaja para São Paulo na tentativa de se restabelecer, e muitos integrantes formam-se, dando outro rumo às suas vidas.

No entanto, o projeto do TEP – de fazer um teatro unindo o popular ao erudito, simples, "franciscano" nas palavras de Freyre, tratando de assuntos da realidade local, como queria Borba Filho – terá continuidade com Ariano Suassuna nas peças redigidas na década de 1950.

TEP *versus* TAP, Sertão *versus* Cidade, ou, ainda, Brasil Real *versus* Brasil Oficial

A filiação de Ariano ao "povo" e a tarefa de construção de uma dramaturgia que dissesse respeito aos pobres, em oposição ao projeto do TAP, cujos participantes pertenciam à elite urbana de Pernambuco, podem ser

---

28 Ariano, no prefácio da edição de 1964 de *Uma Mulher Vestida de Sol,* classifica essa suas primeira peça como uma tragédia, mais especificamente como "uma espécie de tragédia nordestina" (Suassuna, 1964: 17). Usamos essa distinção feita pelo autor para diferenciar as "tragédias nordestinas" das comédias.

29 Carlos Newton Jr. afirma sobre as bases populares desta peça: "Segundo o autor [Ariano Suassuna], o núcleo da peça é baseado no Romanceiro Popular Nordestino, em uma das versões do *Romance de José Souza Leão.* Sente-se, entretanto, na feitura da trama, a presença de pelo menos mais três romances: *O Romance de Romeu e Julieta; A Filha Noiva do Pai* (versão do romance ibérico *Dona Silvana* ou simplesmente *Silvaninha*) e o *Romance de Minervina*". Newton Jr. (2000: 51).

interpretada como outra versão da oposição sertão *versus* cidade, vista nos artigos de Suassuna sobre a revolução de 1930.

Se naqueles artigos, Ariano filiava o seu pai, e toda sua família, ao povo do sertão que fora oprimido pela brutalidade, ignorância e violência do mundo urbano, aqui o jovem dramaturgo filia-se à vertente teatral que se pretende mais próxima ao povo e ao sertanejo que estariam sendo postos de lado pela elite urbana.

Assim, o *Teatro de Amadores* voltar-se-ia às elites urbanas, enquanto o *Teatro do Estudante* ao povo, com assuntos retirados da cultura popular. A identificação do TEP com o "povo" está presente desde a conferência inaugural de Hermilo (1947); o TAP, por sua vez, era visto pelos estudantes como um braço da burguesia no Teatro Santa Isabel.[30]

Essa oposição popular *versus* urbano, como mais uma versão da oposição fundamental entre sertão *versus* cidade, também se torna presente na noite em que Ariano e seu grupo de amigos trouxeram repentistas e violeiros para dentro do teatro Santa Isabel. Ariano orgulha-se de apresentar a mesma audácia que teve seu pai. Afirma:

> Quando Suassuna governou a Paraíba, de 1924 a 1928, escandalizou uma porção de gente porque costumava levar para o Palácio cantadores, músicos populares etc.

Um pouco mais adiante ele completa:

> Lembro-me bem de que, em 1946, quando realizei, no Santa Isabel, uma cantoria coletiva que foi o embrião dos futuros Festivais de violeiros [...] tive que lutar contra aqueles que se escandalizavam com o fato de eu querer levar *"Cantadores*

---

30 Sobre isso ver depoimentos de Hermilo em: Mesquita (S/d), Carvalheira (1986); e de Suassuna em Vassalo (1993), Suassuna (2000; 2000b), entre outros.

O Brasil dos espertos

populares para o Santa Isabel"! Lembro-me bem de que o Diretor do Teatro naquele ano, Valdemar de Oliveira, me dizia, desolado: "Cantadores e violeiros no mesmo ambiente em que falaram ou recitaram versos Joaquim Nabuco, Castro Alves e Tobias Barretto"! [...] Lembro-me de ter objetado a Valdemar de Oliveira que Castro Alves e Tobias Barretto talvez até gostassem disso. O Diretor do Teatro, porém, não se deixou convencer. Forçado pelas circunstâncias, conforme ele mesmo me disse, iria concordar com o requerimento, feito pelo Diretório da Faculdade de Direito, do qual eu fazia parte em 1946. Mas, segundo disse, "para ressalvar sua responsabilidade" iria fazer constar do despacho, como fez, que concordava somente tendo em vista "o fim filantrópico" para o qual iria reverter a renda do espetáculo. (Suassuna, *Jornal da Semana,* 27/01/1973, grifos do autor)

Se por um lado seu pai levou violeiros e cantadores para dentro de sua casa, de suas fazendas e do próprio Palácio do Governo, por outro Ariano – quando ocupou o Centro Acadêmico da Faculdade de Direito do Recife e o TEP, em 1946, o Departamento de Cultura e Extensão da Universidade Federal de Pernambuco, em 1969, a Secretaria de Educação e Cultura de Recife, em 1975, e, anos mais tarde, em 1995, quando foi Secretário Estadual de Cultura[31] – trouxe-os para ambientes da cultura oficial, questionando qual deveria ser o espaço dedicado a esse tipo de arte. O modelo do pai – e da biografia selecionada – inscreve-se, assim, em outra instância: no teatro de Ariano Suassuna.

Como se viu, até a historiadora Linda Lewin identifica a disputa entre a cultura do interior e a do litoral. Ou seja, Lewin notou que já nos anos 1920 havia uma tendência da elite litorânea, no caso da Paraíba, em tentar manter-se compassada com a produção cultural de outras regiões do país, por mais

---

31 Essas experiências posteriores serão tratadas com mais vagar nas próximas páginas.

116

Eduardo Dimitrov

que isso não fosse realizado plenamente. Tudo isso ocorreu ao mesmo tempo em que a elite sertaneja continuava apegada "às tradições mais populares".

Ariano refaz em sua prática o embate discursivo – sertão *versus* cidade –, que construiu em relação ao pai. João Suassuna teria sido um corajoso por ter levado cantadores para o palácio do Governo: "escandalizou uma porção de gente". Já Ariano, teria chocado o diretor geral do TAP, Valdemar de Oliveira, que, "por forças das circunstâncias", viu o seu teatro Santa Isabel invadido por violeiros.

Não por acaso, Ariano é um escritor que fala muito sobre sua atividade. Ele e Hermilo são, dentre os antigos integrantes, os que mais falaram sobre a experiência do TEP. Nesses depoimentos de Ariano a respeito da sua vivência e de como chegou a escrever as peças que escreveu, constrói um discurso muito similar àquele que utiliza para se referir à história do pai.

Ariano narra a história de João Suassuna como a de um governador que se debruçou sobre os problemas sertanejos. O governador, segundo seu filho, foi até acusado de privilegiar o sertão e esquecer-se da capital. Ariano recusa essa afirmação dizendo serem os gestores anteriores os que nunca se preocuparam com a população mais pobre do Estado.

Quando conta a experiência do TEP, Suassuna faz questão de enfatizar o olhar desse grupo para a cultura popular e para os dramas sertanejos, que, segundo ele, são os materiais mais "autenticamente brasileiros". Por outro lado, não deixa de destacar como essa postura se contrapõe àquela adotada pelo TAP: teatro de elite urbana, que nada diria a respeito do povo, e que se pretenderia cosmopolita.

Como já foi visto no primeiro capítulo, Ariano constrói narrativamente uma família e insere-se no interior dela. Quando produz suas peças e define os preceitos que o guiaram em seu fazer artístico, ele não deixa de respeitar a mesma tradição familiar. Assim como fazia João Suassuna e João Dantas, defende a cultura popular:

O Brasil dos espertos

117

> A meu ver, a grande importância da arte e da literatura populares nordestinas é que elas representam o trabalho de criação mais *autenticamente brasileiro* que existe em nosso país, nesse campo. No Brasil, o problema da arte popular identifica-se, pois, com o da própria arte nacional. Entre nós, só a arte e a literatura populares – ou a arte e a literatura eruditas a elas ligadas – são verdadeiramente brasileiras pelo caráter, pelos temas, pela forma. Foi isso o que pressentiram, cada um como podia e como lhe era dado no tempo, escritores como Afonso Arinos, em Minas, Simões Lopes Neto, no Rio Grande do Sul, e José de Alencar e Sylvio Romero, no Nordeste. (Suassuna *apud* Carvalheira, 1986: 40-41, grifos nossos)

Assim, Ariano atribui, nesta e em outras citações, à cultura popular o *status* de "verdadeira", de "genuinamente brasileira" ao contrário da cultura urbana, que, justamente por ser cosmopolita, não passaria de falsificadora e caricata. Retoma, portanto, a leitura particular que faz da suposta dicotomia machadiana que vê no Brasil real o país bom e que revela o melhor dos instintos, enquanto o oficial sendo apenas caricato e burlesco (Suassuna, 2005b: 34). Essa leitura que Ariano faz de Machado, ao mesmo tempo que legitima sua dicotomia, explicita a leitura singular que ele faz do autor de *Memórias Póstumas de Brás Cubas*. Suassuna filtra não só em Machado, mas em todos os autores que cita, aquilo que lhe interessa para construir essa oposição entre campo e cidade.

Suassuna após o TEP

Apesar de o TEP ter se dissolvido em 1953, principalmente em razão de seus integrantes terem se formado, deixando, assim a vida de estudantes, bem como pela emigração de Hermilo para São Paulo, Ariano continua a escrever teatro seguindo os mesmos preceitos.

118

Eduardo Dimitrov

Em 1952, Ariano, já formado, dedica-se à advocacia no escritório do jurista Murilo Guimarães,[32] um amigo de família. Em 1956, abandona a profissão quando é convidado por Luiz Delgado,[33] então reitor da Universidade Federal de Pernambuco, a tornar-se professor de Estética. Entre 1955 e 1960, firma-se como dramaturgo. A encenação do *Auto da Compadecida*, em 1956, fez com que a crítica do Sudeste desse-lhe atenção. O TAP, que havia atingido seu auge em 1955 com *A Casa de Bernarda Alba*, recebendo elogios de Décio de Almeida Prado, a partir das montagens de Suassuna começa, aos olhos da crítica, mostrar-se descompassado com a originalidade dos textos de Ariano. Cadengue (1989) mostra como, principalmente a partir do sucesso do *Auto*, os *amadores* são acusados de terem parado no tempo e deixado de fazer as inovações no mesmo ritmo que outras companhias.

Em 1960, Ariano convida Hermilo Borba Filho para retornar a Recife e compor uma companhia profissional de teatro: *Teatro Popular do Nordeste*. Os dois, em 1961, assinam o manifesto do TPN, que, já no primeiro parágrafo, retoma as diretrizes do extinto TEP.

---

32 Murilo Humberto de Barros Guimarães mantinha um escritório de advocacia que defendia a Cooperativa dos Usineiros. Além das atividades como advogado, sempre se dedicou à carreira acadêmica, tornando-se professor da Faculdade de Direito em 1951 e reitor da Universidade Federal de Pernambuco entre 1964 e 1971 (Disponível em: Meu Recife http: //www.meurecife.com.br. Acesso em: 15/06/2006).

33 Luiz Maria de Souza Delgado (1906-1974) formou-se em Direito pela Faculdade do Recife, em 1926 foi jornalista do *Jornal do Commercio*, *A Notícia* e *A Tribuna*. Foi secretário do Governo à época de Carlos de Lima Cavalcanti. Escreveu romances, poesias e a biografia de Carlos Lima Cavalcanti (Disponível em: Conselho Estadual de Cultura http: //www.cec.pe.gov.br/luizdelgado.html. Acesso em 14/06/2006).

O Brasil dos espertos

119

> O Teatro Popular do Nordeste tem um programa bem claro e definido, que deseja, de início, comunicar àqueles que o apoiam ou que simplesmente o frequentam. É um programa que se veio formando e descobrindo aos poucos, de espetáculo em espetáculo [...] durante quinze anos: é que, se o grupo é novo como realidade batizada e explícita, seu espírito e o grupo que o comanda surgiram na estreia do Teatro do Estudante de Pernambuco, a 13 de abril de 1946. (Suassuna *apud* Carvalheira, 1986: 42)

Em 1960, a cena cultural de Recife estava mais diversificada do que nos anos de atuação do TEP. Financiado pela Prefeitura na gestão de Miguel Arraes, o *Movimento de Cultura Popular* surgiu com o intuito de criar uma arte engajada politicamente.[34] Ariano, apesar de ter participado do início do MCP, irá se posicionar contra as duas frentes atuantes nas artes cênicas: o teatro frívolo do TAP, que, mesmo em baixa, ainda estava ativo, e o esquerdista do MCP. No manifesto do TPN, relaciona seus alvos de embate:

> Repelimos uma arte puramente gratuita, formalística, sem comunicação com a realidade, uma arte frívola, estéril, sem sangue e sem pensamento, covarde e indefinida diante dos abusos, dos privilégios da fria e cega vida contemporânea do mundo dos privilegiados sem entranhas e das sanguinárias tiranias que

---

34 O MCP, que terá grande diálogo com o Centro Popular de Cultura da União Nacional dos Estudantes, visava a uma arte engajada de esquerda. Foi fundado por intelectuais pernambucanos, entre eles Paulo Freire, Francisco Brennand, Abelardo da Hora, Ariano Suassuna e Hermilo Borba Filho. Ariano e Hermilo, no entanto, romperam logo por não concordarem com o tom esquerdista do movimento. Carvalheira (1986) afirma que Hermilo teria rompido por desentendimentos pessoais com outros integrantes do grupo, o que faz mais sentido, pois ele será um dramaturgo engajado politicamente. Carvalheira, porém, não fornece muitos detalhes sobre o teor do desentendimento.

Eduardo Dimitrov

fingem combatê-lo. Mas repelimos também a arte alistada, demagógica, que só quer ver um lado do problema do homem, uma arte deturpada por motivos políticos, arte de propaganda, arte que agrega ao universo da obra o corpo estranho da tese, para fazer do espetáculo um libelo interessado. Acreditamos que a arte não deve ser nem gratuita nem alistada: ela deve ser comprometida, isto é, deve manter um fecundo intercambio com a realidade, ser porta-voz da coletividade e do indivíduo, em consonância com o espírito profundo de nosso povo. (Suassuna, 1961 *apud* Carvalheira, 1986: 44-45)

Em outra entrevista mais recente, Ariano relembra esse momento de rompimento com o *Movimento de Cultura Popular* e sua recusa a desenvolver uma arte engajada. Diz ele:

No começo da década de 60, às vésperas do regime militar, eu notei que a cultura brasileira estava ficando cada vez mais marginalizada. E a cultura popular mais ainda. O Movimento de Cultura Popular – MCP – foi fundado aqui por influência do então prefeito Miguel Arraes. Este movimento serviu de modelo para o Centro de Cultura Popular – o CPC – no sul. Eu fui um dos pioneiros do MCP, mas depois eu rompi. Achei que estava havendo um patrulhamento muito grande dentro do MCP... Estavam querendo que a gente fizesse uma arte excessivamente engajada, entende? E eu então me rebelei, não aceitei, rompi e saí. O que aliás, do ponto de vista pessoal, foi uma sorte, porque acabei não sendo incomodado pelos militares. (Suassuna, 2000)

O *Teatro Popular do Nordeste* teve, não obstante, bons e maus momentos até seu esfacelamento completo em 1970. Hermilo Borba Filho, de alguma forma, aproximar-se-á do teatro engajado, apesar de ter rompido com o MCP. Ele dialoga com autores como Gianfrancesco Guarnieri e Augusto

O Brasil dos espertos

Boal, passando a tratar os espetáculos com o veio anti-ilusionista proposto por Brecht, modelo que Ariano não aceita.[35] Essa opção de Hermilo, associada a uma maior dedicação à prosa, faz com que Ariano afaste-se do teatro. É nesse período, também, que ele aposta em outra frente: a universidade. A universidade foi fundamental para o desenvolvimento do projeto autoral de Ariano Suassuna. Com uma carreira que lhe dava tempo para estudar e produzir suas obras sem muitas complicações, aos poucos, conseguiu ocupar um espaço institucional que o levou a consolidar suas convicções estéticas, em políticas de cultura. Esse percurso, para começar a surtir algum efeito, levou 11 anos, pois apenas em 1967 ele passa a integrar, como membro fundador, o Conselho Federal de Cultura. Quando, em 1969, o mesmo amigo de família que o empregara em seu escritório – e que agora era reitor da Universidade Federal de Pernambuco, Murilo Guimarães – o nomeia para assumir a direção do Departamento de Extensão Cultural, Ariano consegue apoio institucional suficiente para articular o seu *Movimento Armorial*, movimento estético que reuniu artistas em torno da criação de uma arte erudita com base na "cultura popular".

Entre os anos 1960 e 1970, Ariano estava dividido entre a consolidação de uma companhia profissional de teatro e a busca por apoio institucional no interior da universidade. No entanto, seu afastamento de Hermilo, no plano das concepções de montagem do espetáculo, deve ter colaborado para ele investir em suas possibilidades dentro da Universidade.

O curioso é que, pela periodização da obra de Ariano feita por alguns críticos –, entre eles Santos (1999) –, o fim do TPN coincide, justamente, com o início do *Armorial*, o que mostra o quanto Ariano centralizava os dois movimentos, sendo sua ênfase de atividade capaz de definir o início ou o fim dos grupos. Se o TEP terminou porque Hermilo mudou-se para São Paulo e os estudantes se formaram, o TPN acabou aos poucos, minguando com a

---

35 Para mais detalhes sobre o TPN ver: Carvalheira (1989); Santos (1999).

122

Eduardo Dimitrov

falta de dedicação de Ariano, que investia mais no *Armorial*. Hermilo, por sua vez, também mantinha projetos paralelos, entre eles, o *Teatro de Arena do Recife* (Carvalheira, 1986: 49).

Uma característica importante, que se tornou presente no TPN e que não tinha a mesma tônica no TEP, foi a defesa da cultura popular. A ideia de que a cultura popular deveria ser protegida da grande invasão da cultura de massa não está presente na palestra ministrada por Hermilo na ocasião do lançamento do TEP *Teatro: Arte do Povo*. O TEP cobrava uma maior atenção à cultura popular, a fim de que houvesse um efeito pedagógico: a partir dela, o "povo" iria ao teatro. Já o TPN via a cultura popular como algo "ameaçado", algo que deveria ser protegido da massificação da indústria cultural.

Composto por artistas de diferentes formações, mas com trajetória semelhante à de Ariano, o *Movimento Armorial* já surge com esse discurso protecionista da cultura popular. Quase todos os integrantes nasceram no Nordeste. São descendentes de famílias abastadas, ligadas ao latifúndio, mas que vivenciaram uma transição entre a infância no meio rural e a formação acadêmica e profissional em meio urbano. Segundo Idelette Muzart Fonseca dos Santos (1999: 24), todos os participantes mantiveram uma nostalgia muito forte do mundo rural. Interessante notar – e Santos chama atenção para isso – que todos os artistas ligados ao *Movimento Armorial* nunca fixaram residência fora do Nordeste. Por mais que tenham passado parte de suas vidas, principalmente no período de formação, em outros Estados ou países, sempre retornaram à região.

O início do Armorial, em 1970, foi marcado por um evento na Igreja São Pedro dos Clérigos, em Recife, que reuniu um concerto executado pela Orquestra Armorial "Três Séculos de Música Nordestina – Do Barroco ao Armorial" e uma exposição de gravuras, pinturas e esculturas.[36] Ariano,

---

36 Em 1971, um segundo concerto na Igreja do Rosário dos Pretos, agora inaugurando o Quinteto Armorial, consolida o lançamento do movimento.

O Brasil dos espertos

quando indagado sobre esse início do movimento, afirma que o evento deveria ter ocorrido no dia nove de outubro do mesmo ano. Assim, a finalização do seu maior romance, *A Pedra do Reino*, e o lançamento do *Movimento Armorial* coincidiriam, em uma espécie de homenagem à data de aniversário de 30 anos da morte de seu pai. A entrevista que Ariano concedeu ao *Cadernos de Literatura* começa da seguinte maneira:

> **Entrevistador:** Registra-se, para começar, que esta nossa conversa acontece sob o signo de algumas efemeridades. Comemoram-se nada menos que os 30 anos da redação do *Romance d'A Pedra do Reino*, que o Sr. terminou de escrever em outubro de 1970; o lançamento, também em outubro daquele mesmo ano, do *Movimento Armorial*, no Recife; os 70 anos da Revolução de 30, deflagrada em 3 de outubro de 1930, e o assassinato de seu pai, João Suassuna, seis dias depois, no Rio de Janeiro. Como o Sr. vê o encadeamento desses fatos que marcaram tão fortemente sua vida e sua obra? Seria mera coincidência ou o Sr. acredita que a relação entre eles possa ter outra natureza?

> **Suassuna:** Bem, em certos pontos podem ser coincidência, mas em outros não. Se você for olhar, vai ver que eu concluí o *Romance d'A Pedra do Reino* no dia 9 de outubro, data da morte do meu pai. Eu fiz questão de terminar no dia 9 de outubro de 1970, quando estavam se completando 40 anos do assassinato dele. Foi uma forma de homenagem. Já o *Movimento Armorial* era para ser lançado também no dia 9 de outubro, só que houve um impedimento da orquestra e fomos obrigados a adiar para o dia 18. Sou muito atento a esse negócio de datas [...]

(Suassuna, 2000b: 24)

Esse tipo de afirmação de Ariano ajuda a compreender o grau de investimento afetivo que ele depositou no *Movimento Armorial*. Planejou uma grande homenagem ao seu pai assassinado, terminando o maior livro de sua carreira – aquele que ele próprio julga o mais relevante – e o lançamento de um movimento estético audacioso no mesmo dia de sua morte. A eleição das datas comemorativas, como um dado relevante, não é um "insight" analítico de nenhum crítico. É o próprio Ariano que faz propagar todas elas em seus depoimentos e entrevistas. É ele quem faz questão de, a todo instante, associar momentos decisivos de sua carreira com datas importantes de sua história pessoal. Seu casamento com Zélia[37] de Andrade Lima, em 1957, por exemplo, deu-se no dia 19 de janeiro, dia do aniversário de seu pai.

É possível traçar um paralelo entre o tipo de arte proposto por esse movimento e a narrativa que Ariano constrói sobre seu pai e sua família. Ariano explicita, em uma espécie de manifesto, os objetivos do Armorial:

> O Movimento Armorial pretende realizar uma Arte brasileira erudita a partir das raízes populares da nossa Cultura. Por isso, algumas pessoas estranham, às vezes, que tenhamos adotado o nome de "armorial" para denominá-lo. Acontece que, sendo "armorial" o conjunto de insígnias, brasões, estandartes e bandeiras de um Povo, no Brasil a Heráldica é uma Arte muito mais *popular* do que qualquer outra coisa. Assim, o nome que adotamos significava, muito bem, que nós desejávamos ligar-nos a essas heráldicas raízes da cultura popular brasileira. (Suassuna, 1974: 9, grifo do autor)

---

37 Zélia de Andrade Lima pertence a uma família de origem rural, da Zona da Mata pernambucana. Seu avô materno, Hisbelo Barbosa da Silva, destacou-se em seus engenhos e usinas de açúcar. O casamento dos dois é narrado como uma obra do acaso, porém, tanto Ariano como Zélia admitem que alguns de seus parentes mais velhos já eram amigos antes mesmo de os jovens se conhecerem.

O Brasil dos espertos

125

Ariano continua um pouco mais à frente:

> A unidade nacional brasileira vem do Povo, e a Heráldica popular brasileira está presente, nele, desde os ferros de marcar bois e os autos dos Guerreiros do Sertão, até as bandeiras das Cavalhadas e as cores azuis e vermelhas dos pastoris da Zona da Mata. Desde os estandartes de Maracatus e Caboclinhos, até as Escolas de Samba, as camisas e as bandeiras dos Clubes de futebol do Recife ou do Rio. (Suassuna, 1974: 11)[38]

Como se vê, Ariano e seus amigos pretendiam executar uma arte erudita, mas que mantivesse o "espírito" popular e a ligação com as "raízes" da cultura do povo.

Nesse sentido, o folheto de cordel foi eleito por Suassuna como a manifestação popular mais completa, pois um só veículo comportaria a literatura, as artes plásticas pelas gravuras das capas, e a música das rabecas e violas que acompanham as declamações. No *Jornal da Semana* de 20 de maio de 1973, Ariano escreve:

> A arte Armorial Brasileira é aquela que tem como traço comum principal a ligação com o espírito mágico dos "folhetos" do Romanceiro Popular do Nordeste, com a música de viola, rabeca ou pífano que acompanha seus "cantares", e com a Xilogravura que ilustra suas capas, assim como com o espírito e a forma das artes e espetáculos populares com esse mesmo romanceiro relacionados. (Suassuna, *Jornal da Semana,* 20/05/1973)

---

38 Esse trecho trata-se de uma citação, feita por Ariano, ao programa de lançamento do Armorial em 1970.

126

Eduardo Dimitrov

Dentre toda a produção artística desenvolvida por Ariano ou movimentos aos quais se envolveu, o *Movimento Armorial* foi o que teve maior atenção da crítica. São muitos os estudos e artigos que se debruçam sobre o *Armorial*. Não cabe, aqui, explorar a fundo a dinâmica do movimento; outros trabalhos já fizeram isso com grande competência, entre eles: Moraes (2000); Santos (1999); Vassallo (1993). Contudo, recuperar, em uma leitura interessada, alguns aspectos da produção de Ariano que se explicitaram com a consolidação do *Movimento Armorial* pode ajudar a pensar o seu teatro. Algumas escolhas feitas na confecção das peças tornam-se mais evidentes, no momento em que essas formulações consolidam-se no *Armorial*.

Uma delas, por exemplo, é a questão da cultura popular. Com o *Movimento Armorial*, a cultura popular ganha um *status* de depositária da autenticidade do povo brasileiro. Maria Thereza Didier de Moraes (2000) afirma:

> Denominado Armorial, o grupo tinha como meta a realização de uma arte erudita, partindo das raízes populares da cultura brasileira. Estabelecendo um vínculo com a visão romântica de identidade nacional, o Movimento Armorial pressupõe que a expressão mais autêntica da cultura brasileira está na cultura popular. Delimitando uma "fusão" cultural entre as influências indígenas (vermelha), negras e europeias, a visão armorial, entre cores e raças, mira para o passado originário da cultura brasileira. Desse modo, a visão do grupo armorial privilegia a Região Nordeste como espaço geográfico que manteve as características puras e definidoras da cultura brasileira. À região nordestina, no geral, e sertaneja, em particular, é creditado um espaço singular no mundo mágico, explorado pelas atividades artísticas armoriais. A linguagem armorial na música, na literatura, nas artes plásticas e na dança expressou o aprofundamento da pesquisa desse grupo sobre as fontes da "cosmologia" nordestina. (Moraes, 2000: 35-36)

O Brasil dos espertos

Foi com esse intuito que Ariano coordenou as pesquisas a respeito da cultura popular no Departamento de Extensão e Cultura da Universidade Federal de Pernambuco. Sua atuação no DEC mobilizou os integrantes do *Movimento Armorial* em pesquisas no interior do Estado. Jarbas Maciel, filósofo e violinista, descreve suas descobertas:

> A volta às raízes populares nordestinas nos coloca em contato com a música renascentista e barroca, para não falar das constantes medievais, veiculadas pela música sacra que os missionários faziam misturar-se à música primitiva dos índios catequizados. Tudo isso está curiosamente preservado nos verdadeiros "fósseis musicais" que estamos encontrando na música nordestina do Sertão, do Agreste e da Zona da Mata. (Maciel, Jarbas *apud* Moraes, 2000: 37-38)

A ideia de fóssil é reveladora da concepção essencialista de cultura que está por trás das formulações do grupo. Ao conceber a cultura como algo passível de permanecer no tempo em forma de fóssil, que seria possível buscar, na "cultura popular", a forma original e a autenticidade da cultura do povo. Nesse sentido as formulações de Ariano aproximam-se da visão "platônica" de cultura e de identidade tal como Manuela Carneiro da Cunha apontou (1995). Em outras palavras, foi possível conceber o Nordeste visto como região de antiga ocupação, protegida das recentes investidas da indústria cultural e marcado pelo arcaísmo, como um manancial da "essência" inalterada de uma cultura. Teria sido nessa região, portanto, que, segundo essas premissas, a autêntica identidade do povo brasileiro estaria preservada já que os "traços" culturais, os elementos que caracterizariam a identidade do brasileiro, encontrar-se-iam em sua forma mais original.

128
Eduardo Dimitrov

Diz ainda Moraes:

> A crítica armorial à sociedade industrial e à arte industrializada tem como pressuposto a preservação da identidade cultural do país. Nesse sentido, podemos perceber que o estreitamento armorial com as raízes da cultura brasileira relaciona o seu passado com um tempo de espontaneidade sufocada pela racionalização da sociedade industrial, por isso, a sua posição de luta ante o *moderno*. Dessa maneira, estabelece-se a Região Nordeste e, mais especificamente, o sertão e sua cultura popular como reduto de autenticidade cultural. (Moraes, 2000: 52, grifos da autora)

Nos anos 1970, Ariano identificou fortes ameaças à "cultura popular", com a expansão da indústria cultural norte-americana, o rock-and-roll e a guitarra elétrica. Cria, então, um movimento de resistência a essas influências estrangeiras que poderiam descaracterizar a essência da identidade do povo brasileiro. A "cultura popular" espontânea estaria ameaçada, aos olhos do dramaturgo, pelos produtos culturais importados sem nenhum critério.[39]

---

39 Ariano cria uma polêmica com o Tropicalismo, de Caetano Veloso e Gilberto Gil, nos anos 70 e , mais tarde, com o movimento Mangue-Beat, liderado por bandas como Chico Science & Nação Zumbi e Mundo Livre S/A. Nos dois casos, Ariano é contra a mistura de instrumentos elétricos, e a influências da indústria cultural com os ritmos "tradicionais" como o Maracatu Rural. Esse tema é recorrente nas falas atuais de Ariano, principalmente em Aulas-Espetáculo e entrevistas. Para mais detalhes sobre essas polêmicas ver as entrevistas: Suassuna (2000; 2000b; Suassuna, 2002b; 2003b). Ariano defende que o movimento Armorial também utiliza influências externas, como a farsa medieval, a música ibérica etc: esses elementos, segundo Ariano, ligam-se diretamente á cultura popular desenvolvida no Nordeste, coisa que não ocorreria nem com o Rock, nem com qualquer outro produto da suposta "indústria cultural massificadora".

O Brasil dos espertos

O *Movimento Armorial* e, principalmente, Ariano Suassuna tiveram apoio explícito das esferas governamentais, uma vez que seu projeto estético de cunho nacionalista, de certa forma, coadunava-se com aspirações da política cultural do governo militar. Maria Thereza Didier de Moraes aponta para o apoio que o grupo recebeu não apenas da Universidade, mas também da Prefeitura de Recife, na gestão "biônica" de Antônio Farias, ao empossar integrantes do movimento, entre eles, o artista plástico Gilvan Samico e o músico Antônio José Madureira, no Conselho Municipal de Cultura, assim como o próprio Suassuna no cargo de Secretário Municipal de Educação e Cultura. Moraes também afirma que

> Não é surpreendente o apoio do ministro Ney Braga ao *Movimento Armorial*. [...]. A proposta estética armorial – de criar uma arte brasileira partindo das matrizes culturais mais antigas do país – estava em consonância com a visão essencialista de um governo que já não pretendia apenas negar experiências, mas criar, em tom imperativo, uma memória única sobre a cultura brasileira. Para essa construção, estimulou as "peculiaridades" regionais, de maneira a ressaltar harmoniosamente as suas diferenças – tratando-as como pluralidade sincrética –, diluindo-as no conceito de nação brasileira. (Moraes, 2000: 43)

Com o *Armorial* sendo compatível com o projeto cultural do governo militar, Ariano Suassuna não encontra muitos problemas na implementação de seu movimento como política pública. Essa proximidade entre movimento estético e política pública expressa-se, logo depois do golpe de 1964: Ariano torna-se membro fundador do Conselho Federal de Cultura em 1967; é nomeado para o Departamento Extensão Cultural da Universidade Federal de Pernambuco em 1969, logo depois do AI-5, em 1968; e aceita o cargo de Secretário de Educação e Cultura do Recife na gestão de Antônio Farias em 1975.

Eduardo Dimitrov

Enquanto secretário, Ariano priorizou o restauro do prédio da Casa de Detenção do Recife, local onde João Dantas foi preso e assassinado, junto com Augusto Caldas.[40] Colocou, assim, a cultura popular no centro das políticas culturais do Estado, em estreita associação com as posições estéticas do *Movimento Armorial*, as políticas públicas adotadas pela Secretária de Cultura e a sua história familiar.[41]

Não foi apenas no governo militar que Ariano ocupou cargos públicos. Em 1995, ele foi convidado pelo então Governador do Estado de Pernambuco, Miguel Arraes, do Partido Socialista Brasileiro, para o cargo de Secretário Estadual de Cultura.

Nessa sua gestão, Suassuna abriu mão de seu direito a assessores políticos e engajou assessores artísticos. Para cada ramo da arte, um artista, classificado pelo próprio secretário como "popular", foi nomeado. Havia então bailarinos, escultores, pintores, gravuristas e, entre eles, talvez o mais famoso, o rabequeiro Mestre Salustiano.[42]

---

40 Reinaugurado em 1976, o presídio tornou-se a Casa de Cultura, ponto turístico da capital pernambucana, onde se concentram lojas de artesanato, de alimentos e sucos "típicos" do Nordeste.

41 Como já visto no capítulo anterior, Ariano afirma lembrar-se da visita que fez ao parente na prisão dias antes dele ser morto. Diz, ainda, que João Dantas era um amante da cultura popular, colaborando para a edição de coletâneas de cordel. Não deixa de ser importante o fato de o local da morte de um membro de sua família tornar-se um foco de sua política cultural de valorização da cultura popular e sertaneja e um dos pontos turísticos mais visitados na capital pernambucana.

42 Manuel Salustiano Soares, o Mestre Salustiano (1945-2008), nasceu no município de Aliança. Motorista profissional, frequentou apenas o curso primário. Comandou o grupo de maracatu Sonho da Rabeca e o Cavalo Marinho Matuto em Olinda. Fundador do Maracatu Piaba de Ouro, em 1997 participou, com o seu grupo, do Festival de Cultura Caribeña, em Cuba (Disponível em: Pernambuco de A/Z: http://www.pe-az.com.br/biografias/mestre_salustiano.htm. Acesso em 30/07/2005).

O Brasil dos espertos

Um dos principais feitos dessa gestão foi a Ilumiara Zumbi, uma espécie de teatro de arena construído ao ar livre na cidade de Olinda, destinado a reunir grupos de Maracatu durante o carnaval. Mais uma vez, a política oficial de cultura trabalhava para tornar central a cultura popular. Assim como ocorreu com a Casa de Detenção, a Ilumiara Zumbi é um ponto extremamente visitado pelos turistas nos dias de encontro dos grupos de Maracatu. Os grupos, por sua vez, receberam uma "legitimação" e um espaço "institucionalizado" para desenvolverem suas festas.

Foi também como secretário de cultura que Ariano criou o que chama de "Aula-Espetáculo". Uma palestra algumas vezes acompanhada por outros artistas, na qual desenvolve algum tema, usando quadros, gravuras, músicos e bailarinos para exemplificarem o que diz.

A cultura popular é o centro dessas aulas. Algumas vezes, juntam-se a exposição didática de tradições populares, a defesa panfletária da cultura popular e o ataque aos estrangeirismo. Nas aulas, Ariano divulgou (e ainda divulga) o seu *Movimento Armorial*, transformando-o, quando era secretário, em um discurso oficial do Estado de Pernambuco.

Dessa maneira, o dramaturgo conseguiu associar seu projeto estético e autoral com um programa de política cultural de diferentes governos, tanto militares quanto civis.

Hoje em dia, Ariano Suassuna vive do salário de professor aposentado da Universidade Federal de Pernambuco. Embora a sua criação de cabras ainda exista, não lhe gera renda; para complementar seu orçamento, ele continua a ministrar as "Aulas-Espetáculos".

É possível observar essa oscilação também ao longo dos debates artísticos que Ariano travou com seus interlocutores. No início do TEP, como foi visto, o *Teatro de Amadores de Pernambuco*, era visto, principalmente por Hermilo Borba Filho, como um "braço da burguesia no Santa Isabel" (Mesquita, S/d). Hermilo e os estudantes entraram em cena tentando distanciar-se do "conservadorismo" de Valdemar de Oliveira e, para isso, procuram elaborar uma dramaturgia ligada à cultura popular. Anos depois, Ariano se rebela contra a indústria cultural que importa estrangeirismos. Procura defender e conservar a cultura popular de possíveis ataques que a descaracterizem. Atualmente filiado ao PSB, foi cogitado para candidato ao Senado nas eleições de 2006. Ariano Suassuna, repetiu em seu teatro e na sua atuação política o seu "mundo de coincidências". Tudo deve convergir: o teatro, a política e a própria vida.

Teatro e Genealogia

Nos itens anteriores, foi explorado o modo como Ariano Suassuna atuou no cenário artístico recifense. Ficou clara a sua tentativa de "edificar" uma dramaturgia nacional pautada na realidade do "povo", principalmente por meio de sua participação no *Teatro do Estudante de Pernambuco*. Evidenciou-se também como essa filiação ao TEP dialogou com a maneira como ele criou a história de sua família tentando, de alguma forma, ancorar-se no seu interior.

Neste capítulo, são tratadas as peças escolhidas como objeto central de análise, em sequência cronológica: ao todo sete peças e um entremez escritos entre 1947 e 1960. As duas primeiras peças – *Uma Mulher Vestida de Sol* (1947) e *Cantam as Harpas de Sião* (1949) – são "tragédias nordestinas". Nesses textos, Ariano Suassuna tenta seguir o modelo do teatro elisabetano ou do barroco de Calderón de La Barca. São peças que possuem um tom trágico, quase todos os personagens morrem no final e raros são os momentos cômicos ou de alegria.

A partir do entremez *Torturas de um Coração* ou *Em Boca Fechada não Entra Mosquito* (1951), Suassuna inicia a experiência de escrever um teatro mais alegre, cômico e feito para rir. Nessa pequena peça de fantoches – conhecida como mamulengo – criou um espetáculo totalmente diferente daqueles que escrevera anos antes.

Essa inclinação para o cômico ganha contornos mais nítidos quando escreve sua peça *Auto da Compadecida* (1955). Essa e todas as próximas peças de Suassuna até 1960 – *O Casamento Suspeitoso* (1957), *O Santo e a Porca*

(1957), *A Pena e a Lei* (1959) e *Farsa da Boa Preguiça* (1960) – são alegres e com forte apelo ao riso.

As comédias, diferente das "tragédias nordestinas" que foram analisadas individualmente, foram tratadas de forma agrupada. Por meio de três eixos principais – espaço dramático, personagens e relações sociais – organizou-se a leitura dos textos permitindo relacioná-los e extrair deles o retrato que Suassuna fez do Nordeste brasileiro.

Seguindo a cronologia, as peças com tom trágico e o pequeno entremez são abordados primeiro. Para que se possa ter clareza do grau de originalidade que os textos cômicos trazem, foi feito um breve levantamento de outros dramaturgos e escritores nordestinos contemporâneos a Suassuna. Esse contraponto evidencia o que destacou Ariano Suassuna dentre os demais escritores: a aposta na comicidade e em um retrato alegre do Nordeste brasileiro.

As Tragédias Nordestinas

Uma Mulher Vestida de Sol

Uma Mulher Vestida de Sol foi a primeira peça de Suassuna. Escrita em 1947 para concorrer ao prêmio Nicolau Carlos Magno, promovido pelo *Teatro do Estudante de Pernambuco*, o texto, nunca encenado, foi reescrito e publicado dez anos mais tarde. Como não houve meios de fazer uma comparação entre as duas versões,[1] utilizou-se apenas a segunda, sem perder de vista o fato de ela ter sido reescrita depois de *Auto da Compadecida,* quando Ariano já era um dramaturgo de renome. De qualquer maneira, no prefácio à edição de 1964, Ariano afirma que tentou, em suas revisões, imprimir maior unidade aos três atos, mas fez questão de manter os cânticos e excelências de origem popular.

---

1 Da peça original só é possível recuperar o primeiro ato publicado na revista da Faculdade de Direito *Estudantes*, Ano III, n. 4, p. 71-91, out. 1948.

O Brasil dos espertos

Esses cânticos entram na fala dos personagens como citações, diferentemente do que acontece em peças posteriores, como em *Farsa da Boa Preguiça* (1960), na qual as próprias falas são versificadas. No caso de Cícero, e mesmo de outros personagens, eles declamam poemas.

CÍCERO
É aqui. A casa é a mesma, mas a mulher morreu. Eita, que sol! (*Cantando*)
— Ó de casa! — Ó de fora!
— Minervina, o que guardou?
— Eu não lhe guardei mais nada:
nosso amor já se acabou.

Na primeira punhalada
Minervina estremeceu,
na segunda, o sangue veio,
na terceira, ela morreu.
Eita, que sol!

DONANA, *entrando, do alpendre*
É você, Cícero? Ouvi você cantar, só podia ser você: acho que ninguém sabe mais essa moda, a não ser nós dois.

(Suassuna, 1964: 37)

Cantigas como essas estão espalhadas por todo o texto assinalando a preocupação de Ariano em utilizar a "cultura popular" como uma fonte de repertório para suas peças. Já nesse texto, é possível identificar, como aponta Carlos Newton Jr. (2000: 51), a presença dos romances populares: *Romance de José de Souza Leão, O Romance de Romeu e Julieta* – uma versão sertaneja do texto de Shakespeare, em que o casal é condenado por não respeitar suas famílias – *A Filha Noiva do Pai* e o *Romance de Minervina*.

Trata-se de uma história a respeito de duas famílias que estão em conflito pela demarcação dos limites de suas fazendas vizinhas. A trama ocorre na zona rural, no sertão nordestino; a única referência geográfica é a cidade natal de Manuel, Taperoá-PB. No palco, estão representadas as duas casas e uma cerca que as separa e delimita o território de cada uma das famílias.

Quadro 1 - Árvore Genealógica dos principais personagens de *Uma Mulher Vestida de Sol*

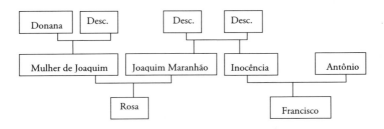

A família se estende a outros personagens além desses expostos no Quadro 1. São quatro jagunços – dois de cada lado – que vigiam a cerca que separa as propriedades dos chefes: Martim e Gavião, do lado de Joaquim Maranhão; Manuel e Caetano do lado de Antônio Rodrigues. Martim e Gavião são pobres parentes distantes do fazendeiro criador de gado, Joaquim. Essa relação de parentesco é comentada pelos personagens e colabora para a caracterização de Joaquim Maranhão, desenhado como um homem sem escrúpulos.

> MANUEL
> É ou não verdade que nessa casa amaldiçoada se passam coisas contra a lei de Deus? Primeiro, foi o homem que matou a mulher. Agora, é ele e a filha. Você conhece o romance "A Filha Noiva do Pai"? Dizem que Joaquim está criando a garrota que tem em casa para o touro, pai do rebanho!
> (Suassuna, 1964: 27)

O Brasil dos espertos

Manuel acusa Joaquim Maranhão de ter matado a esposa para se casar com a filha, gerando revolta em Martim, que é o jagunço parente do coronel. Os dois começam a se desafiar; Manuel só entende por que Martim ficou tão irritado quando Caetano e Gavião o esclarece:

> MANUEL
> São da família?
>
> GAVIÃO
> Somos, Manuel. Dois parentes pobres, sem pai e sem mãe, dois irmãos que, não tendo outro meio de vida, como vocês, fomos chamados para cabras do parente rico e poderoso.
>
> MANUEL
> Então peço que me perdoem. Eu não sabia!
>
> GAVIÃO
> Não tem importância, meu irmão está, mesmo, levando isso muito a peito. Por mim, meu parentesco terminou, não tenho ligações de sangue com o homem que aluga o meu.
>
> (Suassuna, 1964: 27-28)

Os dois fazendeiros beligerantes são cunhados, o que estabeleceria uma relação de aliança entre eles. Gavião, parente pobre de Joaquim, descarta-o como parente, pois foi alugado por ele como jagunço. Isto é, o laço de sangue não é suficiente para a manutenção de uma rede de alianças firme e estável entre os personagens. O parentesco, como se viu no primeiro capítulo, é moldado de acordo com as situações em que as pessoas estão imersas, sendo os laços de sangue apenas uma das variáveis em jogo.

Além desses personagens que constituem as duas famílias, ainda há Cícero – apresentado anteriormente na cantiga, o casal de retirantes com seu pequeno filho –, o Juiz e o Delegado, personagens esses que dão início à peça.

140

Eduardo Dimitrov

O Juiz e o Delegado anunciam o motivo de estarem naquelas bandas do sertão. Dizem que, por mais afastado que fosse o lugar, os homens não estavam fora do alcance do poder da Lei. Diz o Juiz:

> O JUIZ
>
> Aqui é o sertão, um tabuleiro de serra do sertão. O sol de fogo de dia e o frio da noite, pedras, bodes, cabras e lagartos, com o sol por cima e a terra parda em baixo. Mas nem por isso os homens que aqui vivem estão subtraídos ao poder da Lei.
>
> (Suassuna, 1964: 21)

O diálogo entre esses dois personagens funciona como o prólogo. Ambienta o leitor[2] ao espaço e à história que irá se desenvolver: dois fazendeiros disputam a posse de uma parte da terra que habitam. Um, Joaquim Maranhão afirma que a terra é dele e que teria até documentos para comprovar a posse. O outro, Antônio Rodrigues, diz ter testemunhas de que a terra é de sua família desde seus antepassados:

> O JUIZ
>
> E a questão assume um sentido tanto mais terrível porque os dois senhores de terra são cunhados e armaram o braço de seus homens, o que vem a repetir, nessa terra de fogo onde o acaso me colocou para julgar, a sangrenta querela de Abel e Caim, com seus carneiros e ódios invejosos. Aqui estão o homem da lei e o homem da guerra para garantir o julgamento.

---

2   Deve-se lembrar que o foco de análise são os textos teatrais e não as montagens que esses textos receberam ao longo dos anos. Dessa forma, trato das impressões de um leitor das peças e não de um espectador. Em alguns momentos do texto a referência a um "espectador" é inevitável. Nesse caso utilizo a expressão leitor/espectador.

O Brasil dos espertos

141

(*mais baixo e menos pomposo ao Delegado*). Senhor Delegado, quem é o Caim, no caso?

O DELEGADO, *Também baixo*
É Joaquim Maranhão, Senhor Juiz. É um homem perigoso. Eu, se fôsse o senhor, julgava essa questão logo a favor dele, porque se não, ele pode nos matar. Antônio Rodrigues é um homem bom, não é homem para matar ninguém; assim, é melhor julgar contra ele.

(Suassuna, 1964: 22)

O quarto capítulo do Gênesis conta que Caim era o filho mais velho e Abel o mais novo de Adão e Eva. Caim tornou-se agricultor e Abel, pastor de ovelhas.

[3]Passado o tempo, Caim apresentou produtos do solo em oferenda a Iahweh; [4]Abel, por sua vez, também ofereceu as primícias e gorduras de seu rebanho. Ora, Iahweh agradou-se de Abel e de sua oferenda. [5]Mas não se agradou de Caim e de sua oferenda, e Caim ficou muito irritado e com o rosto abatido. [6]Iahweh disse a Caim: "Por que estás irritado e por que teu rosto está abatido? [7]Se estivesses bem disposto, não levantarias a cabeça? Mas se não estás bem disposto não jaz o pecado à porta, como animal acuado que te espreita; podes acaso domina-lo?" [8]Entretanto Caim disse a seu irmão Abel: "Saiamos." E, como estavam no campo, Caim se lançou sobre seu irmão Abel e o matou.

[9]Iahweh disse a Caim: "Onde está teu irmão Abel?" Ele respondeu: "Não sei. Acaso sou guarda de meu irmão?" [10]Iahweh disse: "que fizeste! Ouço o sangue de teu irmão, do solo, clamar para mim! [11]Agora, és maldito e expulso do solo fértil que abriu a boca para receber de tua mão o sangue de teu irmão. [12]Ainda que cultives o solo, ele não te dará mais seu produto: serás um fugitivo errante sobre a terra."

142

Eduardo Dimitrov

[13]Então Caim disse a Iahweh: "Minha culpa é muito pesada para suportá-la. [14]Vê! Hoje tu me banes do solo fértil, terei de ocultar-me longe de tua face e serei um errante fugitivo sobre a terra: mas o primeiro que me encontrar me matará!" [15]Iahweh lhe respondeu: "Quem matar Caim será vingado sete vezes." E Iahweh colocou um sinal sobre Caim, a fim de que não fosse morto por quem o encontrasse. [16]Caim se retirou da presença de Iahweh e foi morar na terra de Nod, a leste de Éden. (Gênesis, 4,3-16)[3]

Assim, tanto o quarto capítulo do Gênesis quanto a peça trazem dois parentes – irmãos em um caso, e cunhados em outro – que se desentendem e estabelecem uma série de relações violentas, seguindo o código da vingança do sangue. Essas duas histórias se assemelham, também, àquela narrada por Ariano sobre a sua família. Seu pai, que integrava a grande oligarquia de Epitácio, criado entre os Pessoa, teria sido traído por um "irmão", João Pessoa, quando este assumiu a Presidência do Estado. A traição de João Pessoa fez com que João Suassuna passasse da posição de familiar para a de inimigo, o que iniciou o ciclo de vinganças que culminou na morte de João Dantas, Augusto Caldas, João Pessoa e João Suassuna.[4]

Na peça, o Juiz e o Delegado caracterizam Joaquim como sendo o Caim da história, homem perigoso, capaz de matar qualquer um que atrapalhe seus objetivos. O Delegado, temendo o poder do fazendeiro, sugere desde o início que o Juiz decida a causa a seu favor, pois evitaria uma represália. Já

---

3   O "sinal de Caim" não é um estigma infamante, mas uma marca que o protege, designando-o como membro de um clã em que se exerce duramente a vingança do sangue. (nota *v* da *Bíblia de Jerusalém*). Todas as citações bíblicas foram extraídas de *Bíblia de Jerusalém*. Paulus, 1995.

4   Como foi demonstrado no primeiro capítulo que essa maneira de enxergar os fatos é muito particular de Ariano. Foi assim que ele narrou a trajetória política de seu pai.

O Brasil dos espertos

143

Antônio Rodrigues, o Abel suassuniano, senhor das cacimbas, fazendeiro do milho e do algodão, é caracterizado como sendo um homem bom, que não mataria ninguém, mesmo que fosse prejudicado na decisão judicial. A história é tramada a partir dessa tensão entre os dois fazendeiros que estão sempre se ameaçando. Pequenas tramas ocorrem paralelamente, como é o caso da família de retirantes. Em meio à ameaça de um derrubar a cerca do outro, o filho do casal pobre – que estava extraindo mel de uma colmeia junto a um mourão – foi confundido com um capanga adversário e assassinado a tiros pelo fazendeiro, Joaquim Maranhão.

Outra história que corre simultaneamente é a do amor proibido entre Rosa e Francisco. O filho de Antônio Rodrigues deixou a casa após uma briga com o pai. Ninguém sabia do paradeiro do rapaz. Uns diziam que entrara para o cangaço, outros que teria sido morto pela polícia. Rosa, filha de Joaquim Maranhão, vivia pelos cantos esperando sua volta.

Quando Francisco retornou, o amor dos dois foi impossibilitado pelo estado de guerra entre as famílias. Tais acontecimentos fazem do romance uma espécie de *Romeu e Julieta* do sertão. Joaquim, que poderia pacificar o ambiente, não faz o mínimo esforço para aliviar a tensão: e apenas impõe mais restrições e ameaças. Proíbe os membros de sua família de falar com qualquer pessoa da família adversária, inclusive sua esposa, que é irmã de Antônio Rodrigues. Além disso, ameaça de morte quem entrar em suas terras. Foi feito, então, o acordo de que cada família permaneceria em suas terras. Se, por qualquer motivo, algum integrante ultrapassasse a cerca do vizinho, poderia ser morto.

Mesmo com todas as restrições, os namorados casam-se de modo improvisado, com a ajuda do beato Cícero, prometendo que, assim que possível, iriam regularizar tudo com o padre. Rosa, então, foge para a casa do amado, sem que o pai saiba.

Quando Joaquim Maranhão descobre, auxiliado por seu jagunço Gavião, traz sua filha à força de volta para casa. Nessa operação, viola sua palavra de

144   Eduardo Dimitrov

não pisar nas terras de Antônio Rodrigues. Como ninguém presenciara o fato – apenas Gavião–, o acordo se mantém.

Com Rosa na casa do pai, Francisco é atraído para dentro das terras do adversário com a esperança de recuperar a esposa; tenta atacar Joaquim. Gavião, interrompendo o golpe, mata-o, salvando o fazendeiro. Joaquim, por sua vez, mata Gavião como "queima de arquivo".

Em um primeiro momento, Antônio não reage à morte do filho, pois Joaquim lhe dissera que Francisco teria invadido suas terras e atacado Gavião. Por isso ele, Joaquim, o teria matado, apenas como defesa. Como isso estava dentro do combinado, Antônio sentiu a morte, mas não podia vingar-se.

Quando Antônio descobre o que realmente ocorreu, arma uma emboscada para o vizinho com a ajuda do retirante. Ambos são motivados pela morte dos respectivos filhos, ainda que, no caso do retirante, tudo não tenha passado de um engano. Os dois rendem e matam Joaquim Maranhão.

Depois dessa matança, os que restaram decidem morar em outra parte das terras, exceto Rosa, que pede para ficar ali, sozinha. Quando todos saem, ela se apunhala com a faca que Francisco havia lhe dado como prova de seu amor. Termina, assim como no trecho do Gênesis, com uma lição moral, mostrando que a briga entre "irmãos" só traz a desgraça. A terra tão disputada na trama foi abandonada pelos sobreviventes, como um lugar amaldiçoado. A briga, então, não tem mais sentido, diante das mortes que causara.

Se nos artigos do *Jornal da Semana,* Ariano buscou narrar sua história e criar um sentido para todas aquelas mortes, em *Uma Mulher Vestida de Sol,* o autor cria uma peça que termina, justamente, com a irracionalidade e imprevisibilidade da vida. Por mais que durante a briga os personagens, principalmente os fazendeiros, vissem um sentido para a disputa – assim como João Dantas, João Suassuna, José Pereira e João Pessoa o viam – ao final, Rosa não percebe mais motivos para continuar vivendo, assim como os sobreviventes não veem sentido em continuar habitando aquelas terras. A lógica da vingança teria gerado apenas a desgraça.

O Brasil dos espertos

Nessa peça, o centro da trama são os ricos. Por mais que outros, como os capangas, os retirantes e o beato Cícero, desempenhem funções importantes para o desenrolar da história, a cena é ditada pela briga entre os fazendeiros, em um plano, e pelo amor proibido dos primos, em outro. Os personagens pobres são coadjuvantes. São importantes, mas não têm poder suficiente para decidir o rumo dos acontecimentos.

No entanto, há momentos em que os personagens periféricos recebem mais tempo para explicitarem sua condição de vida, seus dramas pessoais. Isso ocorre nos diálogos entre os capangas e nas falas do retirante Inácio. Por um breve intervalo, a atenção do leitor é desviada do eixo central da peça, o conflito entre famílias, e focada na agonia da fome, no trabalho dos jagunços, na condição dos agregados pobres, Martim e Gavião. De qualquer modo, são interrupções e não momentos decisivos para a história.

As referências ao sertão, à seca, ao solo pedregoso, ao sol torrente que deixa as pessoas "meio abobadas" – e vendo coisas que não existem – estão presentes no texto. Trata-se de uma peça altamente descritiva desse espaço dramático. Vários sentidos são chamados a participar da ambientação, como o olfato, a visão e o tato.

MARTIM
> Do jeito que as coisas estão, com esse sol quente, essa poeira, o velame e a malva ressecados pelo sol, qualquer faísca isso aqui pega fogo! Que lugar!

CAETANO
> O Sol está vermelho e a terra treme na vista!
> (Suassuna, 1964: 24)

ROSA
> Na cacimba, quanto mais cedo melhor. Eu desço até à água, sentindo o cheiro de barro acordado. A água, nessa hora, ainda está serenada, fria e limpa do sereno da noite. Eu vou!
> (Suassuna, 1964: 35)

O sertão é descrito como um lugar inóspito, com o sol queimando, deixando tudo a ponto de incendiar-se. A poeira, a seca, o chão pedregoso. O clarão que ofusca a vista, que atrapalha as ideias. A noite é fresca: a terra morna esfria devagar e amanhece umedecida pelo sereno. A morte ronda a região e as preocupações dos personagens. O diálogo entre Inocência e Cícero oferece uma pequena amostra:

> INOCÊNCIA
> Quando vejo este sol, o milho morrendo sem amparo na terra quente, chega me dá uma agonia.
>
> CÍCERO
> Por mim, já estou habituado. Vi minha mulher e meus filhos morrerem de fome na estrada, quando vim para cá. Já faz muitos anos e é sempre assim. Uma bala, o sol, cobra, uma doença, uma briga, a velhice, e, seja gado ou gente, tudo tem de morrer um dia.
>
> (Suassuna, 1964: 40)

Por mais que Cícero fale de muitos tipos de mortes, a morte por velhice não está presente na peça. A morte pela bala é a primeira, já que a ameaça de guerra entre as famílias é o motor dessa história. Também a seca, o sol, a fome, pairam perto. Cícero perde sua família nessa condição. O casal de retirantes, Inácio e Joana, também teme a fome:

> INÁCIO
> Dona [dirigindo-se a Rosa], me dê uma esmola para minha família. Se pudesse ser de comida, eu agradeceria muito, desde ontem que a gente não come nada.
>
> (Suassuna, 1964: 46)

O Brasil dos espertos

Os retirantes sobrevivem pela bondade dos outros, pelas esmolas recebidas e por pequenos achados na estrada, entre eles, o mel na cerca, que resultou na morte por engano do filho do flagelado.

Outra fala do retirante Inácio é reveladora de uma situação econômica que extrapola a vida imediata dos personagens da peça:

> INÁCIO
> Vamos por aqui, em procura do Juazeiro. Disseram que o governo está pagando aos cassacos para consertar a estrada, vou ver se acho trabalho.
>
> (Suassuna, 1964: 47)

Nas épocas de seca os governos estaduais promoviam frentes de trabalho para que, pelo menos, parte da população não ficasse a esmo e acabasse por migrar ou morrer de fome. A seca comprometia em larga medida a colheita; garantir o sustento de uma outra maneira era necessário. Para isso serviam as frentes de trabalho, que construíram grande parte das estradas do sertão.

Etimologicamente, a palavra cassaco tem possível origem banta: "Kasakana 'trabalhar, fazer qualquer coisa sob o império da fome ou de outras necessidades" (Houaiss, 2001). Se o próprio trabalhador é definido como alguém que trabalha sob o império da fome, é possível reconhecê-la como um fenômeno mais amplo. Na peça, a fome não é tema central; funciona como pano de fundo, rondando os personagens. Todos falam dela, mas nenhuma ação, excluindo o pedido de esmola de Inácio, é motivada pela fome. O que guia a ação é a inimizade das duas famílias.

A presença do catolicismo é marcante em Ariano. Em muitas das suas peças, há referências a temáticas religiosas já no título, como em *Cantam as Harpas de Sião*, *Auto da Compadecida*, *O Santo e a Porca*. *Uma Mulher Vestida de Sol* também traz uma referência bíblica explicitada pelo próprio autor na epígrafe do texto, que transcreve em forma de verso o início do capítulo 12 do Apocalipse.

148 Eduardo Dimitrov

Epígrafe	Apocalipse

Apareceu, outrossim, um grande sinal no céu uma mulher vestida de sol, que tinha a lua debaixo de seus pés, e uma coroa de doze estrelas sobre a sua cabeça; e, estando prenhada, clamava com dores de parto, e sofria tormentos por parir.

12 Visão da Mulher e do Dragão – [1]Um sinal grandioso apareceu no céu: uma Mulher vestida com o sol, tendo a lua sob os pés e sobre a cabeça uma coroa de doze estrelas; [2]estava grávida e gritava, entre as dores do parto, atormentada para dar a luz. [3]Apareceu então outro sinal no céu: um grande Dragão, cor de fogo, com sete cabeças e dez chifres e sobre as cabeças sete diademas; [4]sua cauda arrastava um terço das estrelas do céu, lançando-as para a terra. O Dragão colocou-se diante da mulher que estava para dar a luz, a fim de lhe devorar o filho, tão logo nascesse. [5]Ela deu à luz um filho, um varão, que irá reger todas as nações com um cetro de ferro. Seu filho, porém, foi arrebatado para junto de Deus e de seu trono, [6]e a mulher fugiu para o deserto, onde Deus lhe havia preparado um lugar em que fosse alimentada por mil duzentos e sessenta dias.(Apocalipse, 12, 1-6)

O capítulo do Apocalipse continua com a batalha entre o dragão – que pode ser identificado com Satanás – e Miguel e seus anjos. O dragão perde a batalha e é expulso para a terra, deixando o reino dos céus sob

O Brasil dos espertos

domínio de Deus e de Cristo. A parturiente pode ser identificada – como foi por João, o suposto autor do Apocalipse – com a Virgem Maria, que por sua vez pode ser identificada, na peça, com a personagem Rosa. Porém, poucas relações são possíveis de serem feitas entre o texto bíblico e o de Suassuna, a não ser o paralelo entre a briga de Deus com o Diabo, de um lado, e Joaquim Maranhão, que é retratado como um sujeito sem escrúpulos e malvado, e Antônio Rodrigues, que é um homem bom. Rosa, por sua vez, estava grávida de Francisco quando este foi morto. Assim, de certa forma, Rosa representaria a união das duas famílias em novos tempos de paz, com um filho que carregaria em seu sangue as duas linhas de parentesco. O filho de Rosa e de Francisco representaria a esperança e a salvação daquele pequeno "caos" instaurado no sertão, assim como Cristo, segundo o trecho do Apocalipse, era a esperança de um governo de todas as nações agora livres das influências do demônio. No caso de Rosa, porém, essa união não era possível. O suicídio da jovem acaba com qualquer esperança nesse sentido.

Sendo a primeira peça de Suassuna, *Uma Mulher Vestida de Sol* anuncia praticamente todas as temáticas que o autor tratará ao longo da década de 50 em seu teatro. A seca, a fome, a avareza dos poderosos, a péssima condição de vida dos mais humildes, a religiosidade popular, a vingança familiar etc. Anuncia um sertão tenso em suas relações entre fazendeiros e trabalhadores, permeado pela fome, pelo cangaço e pela violência.

Essa representação de Nordeste baseia-se em alguns pares de oposição que se tornaram recorrentes nas peças de Ariano Suassuna: fome *versus* abundância; seca *versus* chuva; sertão *versus* cidade; pobre *versus* rico; trabalhador *versus* proprietário; Deus *versus* Diabo; sagrado *versus* profano.

Cantam as Harpas de Sião ou O Desertor de Princesa

A estreia de Ariano Suassuna no palco deu-se com a peça *Cantam as Harpas de Sião*, apresentada na Barraca do TEP, no Parque 13 de Maio, em 18 de setembro de 1948.[5] Trata-se de uma peça curta – escrita em um ato. Foi reescrita dez anos depois, recebendo o título de *O Desertor de Princesa*.[6]

Essa pequena peça é, na verdade, uma grande "tragédia nordestina" anunciada pelo Cego, que, por meio de dois versinhos, avisa, num rápido prólogo, que a morte passará por ali. A trama desenvolve-se na sala da casa de Nestor, um pequeno proprietário rural de Taperoá. Seu filho legítimo, Amaro, e o adotivo, Antônio, alistaram-se para compor as tropas que atacavam a cidade de Princesa. Tendo acabado de receber a notícia da morte de seu filho legítimo, a peça tem início com Nestor, no quarto de Amaro, substituindo uma vela desgastada por outra nova.

O diálogo inicial de Nestor com sua filha Maria indica quem são os possíveis responsáveis pela morte de Amaro: a polícia ou os partidários de Princesa. Nestor sempre do lado das tropas governistas, Maria, mais ponderada, do lado de Princesa.

---

5   Nesse dia, o TEP inaugurava a "Barraca" doada pela Marinha, com a presença de ilustres do ramo teatral, como Valdemar de Oliveira e Paschoal Carlos Magno, que foi para a cidade do Recife justamente para este evento. A Barraca foi uma tentativa de construir um teatro desmontável e transportável. Com isso intentava-se levar espetáculos para as periferias e bairros rurais. No entanto, a estrutura dessa barraca era muito pesada e de difícil manuseio, o que impossibilitou a execução deste projeto.

6   Tive acesso apenas a esse texto de 1958, sendo impossível fazer uma comparação entre as duas versões. Assim como no caso de *Uma Mulher Vestida de Sol*, a reescritura da peça se dá quando Ariano já possui certa fama, pois *O Auto da Compadecida* já havia sido encenada no Sudeste do país, chamando a atenção da crítica especializada.

O Brasil dos espertos

NESTOR

A terra em que meu filho se encontra agora não será mais lavrada. Só passam por ela agora as alpercatas dos cangaceiros e as botinas dos soldados.

MARIA

Os cangaceiros! Meu pai fala assim, mas a culpa da morte de Amaro foi da polícia.

NESTOR

Por que você diz isso?

MARIA

Foi ela quem levou Antônio e Amaro para a luta de Princesa, foi ela que se enfurnou em Tavares. Se não fosse tudo isso, meu irmão não tinha morrido. Tanto que eu pedi a ele que não fosse! Não sei por que, mas estava achando aquilo tudo tão ruim... Nossa família nunca tinha tido ninguém na polícia!

(Suassuna, 1958: 4)

É difícil separar ficção da realidade: do mesmo modo que fez nos artigos do *Jornal da Semana*, Ariano desenha a guerra de Princesa nesse diálogo e em vários outros momentos da peça. No trecho citado, a classificação dos partidários de Princesa como cangaceiros é proferida por Nestor e rapidamente combatida por Maria. Pode-se estabelecer rapidamente a comparação com a maneira como a classificação foi proferida pela jornalista Vanessa Campos, a respeito do Museu do Cangaço, que desencadeou, em Ariano, a defesa dos "partidários", nunca dos "cangaceiros", de Princesa até o último número de sua coluna.

Antônio, o filho adotivo, deserta da força policial e foge para a casa do pai e, sem que ninguém o veja, esconde-se no quarto de Amaro. O Capitão Souza entra em cena buscando o traidor.

Entra o Capitão Souza, de farda, sem polainas, com calça caque comum, alpercatas, chapéu de pano com enormes abas e lenço vermelho no pescoço.

CAPITÃO

Boa noite. A porta da rua estava aberta, por isso entrei.

NESTOR

Quem é o Senhor? Que veio fazer aqui em minha casa? É Cangaceiro de Princesa?

CAPITÃO

Por que pergunta isso? Por causa da roupa? A polícia está se vestindo assim, por lá. Você já ouviu falar num oficial chamado Souza?

(Suassuna, 1958: 7)

É interessante notar a reação de Nestor, que confunde a polícia com os Cangaceiros de Princesa. Nas falas citadas anteriormente, Nestor refere-se às "alpercatas dos cangaceiros e às botinas da polícia". O Capitão, no entanto, calçava alpercatas e vestia-se como cangaceiro. Assim, mesmo o personagem – que defende ao longo de toda a peça os soldados de João Pessoa – não foi capaz de ver a diferença entre os dois lados da guerra. As categorias *cangaceiro* e *partidário*, portanto, passam a ser mais elementos de classificação de *inimigo* e de *aliado*, de *desordem* e de *ordem*, do que categorias capazes de discernir entre tipos essencializados de pessoas. As categorias são, portanto, relações. *Cangaceiro* é sempre o outro, que gera a desordem, nunca o semelhante que tenta restabelecê-la. O Capitão gerou desordem na casa de Nestor, ao aparecer, sem ser convidado, no meio da noite. Isso, associado aos trajes, fez com que o patriarca o classificasse como *cangaceiro*.

Montagem de Cantam as Harpas de Sião, 1948. Foto extraída da *Revista Contraponto* n. 9, out. 1948.

Pela foto da montagem de *Cantam as Harpas de Sião* percebe-se algumas diferenças da encenação com o texto de *O Desertor de Princesa*. A descrição das vestimentas do Capitão, presente na rubrica transcrita acima, não se verifica no figurino utilizado na montagem original. O Capitão, na foto, aparece com fardamento completo, enquanto, dez anos depois, o autor escolhe reduzir o fardamento ao mesmo tipo de vestuário usado pelos "cangaceiros de Princesa".

Ariano mostra em seus artigos algo parecido. Quando ele dá voz a aliados de João Pessoa, percebe-se que todos tratam Princesa como um "antro de Cangaceiros". No entanto, quando Ariano e os aliados assumem a palavra, os cangaceiros são a polícia da Paraíba, pois o que Zé Pereira e João Suassuna queriam era apenas manter a ordem e executar as eleições.[7]

---

7   Tal constatação pode ser verificada também nos jornais da época. O jornal governista *A União* chegou a publicar fotos de José Pereira ao lado de "cangaceiros" como na matéria publicada no dia 4 de junho de 1930 intitulada "A Mashorca dos Cangaceiros Capitaneados por José Pereira". Isso para citar uma dentre inúmeras outras colunas em que José Pereira e João Suassuna são chamados assim.

Eduardo Dimitrov

A peça é anterior aos artigos, escritos entre em 1972 e 1974. *Cantam as Harpas de Sião* foi encenada em 1948 e reescrita como *O Desertor de Princesa* em 1958. Este último texto de Ariano é, porém, quase uma versão teatralizada dos seus artigos no *Jornal da Semana*; ou os artigos, uma versão dissertativa da peça. Pela boca dos personagens, Ariano conta os mesmos detalhes da guerra, e se posiciona em relação a eles.

Por exemplo, a respeito dos motivos que levaram a polícia a tentar invadir Princesa, o Capitão afirma em diálogo com Maria:

MARIA
É, o medo. É o que mais se encontra aqui, agora.

CAPITÃO
Aqui e em toda parte, moça. Não foram eles que quiseram, esses cachorros que são contra o Presidente? Iam ganhar a eleição em Teixeira, em Princesa e no Catolé do Rocha. Então é assim? O Presidente não podia ficar desmoralizado. Foi por isso que nós invadimos Teixeira e vamos tomar Princesa. Enquanto houver um cabra vivo do lado de José Pereira, é preciso fazer medo, queimando as cercas, matando o gado...

Mais adiante o Capitão fala para Maria:

CAPITÃO
Moça, dizem que o Presidente deu ordem ao Tenente Ascendino quando ele tomou Teixeira. Qualquer pessoa da família Dantas que ele encontrasse de armas na mão, podia matar. Não sei se isso é verdade ou não, mas por mim nunca perguntei a ninguém o que podia fazer ou não: vou fazendo.

(Suassuna, 1958: 9-11)[8]

---

8   Essas falas correspondem à versão teatral da narrativa de Ariano Suassuna, sobre os acontecimentos de 1930, reconstituida no primeiro capítulo por meio dos artigos

O Brasil dos espertos

Outros momentos da peça contam minuciosamente o desenrolar da batalha. O diálogo em que Antônio relata a armadilha de Luís do Triângulo na emboscada de Tavares reproduz o mesmo episódio narrado por Ariano nos artigos tratados no primeiro capítulo:

NESTOR
O que eu sei é que o governo termina ganhando, no fim.

ANTÔNIO
Só se vier tropa do Exército, meu pai.

NESTOR
Isso é o que os inimigos do Presidente querem. A tropa federal é a favor deles. E é por isso que o presidente nunca permitirá a vinda do exército.

ANTÔNIO
Então o Presidente vai perder, porque a polícia não pode com o pessoal de Princesa não, meu pai!

NESTOR
Em Tavares ela ganhou.

ANTÔNIO
Terá ganho mesmo? Está todo mundo desconfiado lá que eles deixaram a polícia entrar de propósito. Ela ficou fechada ali no meio do caminho, e nunca mais conseguirá nem sequer chegar a Princesa. Mas mesmo que tenha sido vitória mesmo, a da entrada de Tavares, o que foi que adiantou? Os cangulos voltaram, e agora a polícia só faz levar tiro deles e esperar.

NESTOR
Ah, a situação é difícil... Deve ser por isso que tanta gente está desertando. Quantos desertaram?

(Suassuna, 1958: 20)

---

publicados no *Jornal da Semana*.

A guerra de Princesa é caracterizada como brutal, por matar pessoas inocentes de ambos os lados; o Capitão é tido como sanguinário, pois utiliza meios muito violentos para atingir seus objetivos. A trama se enriquece quando Antônio, que se mantinha escondido na casa do pai adotivo, aparece em cena. Em diálogos travados com Maria, o leitor descobre que os dois irmãos de criação são apaixonados um pelo outro, enquanto Nestor nunca aceitou Antônio como um verdadeiro filho. A peça se desenvolve, então, em torno do fato de Antônio, escondido na casa de Nestor, estar fugindo do Capitão. Nestor, convencido de que o culpado pela morte do filho é Antônio, denuncia-o. Maria, apesar de disposta a salvá-lo, oscila entre acreditar ou não nas acusações feitas pelo Capitão acerca do envolvimento de Antônio na morte de Amaro.

O fato é que, denunciado por Nestor, Antônio é cercado pela polícia. O Capitão sugere a Maria que ela entregue Antônio, para que fique clara sua adesão às tropas de João Pessoa, caso contrário, ela seria considerada inimiga. O oficial também pede à moça que eles se tornem amantes, assim a cidade toda a respeitaria. Esse convite colabora para a construção de um personagem sem escrúpulos, pois ele não a pede em casamento, uma vez que já é casado, e sim para que se torne sua concubina. Maria, orgulhosa e honrada, como todo partidário de Princesa, não aceita, mas também fica sem muita saída em sua tentativa de salvar Antônio.

Enfim, todo um jogo dramático é criado e atinge seu clímax quando Antônio assume para Maria o assassinato de Amaro, como uma vingança pelos maus tratos recebidos em casa. Fere-a, então, levemente nas costas e corre para a rua, onde é baleado pelos policiais.

Maria, ao perceber que Antônio era mais um inocente morto, apanha a faca com que ele a feriu, apunhala-se e a luz da cena se apaga com os gritos de Nestor e do Capitão.

A peça termina com o Cego cantando suas ladainhas.

O Brasil dos espertos

Alguns aspectos de *Cantam as Harpas de Sião* ou *O Desertor de Princesa* merecem ser destacados. O primeiro é o fato de ser uma versão dramatizada de futuros artigos e da história que Ariano conta sobre a Guerra de Princesa. O segundo ponto importante é o fato de ser uma peça sem nenhum elemento cômico. Para usarmos os termos de Suassuna, assim como *Uma Mulher Vestida de Sol*, trata-se de uma "tragédia nordestina". Sua seriedade já começa na fala do Cego e continua até o desenlace da história, com todos os personagens que eram contra a Guerra mortos, seja pela polícia, seja por meio do suicídio. São esses os personagens que apelam para a identificação do leitor.

O leitor acompanha o amor e os conflitos de Antônio, que se vê como um enjeitado, e de Maria, que permanece dividida entre salvar o homem que ama ou deixar morrer o assassino de seu irmão. São esses os personagens com mais densidade psicológica, que revelam possuir maior contato com as suas angústias e que, de certa forma, despertam maior simpatia. São eles, também, que questionam a guerra, os que denunciam sua irracionalidade. É Maria quem diz:

CAPITÃO
> O que aconteceu com ele, podia ter sucedido comigo [sobre a morte de Amaro].

MARIA
> Podia mesmo? Quantos oficiais já morreram?

CAPITÃO
> Até agora nenhum, mas estão todos lá, cumprindo a obrigação.

MARIA
> A obrigação deles parece que é sempre mais fácil, porque os que estão morrendo são todos soldados, como meu irmão.

(Suassuna, 1958: 10)

O título da peça, *O Desertor de Princesa*, merece realce. Antônio não desertou de Princesa, ele desertou da polícia. A deserção aparece não só na peça, mas também em artigos de Ariano, como um fato muito comum, pois o soldo pago por Zé Pereira era maior do que o pago pelo Estado. Muitos combatentes mudavam, assim, rapidamente de lado.

O único personagem que se encaixaria na categoria de desertor de Princesa seria Nestor. O pequeno proprietário de Taperoá, apoiando as forças governamentais, denunciou o seu filho que abandonara a polícia. Taperoá, como já visto, era cidade dominada pela família Dantas, que deu apoio a Princesa durante a guerra. Nestor, desse modo, assumindo o lado do governo, deserta sua terra de origem.

O início da peça também é um ponto que chama atenção do leitor. O Cego é o primeiro personagem que aparece em cena e faz as vezes de um narrador em uma espécie de prólogo. Como bem apontou Carlos Newton Júnior (2000), a fala inicial do Cego[9] é uma reescritura do Salmo 137 (136).[10]

---

9 Essa mesma fala é proferida por Antônio na última sequência de diálogos da peça (Suassuna, 1958: 33).

10 137 é o número do Salmo na Bíblia hebraica, enquanto o 136 corresponde à Bíblia Grega e à Vulgata.

O Brasil dos espertos

Desertor de Princesa - *A. S.*

Fala inicial do Cego
Junto ao rio e junto ao mar,
foi ali que me sentei
e que me pus a chorar
me lembrando do sertão.
Nos galhos da gameleira
pendurei minha viola:
os que me mantinham preso
exigiam que eu cantasse,
pra beber minha alegria.
E diziam: Canta, cego,
as cantigas do sertão!
Mas eu, com pena de mim,
cego e preso junto ao mar,
respondia: como posso
cantar as canções de Deus,
longe[1] do meu coração,
aqui, preso, em terra estranha,
longe do sol do sertão?
(Suassuna, 1958: 1)

Salmo 137 (136)

Canto do Exilado

[1]À beira dos canais de Babilônia
nos sentamos, e choramos
com saudades de Sião;
[2] nos salgueiros que ali estavam
penduramos nossas harpas.

[3]Lá, os que nos exilaram
pediam canções,
nossos raptores queriam alegria:
"Cantai-nos um canto de Sião!"

[4]Como poderíamos cantar
um canto de Iahweh
numa terra estrangeira?
[5]Se eu me esquecer de ti, Jerusalém,
que me seque a mão direita!

[6]Que me cole a língua ao paladar,
caso eu não me lembre de ti,
caso eu não eleve Jerusalém
ao topo da minha alegria!

[7]Iahweh, relembra
o dia de Jerusalém
aos filhos de Edom,
quando diziam: "Arrasai-a!
Arrasai-a até os alicerces!"

[8]Ó devastadora filha de Babel,
feliz quem devolver a ti
o mal que nos fizeste!
[9]Feliz quem agarrar e esmagar
teus nenês contra a rocha!

---

1 Verso escrito à mão, não fica claro se a palavra é "longe" ou "sangue".

160 Eduardo Dimitrov

Se tomados de imediato, tanto o Salmo quanto a fala inicial do Cego pouco têm a dizer sobre a peça que se desenrolará em seguida. Por que então essa citação logo no título e no início da primeira peça levada ao palco? Qual sua relação com a história que será narrada?

O Salmo 137 (136) recebe o título de *Canto do exilado* e evoca, segundo as notas críticas da *Bíblia de Jerusalém*, a queda de Jerusalém em 587 e o forçado exílio dos israelitas na cidade de Babel.

As duas primeiras estrofes do Salmo localizam espacialmente os fatos narrados: à beira dos canais de Babilônia, os israelitas choram com saudades de Sião, Jerusalém. A seguinte passagem de Jeremias esclarece como o povo de Israel foi exilado de sua cidade pelos babilônios:

> [12]No quinto mês, no décimo dia do mês [julho-agosto de 587] – era o décimo nono ano do reinado de Nabucodonosor, rei da Babilônia – Nabuzardã, chefe da guarda, funcionário do rei da Babilônia, veio a Jerusalém. [13]Ele incendiou a Casa de Iahweh, a casa do rei e todas as casas de Jerusalém. [14]Todo o exército dos caldeus que estavam com o chefe da guarda derrubou todas as muralhas em torno de Jerusalém. (Jeremias 52, 12-14)

No entanto, é interessante notar que a reescritura de Ariano Suassuna não transporta as maldições para a fala do cego-narrador. No versículo 7, Iahweh relembra aos filhos de Edom o dia da invasão de Jerusalém[11] quando estes, tomando partido dos assediadores, diziam "Arrasai-a! Arrasai-a até os alicerces!".Quem eram os filhos de Edom?

---

11 A nota crítica da Bíblia de Jerusalém aponta que essa passagem pode estar se referindo a dois dias diferentes: o dia em que os caldeus abriram uma brecha nos muros de Jerusalém, o que teria ocorrido no dia 9 do 4º mês (junho-julho); ou o dia da destruição do templo da cidade de Jerusalém pelos babilônios, como já citado na passagem de Jeremias.

O Brasil dos espertos

Segundo o Gênesis 25 versículos 25-30, Edom é o nome pelo qual Esaú, que era ruivo (*'admôni*) e peludo, ficou conhecido após comer um cozido também da cor ruiva (*'adom*, em um jogo de palavras), preparado por seu irmão Jacó. Assim, os descendentes de Esaú/Edom são os edomitas, enquanto os descendentes de Jacó, israelitas (cf. nota *a* Gênesis, 25, 23). A relação entre esses dois irmãos gêmeos é, também, curiosa.

Filhos de Isaac e Rebeca, eram inimigos e já guerreavam desde o ventre da mãe. Rebeca, preocupada, vai consultar Iahweh, que lhe diz:

> "Há duas nações em teu seio,
> dois povos saídos de ti, se separarão,
> um povo dominará um povo,
> o mais velho servirá ao mais novo." (Gênesis 25, 23)

No parto, primeiro nasce Esaú, em seguida, segurando os calcanhares do primogênito, nasce Jacó.

No Gênesis há ainda duas passagens importantes para embasar o conflito entre os dois irmãos. A primeira delas trata-se do dia em que Esaú, ao chegar exausto, pede a Jacó que lhe deixe comer seu cozido ruivo. Jacó, no entanto, pede em contrapartida o direito de primogenitura de Esaú. Este, faminto, aceita a troca. A segunda e definitiva passagem que tornará os dois irmãos grandes inimigos é a da interceptação da bênção de Isaac.

Isaac, que já estava muito idoso e cego, pediu a seu filho predileto, Esaú, que fosse caçar e que lhe preparasse um bom prato para que pudesse abençoá-lo antes de morrer. Rebeca, escutando o combinado, tratou de contá-lo a Jacó para que este, o seu filho preferido, recebesse a bênção do pai no lugar do irmão. Rebeca, então, fez o cozido, disfarçou Jacó com as roupas do irmão e mandou-o receber a bênção do pai.

162 Eduardo Dimitrov

²⁷Ele se aproximou e beijou o pai, que respirou o odor de suas roupas. Ele o abençoou assim:

"Sim, o odor de meu filho
é como o odor de um campo fértil
que Iahweh abençoou.
²⁸Que Deus te dê
o orvalho do céu
e as gorduras da terra,
trigo e vinho em abundância!
²⁹Que os povos te sirvam,
que as nações se prostrem diante de ti!
Sê um senhor para teus irmãos,
que se prostrem diante de ti os filhos de tua mãe!
Maldito seja quem te amaldiçoar!
Bendito seja quem te abençoar!" (Gênesis 27, 27-29)

Esaú, quando descobriu que Jacó recebera a bênção em seu lugar,[12] trava o seguinte diálogo com o Isaac:

"Abençoa-me também, meu pai!" ³⁵Mas este respondeu: "Teu irmão veio com astúcia e tomou tua bênção!" ³⁶Esaú retomou: "Com razão se chama Jacó: é a segunda vez que me enganou. Ele tomou meu direito de primogenitura e eis que agora tomou minha bênção!" (Gênesis 27, 34-36)

A única bênção que resta a Isaac proferir ao seu filho é a que determina que Esaú e seus filhos ficarão longe da terra fértil e viverão de rapina e pilhagem.

---

12 Deve-se lembrar que as bênçãos, assim como as maldições, são eficazes e irrevogáveis.

O Brasil dos espertos

163

"Longe das gorduras da terra
será tua morada,
longe do orvalho que cai do céu.
[40] Tu viverás de tua espada,
servirás a teu irmão.
Mas, quando te libertares, sacudirás seu jugo de tua cerviz."
(Gênesis 27, 39 40).[13]

O mesmo capítulo do Gênesis narra as consequências da atitude de Jacó e o acirramento das hostilidades entre os irmãos.

> [41]Esaú passou a odiar a Jacó por causa da bênção que seu pai lhe dera, e disse consigo mesmo: "Estão próximos os dias de luto de meu pai. Então matarei meu irmão Jacó." [42]Quando foram relatadas a Rebeca as palavras de Esaú, seu filho mais velho, ela chamou Jacó, seu filho mais novo, e lhe disse: "Teu irmão Esaú quer vingar-se de ti, matando-te. [43]Agora, meu filho, ouve-me: parte, foge para junto de meu irmão Labão, em Harã. [44]Habitarás com ele algum tempo, [45]até que se passe o furor de teu irmão, até que a cólera de teu irmão se desvie de ti e esqueça o que lhe fizeste; então te mandarei buscar. Por que vos perderia os dois num só dia?" (Gênesis 27, 41-45)

Recuperar essa passagem do Gênesis é interessante, pois evidencia como o Salmo, posteriormente reescrito por Ariano, trata de um povo, os israelitas, que tiveram sua cidade invadida e incendiada, além de serem levados como prisioneiros por seus inimigos, os babilônios e os caldeus. Contudo, o salmo também faz referência aos filhos de Edom, irmãos dos israelitas, que,

---

13 Segundo a nota crítica *t* da Bíblia de Jerusalém, esta última frase, não ritmada, pode ter sido inserida depois da libertação dos edomitas.

pela vingança de Esaú contra Jacó, preferem ficar ao lado dos babilônios e atacar Jerusalém, a proteger seus parentes.

No começo da análise de *O Desertor de Princesa*, recuperou-se o modo como Ariano narrou os fatos ocorridos nos anos 1930. A peça e os artigos foram tratados como duas versões distintas para uma mesma história tão cara ao artista. Esse Salmo – colocado em destaque no título, na fala inicial e nos momentos finais da peça– também pode ser lido como mais uma forma, agora metafórica, da história que Ariano desenvolve ao longo da peça.

Ariano constrói para os Suassuna uma saga[14] em muitos aspectos semelhantes àquela que o Salmo faz referência. Tanto os israelitas como os Suassuna foram imersos em um ciclo de vinganças que os obrigou a abandonar suas cidades, ou região de origem, viverem no exílio e se lamentarem com a falta que sentem de Sião ou do Sertão. Duas terras prometidas.

Ambos tiveram suas cidades invadidas: os israelitas tiveram Jerusalém tomada pelos Babilônios, os Suassuna, ao lado dos Pereira e dos Dantas, viram Teixeira e Tavares invadidas e Princesa em resistência. As duas guerras tinham um cunho não só político, como também de briga e vingança familiar. Os edomitas contra os israelitas de um lado, os Pessoa de Umbuzeiro contra os Pessoa de Queiroz do outro: dois ramos de uma mesma parentela que se tornam inimigos em um dado momento. Pode-se estender esse conflito de parentes para os Suassuna, os Pereira e os Dantas, que compunham o epitacismo e que teriam sido traídos, segundo Ariano, pelo "irmão de oligarquia" João Pessoa, quando este subiu ao poder.

---

14 Uso aqui a definição de saga tal como formulada por Humberto Eco: "a saga é uma sucessão de eventos, aparentemente sempre novos, que se ligam [...] ao processo 'histórico' de um personagem, ou melhor, a uma genealogia de personagens. Na saga os personagens envelhecem, a saga é uma história de envelhecimento (de indivíduos, famílias, povos, grupos)" (1989: 125). Destaca-se também a ideia de uma sucessão de obstáculos penosos a serem transpostos.

O Brasil dos espertos

Ariano escolheu um fragmento do Antigo Testamento, texto que funda toda a tradição judaico-cristã, para servir de metáfora à história de sua família, fazendo com que essa história também receba um *status* de história fundadora de uma *estirpe sertaneja*.[15]

Assim como eleva a sua narrativa ao status de uma narrativa fundadora, Ariano deixa velada a referência do Salmo que profetiza a vingança dos israelitas contra os opressores. Não transcreve a parte mais violenta, escolhendo apenas as estrofes que caracterizam os israelitas como vítimas.

A identificação de Ariano com essa posição de vítima dos israelitas remete ao próprio tom em que os artigos relatam os fatos ocorridos em 1930. Como foi explorado no primeiro capítulo, Ariano constrói sua história mostrando-se sofredor da brutalidade e ignorância dos opositores de seu pai, que não compreenderam seu projeto de desenvolvimento sertanejo. A identificação com essa posição de vítima é o que permite a Ariano enxergar-se neste Salmo e torná-lo tão relevante para contar a história de sua família.

A opção da família Suassuna, principalmente de Dona Rita de Cássia, mãe de Ariano, foi exilar-se nas fazendas de seus parentes, levando os filhos ainda pequenos, para interromper o ciclo de mortes. Atitude muito semelhante à de Rebeca, que, ao descobrir que Esaú desejava matar o irmão num ato de vingança, pede a Jacó que fuja, que se exile na casa de seu tio Labão.

Segundo o próprio Ariano, Rita de Cássia proibiu os filhos de João Suassuna de vingarem o pai. Não é, portanto, de se estranhar que Ariano tenha deixado de colocar na fala do Cego a promessa de vingança presente no Salmo, deixando-a menos explícita, porém, sempre presente.

---

15 *Genealogia Suassuna: uma Estirpe Sertaneja* é o título do livro escrito por Raimundo Suassuna em 1993, tratado no primeiro capítulo desta análise.

Torturas de um Coração ou Em Boca Fechada não Entra Mosquito

Foi em Taperoá que, em 1951, Ariano isolou-se para curar-se de uma pneumonia. Ao saber da vinda de uma comitiva de amigos e familiares para visitá-lo, entre eles a namorada Zélia de Andrade Lima, escreveu o entremez *Torturas de um Coração ou Em Boca Fechada não Entra Mosquito*.[16] Encenada pelo próprio Ariano em um teatro de bonecos, essa pequena peça representa o primeiro exercício cômico do autor. Manuel Flores é o narrador da história, aparecendo com poucas falas apenas no início e no fim. O personagem principal é o negro pobre Benedito. Há também outros "personagens tipo", como o valente Vicentão, o delegado Cabo Setenta, o conquistador Afonso Gostoso e a moça que todos disputam, Marieta.

Manuel Flores, logo na primeira fala, anuncia o espaço dramático e parte dos personagens da farsa:

> MANUEL FLORES
> Respeitável público! A história que em breve
> irão assistir, ou melhor, observar,
> passa-se, como sempre, na terra de Taperoá!
> [...]
> Agora, os personagens que tomam parte da farsa
> à alta sociedade eu vou apresentar.
> Aqui vem Benedito. Com ele, Afonso Gostoso,
> Afonso, o moço delicado, o moço suspeitoso!
> As mulheres são loucas por este moço!
> Agora, vem a mais alta patente da terra,

---

16 Ariano escreveu quatro entremezes: *Torturas de um Coração ou Em Boca Fechada não Entra Mosquito* (1951), *O Castigo da Soberba* (1953), *O Rico Avarento* (1954), *O Homem da Vaca e o Poder da Fortuna* (1958). Todos foram publicados em *Seleta em Prosa e Verso*, 1974. Apenas o primeiro será tratado mais detidamente, por ser o primeiro texto cômico. Os entremezes serão reescritos nas peças, de modo que poderia tornar-se repetitiva a apresentação minuciosa de cada um deles.

O Brasil dos espertos

> Sua Excelência o Senhor Cabo Setenta,
> delegado de roubos, capturas, ladrões de cavalo,
> de vigilância de costumes e de brigas de galo.
>
> (Suassuna, 1974: 61)

Logo em seguida Benedito, o negro pobre, centraliza o resto do prólogo. Não só assume o papel principal como se revela mais forte que os demais. Apesar de em um primeiro momento os valentes Cabo Setenta e Vicentão enfrentarem Benedito, é o negrinho que acaba espalhando catolés:

> BENEDITO
> Deixe de bancar valente, Cabo Setenta!
> Você veio para cá somente para ser apresentado
> ao distinto público! Sentido, Cabo Setenta!
>
> CABO SETENTA
> Sentido, o quê?
> Sentido é você!
> Sentido quer dizer podre.
>
> BENEDITO
> Ah cabo ignorante dos seiscentos diabos!
> Ordinário, marche!
> Cabo Setenta
> Ordinário o quê?
> Ordinário é você!
> Ordinário quer dizer safado
> e safado pode ser você!
>
> BENEDITO
> O que? Você quer brincar comigo, é?
> Pois tome! Tome! Tome um catolé!
>
> CABO SETENTA
> Ai! Ai! Ai!
>
> (Suassuna, 1974: 62)

168 Eduardo Dimitrov

O mesmo recurso é utilizado na apresentação de Vicentão:

VICENTÃO
Eu hoje eu mato um!
Eu hoje amanheci doido pra fazer
uma bainha para a minha faca
do couro do bucho dum!
Estou doido por um negro para almoçar
e por um delicado gostoso para jantar!
[referindo-se a Benedito e Afonso Gostoso].

BENEDITO
Que valentia é essa, heim Vicentão?
Que negócio de *negro* é esse aqui?
Você não sabe que aqui não tem negro?
O que é que tem aqui, Vicentão?

VICENTÃO
O que tem aqui é moreno queimado!
Mas gente que não suporto
é esse tipo delicado e dengoso!
O que é que as mulheres veem nesse mané-gostoso?

BENEDITO
O que? Você se atreve a falar de meu amigo,
de meu caro Afonso Gostoso?
Tome um catolé! Tome outro pra ficar empate!
Ah, assim sim! Já se esqueceu de Benedito?

VICENTÃO
Esqueci nada, Benedito! Boa noite, Benedito!

(Suassuna, 1974: 65, grifos do autor)

No final da apresentação de todos os personagens, Manuel Flores retorna a cena para encerrar o prólogo. Afirma que nem sempre Benedito foi assim.

O Brasil dos espertos

169

Essa coragem, na verdade, foi conquistada há poucos dias. Narra, então, como o negro pobre adquiriu essa força toda perante aos valentes da cidade.

Benedito era apaixonado por Marieta, que o rejeitou, dizendo que, apesar de ter admiração por ele, não poderia casar-se com um homem que se destacava apenas sendo comida de onça. Benedito pergunta a ela o que ele deveria fazer para merecer o seu coração e ela responde:

> Não Sei. Se ao menos você se destacasse,
> nas letras, nas artes, em ciências ocultas,
> em filosofia dramática, em pediatria charlatânica, em
> biologia dogmática, em astrologia eletrônica... (Suassuna, 1974: 73)

Essa fala já mostra o tom cômico que o entremez adquire, muito diferente das peças anteriores. Os personagens mais estereotipados e o tom jocoso, muito presente nos textos mais famosos, já aparecem aqui.

A trama desenrola-se com Benedito tentando enfrentar os dois valentes, para que conquiste a fama de homem corajoso e possa se casar com Marieta. Acontece que Benedito é um "negrinho mirrado", que não tem meios de desafiar o Cabo Setenta e, muito menos, Vicentão. Utiliza-se, então, de sua astúcia.

Nessa primeira experiência cômica, Suassuna explora o pobre como personagem central e atribui a ele uma inteligência capaz de se contrapor à força bruta dos mais poderosos, recurso muito utilizado nas peças seguintes. Benedito percebe que ambos os valentes têm suas fraquezas. Cabo Setenta está apaixonado por Marieta e Vicentão está cansado de ter que sustentar sua fama de valente.

> VICENTÃO
> Ah, como estou cansado
> de viver como valentão!
> Que coisa mais perigosa!
> A gente tem que sustentar a fama

e o resultado é essa vida terrível
Feita de sobressaltos e terrores!
E logo eu, que tenho horror à violência!
Pelo meu gosto, eu vivia cheirando flores!
Sou louco pelas flores, num jardim enluarado!
Mas tenho que continuar como valente
senão, morro de fome. Ah emprego amargoso
para um homem sensível e apaixonado!

(Suassuna, 1974: 77)

O pobre consegue utilizar as fraquezas dos adversários a seu favor. Benedito percebe o interesse dos dois em Marieta e, passando-se por portador, entrega os presentes que cada um destinava à moça em seu próprio nome. Além disso, cria uma situação de duelo entre eles, situação que ambos queriam evitar por temerem a morte.

O confronto se daria no meio da noite. Os valentes, momentos antes, mostram-se completamente arrependidos de o terem aceitado, pois estavam aterrorizados um com o outro. Benedito, então, aparece e os desmascara na frente de Marieta, mostrando que ambos estavam com medo. O negro surra-os, garantindo sua fama de valentão de Taperoá.

Benedito, quando acreditava ter conquistado Marieta, descobre que ela se apaixonara por Afonso Gostoso.

MARIETA
Você me desculpe, mas coração não se governa!

BENEDITO
Mas Marieta, você gostar
Dum mané-gostoso desse!

AFONSO GOSTOSO
Mané-gostoso, o quê?
É isso mesmo, a menina aí

O Brasil dos espertos

gostou aqui da cabeleira!
E tem uma coisa, negro aqui não dança!

BENEDITO
Ai, meu Deus, que só vai no pau!
Tome, tome logo esse chá de quina,
esse miolo de aroeira,
Para perfumar a pele
E melhorar a cabeleira!

MARIETA
Benedito, não dê em Seu Afonso!
Que é isso, Benedito?
Deixe de brutalidade!

BENEDITO
Ah, está se metendo, é?
Pois lá vai catolé!

MARIETA
Ai, como Benedito é forte,
como é belo, como é bruto!
Ai, que pisa gostosa!
Ai, que ele está dando no fruto,
na pitanga da goiaba!

BENEDITO
Está vendo como é?
Agora é assim,
abusou, vai pro catolé.

MARIETA
Eita, Benedito, madeira que o cupim não rói!
Não precisava tanta força não, Benedito,
eu já estava apaixonada!
Mas também, pancada de amor não dói!

(Suassuna, 1974: 93-94)

Nota-se, nesse diálogo final, que Benedito usa a inteligência para se sobrepor aos dois valentões, porém, uma vez isso feito, ele usa a força bruta. Ao ser enganado por aquele que antes era seu amigo, Afonso Gostoso, chama-o de mané-gostoso, mesmo xingamento que Vicentão, no início da peça, utiliza para ridicularizar Afonso; ele, Benedito, havia intercedido em defesa do companheiro. Agora, já no final, Benedito é o valente e age de maneira bruta com todos os demais personagens, inclusive Marieta.

Essa pequena peça apresenta um Ariano Suassuna diferente daquele que foi visto nas duas peças anteriores. Aqui, surge um autor mais leve, cômico, com uma trama ligeira e muito próxima do teatro popular; afinal esse foi um entremez escrito para o teatro de mamulengos. Os personagens também são versões daqueles encontrados nos folhetos de cordel.

Ariano usa nessa pequena peça "personagens tipo": os valentes, o pobre e a moça desejada por todos. O pobre é o que mais se destaca por ser inteligente e rápido o suficiente para enganar os dois valentes da cidade. Benedito é o anúncio do personagem esperto que se concretizará com João Grilo no *Auto da Compadecida* (1955). É o esperto que identifica uma lógica de troca de favores e se beneficia dela enganando os dois valentes. Essa capacidade do pobre de perceber o que está em jogo em uma dada situação e, com isso, planejar sua atuação para obter o melhor resultado será uma constante nas comédias de Suassuna.[17]

Esse texto será reutilizado na confecção de *A pena e a Lei* (1959). Por sinal, boa parte dos entremezes de Ariano Suassuna funciona como ensaios para grandes peças. A maioria deles transforma-se, em seguida, em atos ou partes das comédias que o autor escreveu e que fizeram dele um famoso dramaturgo.

Todos os textos dramáticos de Suassuna, a partir de *Torturas de um Coração*, seguirão o mesmo estilo cômico e farsesco.

---

17 Essa característica do esperto será tratada no item *Intimidade, favor e troca*.

Tragédia da vida e alegria na morte

Ariano Suassuna firma-se como um dramaturgo importante no momento em que é montada, no Sudeste do país, a peça *Auto da Compadecida*. No Rio de Janeiro, em 1957, quando o *Auto* foi encenado pela primeira vez, Décio de Almeida Prado escreveu:

> Ariano Suassuna anuncia-se, na verdade, como um grande e original dramaturgo. Ao lado de Jorge Andrade, é a maior esperança de nosso jovem teatro. (Prado, 1964: 54)

Sábato Magaldi, em seu *Panorama do Teatro Brasileiro* (1962), afirma que Nelson Rodrigues, Gianfranscesco Guarnieri, Jorge Andrade e Ariano Suassuna são os responsáveis pela modernização do teatro brasileiro, sendo o *Auto da Compadecida* a peça mais popular.

Escrito em 1955, o *Auto da Compadecida* marcará toda a produção posterior de Ariano Suassuna, principalmente pela comicidade e ligação estreita com o romanceiro nordestino. Destaca-se o fato de que os contos populares nem sempre são cômicos. O próprio Ariano utilizou-se, como foi visto, desses contos para a confecção de sua primeira tragédia, *Uma Mulher Vestida de Sol* (1949). Entretanto, após o *Auto da Compadecida*, a imagem de popular que Ariano constrói está intimamente ligada à alegria do povo, mesmo na precariedade da vida.

Essa investida no texto feito para rir, retratando um Nordeste pobre, mas esperto e alegre, foi o que permitiu Suassuna destacar-se em meio a tantos autores que já usavam o semi-árido brasileiro na ambientação de suas obras. Pode-se pensar nos romances dos anos 1930, como *A Bagaceira* (1928), de José Américo, *O Quinze* (1930), de Raquel de Queiroz, os romances de José Lins do Rego e de Graciliano Ramos, que retratam a decadência de um Nordeste sofrido com as secas e a falta de meios de subsistência.

Eduardo Dimitrov

Raquel de Queiroz, Francisco Pereira da Silva e, de certo modo, João Cabral de Melo Neto escreveram textos dramáticos, no entanto, não possuem o tom cômico presente nas peças de Suassuna. É importante compará-lo com esses outros autores do Nordeste que também se dedicaram ao teatro, produzindo principalmente sagas nordestinas, para que se tenha clareza da inovação feita por Suassuna, que a opção pelo cômico acarretou.

Em 1953, Raquel de Queiroz escreveu a peça *Lampião*, em cinco quadros, baseada na vida do cangaceiro que desafiava o poder do Estado. Narrou, a partir do ponto de vista de Maria Bonita e de Lampião, o cotidiano do bando com um tom trágico. Na execução de sua estratégia de sobrevivência, Lampião – que é retratado como uma espécie de "vítima do cangaço" – vê-se obrigado a desconfiar de todos os integrantes de seu bando, inclusive dos mais próximos. O leitor acompanha de maneira próxima a vida do cangaceiro. Sua morte pela polícia aparece, portanto, senão como uma tragédia, ao menos como algo lastimável.

Em 1958, a autora de *O Quinze* volta a escrever para teatro com a peça *A Beata Maria do Egito*, baseada na lenda católica de Maria Egipcíaca, a pecadora arrependida que, para realizar sua viagem a Jerusalém, teve que vender seu corpo aos marinheiros.[18]

Nessa peça, Raquel retrata um Nordeste dividido pela oposição entre um "fanatismo religioso", representado por Padre Cícero e Beata Maria do Egito, e um Estado incipiente, apoiado, ainda, no poder do coronelato.

Essa trama é a todo tempo tencionada pela beata – que foi presa, pois criava um exército de fiéis flagelados para ajudar Padre Cícero a defender Juazeiro – e pelo Estado, representado pelo Tenente João e pelo Coronel Chico Lopes. O texto adquire um certo ar romântico com o fato de o

---

18 A mesma história cristã inspirou Manuel Bandeira em *Balada de Santa Maria Egipcíaca* e Cecília Meireles em *Oratório de Santa Maria Egipcíaca*. Para mais detalhes tanto sobre a lenda cristã como sobre os rendimentos dela tirados por Raquel de Queiroz ver: Tamaru (2004).

O Brasil dos espertos

Tenente se apaixonar pela presa e ficar atormentado entre sua paixão e o cumprimento das ordens. Já a beata entrega-se ao Tenente com a esperança de que ele, em seguida, permita que ela parta para Juazeiro com seu exército. Coisa que não ocorre, uma vez que só consegue livrar-se do cárcere após uma investida do "povaréu" contra a delegacia e da luta corporal que o Cabo, criado pelo Tenente, trava com seu superior. O Cabo, hesitante, acaba matando o Tenente quando percebe a paixão amorosa que este sente pela santa, o que julga um pecado sério.

Na cena final da peça vê-se o Cabo chorando por ter assassinado, numa espécie da traição familiar, o Tenente João, ao mesmo tempo em que tenta salvá-lo de um pecado maior: a paixão pela suposta santa. Enquanto isso, a Beata recompõe-se, abre a porta da delegacia que está sendo arrombada pelos seus fiéis e os saúda com um "Glória a Deus", momentos antes de o pano cair.

Francisco Pereira da Silva[19] – assim como Raquel de Queiroz – escreveu a respeito do cangaço. Em sua peça *Romance do Vilela* (1959), narra a história de um homem que, por ter cometido, quando jovem, uma série de delitos, acabou tendo como única alternativa transformar-se no cangaceiro Vilela.

Dadá, apaixonada por Antônio Vilela, foge com ele. O fio condutor da peça é Cambraia, um poeta cantador, acompanhado por Nonato, cujos pais foram mortos por soldados do Coronel Dantas, que queria tomar suas terras. Apesar de ter a posse garantida no cartório, o soldado afirma que o coronel Dantas quer tirá-los dali, porque eles seriam coiteros do Vilela.

Não é o caso de reconstruir minuciosamente essa peça, mas apenas mostrar o seu teor trágico. A peça termina com Vilela quase matando um alferes

---

19 Francisco Pereira da Silva nasceu em Campo Maior, Piauí, em 1918, e morreu no Rio de Janeiro em 1985. Em 1942 foi para o Rio de Janeiro estudar Direito, mas acabou se formando em biblioteconomia e trabalhando, até a sua morte, na Biblioteca Nacional. Com isso, teve toda sua produção teatral relacionada com e encenada por companhias do Sudeste do país. Sua primeira peça montada foi *Lázaro*, lançada pelo Teatro Duse, com direção de Pernambuco de Oliveira em 1952.

que veio emboscá-lo. Dadá, com o filho no colo, pede para Vilela não o matar. Dividido entre escutar o pedido de sua mulher e executar o alferes, o cangaceiro acaba se jogando em um abismo, num ato suicida e desesperado. Dadá vai atrás dele, caminhando vagarosamente com a criança, enquanto o alferes segue no sentido oposto, desistindo da perseguição ao cangaceiro:

DADÁ
Não mate o homem, marido.

VILELA
Saia-se daqui, mulher,
com o diabo dos seus conselhos,
se o alferes me matasse
você não achava feio,
como estou matando ele
– sem-vergonha –
tu vens te meter no meio.

DADÁ
Marido, não mate o homem
que ele nem lhe deu motivo,
Jesus foi mais judiado,
sofreu, não foi vingativo.
Se é de matar o Alferes
– marido –
me mate – deixe ele vivo.

VILELA
Certamente lá em casa
não tem mais o que fazer,
pra punir por qualquer
ninguém melhor que você,
mas em briga de dois homens
– descarada –
mulher não tem que vir ver.

O Brasil dos espertos

177

DADÁ
Marido, não mate o homem
que é casado e tem família,
você matando o Alferes,
Os inocentes – quem cria?
Veja que temos um filho
– Antônio–
se pode precisar um dia.

VILELA
Pois então diga ao Alferes
que corra pelas estradas,
senão ele sai daqui
vendo azeite às canadas.
Diga que a minha mulher
– seu Alferes –
foi a sua advogada!

Vilela solta o Alferes e vai até o fundo do palco (que sugere o abismo do Tombador), recuando, depois, alguns passos.

VILELA
Mulher, eu fiz o seu pedido,
não matei aquele homem,
mas me vou de mato adentro
me acabar de sede e fome,
vou comer das frutas brabas
– porque quero –
daqueles que os brutos comem.

Vilela atira-se no abismo.

(Silva, 1973: 160)

A última cena retoma a inicial, com os narradores, Cambraia e Nonato, fazendo os esclarecimentos. São eles que garantem a morte de Vilela. Assim

178

Eduardo Dimitrov

como nas peças de Suassuna, Cambraia faz questão de afirmar ao público a origem popular da história que acabou de narrar, enquanto Nonato oferece à plateia o folheto *Romance do Valente Vilela*:

> NONATO
> Quem vai comprar o Romance do Valente Vilela? Amor, Paixão, Ódio, Sedução, Luta, Lágrimas e Glória! Tudo por dois cruzeiros, apenas, meus conterrâneos! O Valente Vilela, a sua Paixão e Glória! O Valente...
>
> (Silva, 1973: 160)

Cambraia encerra a peça referindo-se à autenticidade da narrativa que acabou de fazer:

> CAMBRAIA
> [...] A história do Valente Vilela eu a ouvi da boca do cego Sinfrônio, que por sua vez ouviu da boca do cantador Jaqueira. E está até no livro do mestre Leonardo Mota. E é a certa, a legítima de Braga. [...]
>
> (Silva, 1973: 162)

Essa peça foi escrita em 1959, quando boa parte dos textos dramáticos de Ariano Suassuna já tinha sido finalizada. Ariano foi um precursor do uso da literatura de cordel como fonte para seus dramas, expediente que Francisco Pereira da Silva também usará, tanto no *Romance do Vilela*, como vimos, como em *O Desejado* (1966-69). Sobre essa peça, o próprio autor faz a ressalva nas notas introdutórias:

> O desejado é uma tentativa de aproveitamento, para teatro, dos romances que compõem o ciclo do boi na nossa poesia popular – oral e escrita – notadamente a nordestina. Não se

O Brasil dos espertos

trata de trabalho de rigor folclórico, é antes uma colagem de fragmentos do vasto romanceiro de cordel. (Silva, 1973: 15)

Baseando-se em vários folhetos, a peça é inteiramente versificada. A história gira em torno de Genuíno, que mobiliza muita gente para recuperar o seu boi que se perdeu no mato. Todos os vaqueiros que se aventuram na busca morrem. Aquele que conseguisse trazer o boi teria a mão de sua filha, Sinforosa. No final, descobre-se que Genuíno era o "empautado", o demônio, que desgraçou todos os vaqueiros mandados para essa caçada perdida.

Francisco Pereira da Silva escreveu ainda outras duas peças: *Cristo Proclamado* (1958) e *Chão dos Penitentes* (1964).

Na primeira, Demóstenes de Albuquerque, conhecido como Pintassilgo, é o narrador. Ele se apresenta logo na primeira cena e coloca o público a par de seu projeto de encenar o *Auto da Paixão de Cristo*.

Os personagens da paixão são distribuídos ao longo da peça. O próprio Pintassilgo gostaria de desempenhar o Cristo, porém, para agradar o deputado Feitosinha, cede o personagem para ele. Feitosa, por outro lado, não gosta da ideia de desempenhar tal papel e o transfere ao médico e líder local, Morais.

Oliveira, personagem que transita entre dois núcleos de elite, convence Feitosa de que Morais, o Coronel Alvarenga e o prefeito pretendem matálo. Faz, assim, com que Feitosa adiante-se e mate Morais, no momento da crucificação. Em seguida Feitosa declama um discurso em que elogia o falecido Morais e ampara os flagelados pela seca. Assim, se firma como líder carismático e coronel poderoso na região. Há, nessa peça, um tom de denúncia da forma pela qual a política é feita nas pequenas cidades do nordeste brasileiro.

Chão dos Penitentes (1964) conta a história do padre Cícero. A peça se passa no interior da casa do beato e mostra toda a movimentação das pessoas mais próximas a ele. Retrata o padre como um ingênuo, guiado por aproveitadores: ora Zé Teles, religioso que deixou a carreira, chegando apenas a "diácono por causa da tentação e da vontade de Dom Luís, bispo de Fortaleza" (Silva, 1975: 118), ora pelo médico e político Floro.

Zé Teles é um agregado da casa do beato, uma pessoa muito próxima de Cícero. Ex-professor, descobre uma reação química que transforma hóstia em sangue. Mancomunado com Maria de Araújo, o casal arma o suposto milagre que quase excomungou Cícero: a beata, sempre que comungava, tinha a hóstia transformada em sangue.

Depois, entra em cena o médico Floro, que chega à cidade e pede abrigo ao padre. Vai ganhando espaço até o momento em que expulsa Teles da casa, passando a ser o braço direito do padre. Engaja-se na carreira política e, segundo a peça, é ele quem declara a independência de Juazeiro, que tem como consequência a guerra contra a força Estadual.

O padre é sempre levado pelos aproveitadores. Zé Teles quase faz com que a Igreja excomungue Cícero, por transformar hóstia em sangue, e Floro o arruína ao declarar a independência de Juazeiro.

Francisco Pereira da Silva criou peças ambientadas no sertão nordestino, como Suassuna. Algumas delas, como é o caso de *O Chão dos Penitentes* e *Cristo Proclamado*, têm um tom de denúncia do que seria um "modo sertanejo" de se fazer política, delatando o abuso de poder de alguns que, por motivos privados, interferem na esfera pública. É o caso de Oliveira, que, por meio de Feitosinha, mata seus rivais políticos e, de alguma forma, assume o poder, em *O Cristo Proclamado*. Esse é o caso, também, de Zé Teles que tenta, junto com Maria do Araújo, falsear um milagre divino, e de Floro, que por conta de fama do Padre Cícero elege-se parlamentar e cria toda a guerra de Juazeiro, em *O Chão dos Penitentes*.

Pereira da Silva viveu no Rio de Janeiro por quase toda sua vida. A maior parte de suas peças foi escrita enquanto era funcionário da Biblioteca Nacional. Assim, apesar de sua origem piauiense, ele já não vivenciava as manobras políticas que denunciava. No seu caso é possível notar o

O Brasil dos espertos

distanciamento com relação à peça que escreve, o que não é tão nítido nas peças de Ariano Suassuna, que optou por nunca sair do Recife desde sua chegada à capital.

Suassuna, mesmo fazendo algumas críticas pontuais – principalmente à Igreja e à Justiça –, não denuncia a situação com o mesmo distanciamento de Pereira da Silva. Não vê, ou ao menos não retrata, o Nordeste com todos esses abusos e distorções políticas, pois mesmo os pobres são capazes de se defenderem do poderio dos coronéis e sacerdotes mal intencionados. Os coronéis e os subalternos, segundo ele, formam todos uma "Civilização do Couro" (Suassuna, *Jornal da Semana*, 23/03/1974), com uma lógica interna de organização: não se trata, apenas, de dominação simples do mais forte sobre o mais fraco.

Nas peças, os pobres de Suassuna "negociam" e não apenas sobrevivem. Assim como os escravos, que na análise de João José Reis e Eduardo Silva (1999) deixam de ser vistos apenas como vítimas do sistema escravocrata ou somente como heróis da resistência, os pobres de Suassuna também são capazes de negociar politicamente.[20]

Se nas primeiras peças de Ariano o retrato do pobre está mais próximo do de vítima – como o casal de retirantes que tem seu filho morto pela arrogância dos poderosos em *Uma Mulher Vestida de Sol* –, aos poucos ele se torna mais complexo, sendo vítima e também herói.

Outro autor cronologicamente mais próximo do teatro de Ariano é João Cabral de Melo Neto. O poeta, no mesmo ano em que Ariano escrevia o *Auto da Compadecida* (1955), produziu seu "auto de natal pernambucano" *Morte e Vida Severina*. Apesar de ambos terem escolhido o auto[21] como gênero, os

---

20 Os historiadores iniciam seu livro dizendo: "O escravo aparentemente acomodado e até submisso de um dia podia tornar-se o rebelde do dia seguinte, a depender da oportunidade e das circunstâncias" (Reis & Silva, 1999: 7).

21 Para uma definição precisa de auto, sua incorporação na e transformação pela tradição dramática brasileira, além da filiação tanto de Suassuna como João Cabral de Melo Neto neste gênero, ver Guinsburg; Faria; Lima (2006: 47-48).

resultados são extremamente diferentes. O auto de João Cabral é esperançoso, assim como o de Ariano Suassuna, mas não é cômico.

Severino é um sofredor do início ao fim do texto; do início ao fim de sua jornada. Sai de sua terra fugindo da morte – que se não vier numa "ave-bala", vem na "velhice aos trinta". Só encontra morte pelo caminho. Apenas em Recife, dialogando com José, mestre carpina, é que presencia o nascimento de uma criança, a única manifestação da vida desafiando a morte que ronda as várzeas e os mangues do Capibaribe.

No *Auto da Compadecida* a situação é inversa. A vida está, a todo momento, desafiando a morte. João Grilo e Chicó, que seriam os Severinos de Suassuna, não se deixam vencer pelas dificuldades. Não questionam, em nenhum momento, como faz Severino, se a vida vale a pena ser vivida. João Grilo está convencido de que, mesmo sofrendo o que sofre, é possível dar "um jeito" para continuar vivendo e, às vezes, até se divertir. Como quando conta a Chicó sua intenção de se vingar dos patrões, o padeiro e sua mulher:

CHICÓ
Por que essa raiva dela? [da Mulher do Padeiro]

JOÃO GRILO
Ó homem sem vergonha! Você ainda pergunta? Está esquecido de que ela o deixou? Está esquecido da exploração que eles fazem conosco naquela padaria do inferno? Pensam que são o cão só porque enriqueceram, mas um dia hão de me pagar. E a raiva que eu tenho é porque quando estava doente, me acabando em cima de uma cama, via passar o prato de comida que ela mandava para o cachorro. Até carne passada na manteiga tinha. Pra mim nada, João Grilo que se danasse. Um dia eu me vingo.

CHICÓ
João, deixe de ser vingativo que você se desgraça. Qualquer dia você ainda se mete numa embrulhada séria.

O Brasil dos espertos

183

JOÃO GRILO

> E o que é que tem isso? Você pensa que eu tenho medo? *Só assim é que posso me divertir. Sou louco por uma embrulhada.*

(Suassuna, 1999: 39, grifo nosso)

Diferentemente de Grilo, Severino mostra sentir prazer apenas no trecho da peça em que percebe a maciez da terra da Zona da Mata e imagina ter chegado ao paraíso terrestre:

> — Bem me diziam que a terra
> se faz mais branda e macia
> quando mais do litoral
> a viagem se aproxima.
> Agora afinal cheguei
> nessa terra que diziam.
> Como ela é uma terra doce
> para os pés e para a vista.
> Os rios que correm aqui
> têm a água vitalícia.
> Cacimbas por todo lado;
> cavando o chão, água mina.
> Vejo agora que é verdade
> o que pensei ser mentira
> Quem sabe se nesta terra
> não plantarei minha sina?
> (Melo Neto, 1994: 40-41)

Mas essa felicidade em sonho de Severino logo se acaba quando ele percebe que a terra macia não tem espaço para lavrador, apenas para usina. Suassuna não desenha dessa maneira os seus pobres. Eles são, com certeza, tão sofridos como Severino, mas enfrentam a morte com esperteza e alegria.

184

Eduardo Dimitrov

Não foi encontrado nenhuma entrevista ou depoimento nos quais Ariano Suassuna refere-se a essas peças e autores apresentados aqui como sendo fundamentais para a sua produção artística. Algumas das de Francisco Pereira são até posteriores às de Suassuna. Raquel de Queiroz foi muito amiga de Ariano. Chegou mesmo a escrever o prefácio para seu romance *A Pedra do Reino*. João Cabral também foi, segundo Ariano, seu amigo. Veio também dele um dos maiores elogios recebidos por Suassuna ao seu romance. Suassuna, porém, nunca elencou João Cabral, Raquel de Queiroz ou Francisco Pereira da Silva como determinantes, ou mesmo como fortes influências para seus escritos.

Então, o que pretendeu-se mostrar aqui com essa rápida passagem por esses autores é a diferença que há entre a maneira de abordar o mesmo tema: o sertão e o sertanejo. José Américo de Almeida, José Lins do Rego, Graciliano Ramos, João Cabral de Melo Neto, Raquel de Queiroz, Francisco Pereira da Silva, de uma maneira geral, debruçaram-se sobre o sertão e descreveram sagas nordestinas. Grandes sagas são narradas, como a trilogia de Lins do Rego; a da família de Fabiano, em *Vidas Secas*; a saga de *Lampião* e da *Beata Maria do Egito*, no teatro de Raquel de Queiroz; a de Padre Cícero e do Cangaceiro Vilela, de Francisco Pereira da Silva; e de todos os outros personagens Severinos, que, com a pobreza, sofrem cada dia. A seca, a fome e a falta caracterizam o Nordeste brasileiro.

Ariano Suassuna iniciou suas experiências dramáticas seguindo essa "tradição". *Uma Mulher Vestida de Sol*, história de duas famílias inimigas e dois jovens apaixonados, não deixa de ser uma "tragédia nordestina" em grande parte motivada pelo ambiente hostil do sertão, que leva as pessoas a ficarem "abobadas". *O Desertor de Princesa* também carrega esse tom trágico e de denúncia da arbitrariedade com que a guerra de Princesa foi feita e o mais fracos, no caso os sertanejos, foram violentados pela brutalidade da população litorânea.

Ariano cria, não obstante, algo novo, quando escreve os entremezes para mamulengo, entre eles *Torturas de um Coração*. Nessas pequenas peças, o

O Brasil dos espertos

185

jovem autor experimenta, de maneira descompromissada, a criação de textos mais leves, que têm como ambiente o sertão, mas não mostram apenas a miséria do povo. São neles que já se vê um povo alegre, "vivo" para vencer as dificuldades de cada dia.

Essas experiências se concretizarão nas peças dos anos 50, quando os entremezes passam a figurar em atos. Começando por *Auto da Compadecida* (1955) e seguindo por *Casamento Suspeitoso* (1957), *O Santo e a Porca* (1957), *A Pena e a Lei* (1959) e *Farsa da Boa Preguiça* (1960), Ariano inverte o jogo, e aposta em um teatro alegre, feito para rir, sem o caráter tão marcante de denúncia social mesmo que ambientado no sertão e na miséria. Ou melhor, se há denúncia ela incorpora o riso, a manipulação e a negociação, de parte a parte.

Saga nordestina às avessas

O *Auto da Compadecida* (1955) é a primeira peça de "inversão" da saga nordestina. O caminho que João Grilo percorre, apesar de penoso, é alegre e vivo. A vida se impõe criando uma leveza até nas situações mais adversas.

Trata-se de uma peça baseada em três folhetos de cordel: *O Enterro do Cachorro, História do Cavalo que Defecava Dinheiro* e *O Castigo da Soberba*. A ligação com a "cultura popular" é enfatizada pelo próprio Ariano não só na indicação dos folhetos de origem como também nas rubricas, apontando o tipo de montagem exigida. Ele começa a primeira marcação da seguinte maneira:

> O *Auto da Compadecida* foi escrito com base em romances e histórias populares do Nordeste. Sua encenação deve, portanto, seguir a maior linha de simplicidade, dentro do espírito em que foi concebido e realizado. (Suassuna, 1999: 21)

186

Eduardo Dimitrov

A primeira fala da peça é do Palhaço, que se diz representante do autor. Esse personagem guia o prólogo e o epílogo da peça, desempenha a função de narrador nas passagens entre os atos:

> PALHAÇO
>
> Ao escrever esta peça, onde combate o mundanismo, praga de sua igreja, o autor quis ser representado por um palhaço, para indicar que sabe, mais do que ninguém, que sua alma é um velho catre, cheio de insensatez e de solércia. Ele não tinha o direito de tocar nesse tema, mas ousou fazê-lo, baseado no espírito popular de sua gente, porque acredita que esse povo sofre, é um povo salvo e tem direito a certas intimidades.
>
> (Suassuna, 1999: 23-24)

Já se tem, aqui, a primeira indicação de que, apesar do "sofrimento", o povo já está "salvo" e vai usar certas "intimidades". Além disso, o Palhaço explica ao público as marcações feitas pelo autor nas rubricas, nas quais Ariano discorre sobre como deveria ser o espaço cênico. Em fala, o Palhaço apresenta ao público como o palco está dividido e o que cada elemento cenográfico representa:

> PALHAÇO
>
> O distinto público imagine à sua direita uma igreja, da qual o centro do palco será o pátio. A saída para a rua é a sua esquerda. [...] O resto é com os atores.
>
> (Suassuna, 1999: 25)

O Palhaço transforma o *Auto* em uma grande narrativa. Ele é quem narra as ações dos personagens. Cria-se até um efeito anti-ilusionista, pois a todo o momento em que o Palhaço entra em cena ele lembra ao leitor/espectador que está diante de uma peça de teatro, que os atores estão ali presentes,

O Brasil dos espertos

187

que a peça foi pensada desta ou daquela maneira e, portanto, o dramaturgo quebra o ritmo de se acreditar que as ações sejam naturais.[22] Essa função de narrador exercida pelo Palhaço no *Auto* também está presente em outras peças de Suassuna. O papel do narrador pode ser desempenhado por um personagem ou um grupo que conta o que irá se passar e comenta o que já aconteceu. Aparecem no prólogo, em alguns casos, nos entreatos e no epílogo. É o caso, além do Palhaço no *Auto da Compadecida* (1955), de Cheiroso e Cheirosa em *A Pena e a Lei* (1959) e dos três personagens cristãos, Manuel Carpinteiro (Jesus), Miguel Arcanjo e Simão Pedro (São Pedro) em a *Farsa da Boa Preguiça* (1960). Em *Uma Mulher Vestida de Sol* (1947), o Juiz e o Delegado fazem esse papel no prólogo, mas no epílogo quem aparece comentando a história são os capangas Manoel e Caetano. Nas peças *O Desertor de Princesa* (1948-58), *O Casamento Suspeitoso e O Santo e a Porca* (ambas de 1957), no entanto, o personagem narrador, ou esta função desempenhada por outros personagens, não está presente.

Sol, seca e fome

O ambiente geral do *Auto da Compadecida* não difere muito daquele apresentado em *Uma Mulher Vestida de Sol* ou de *O Desertor de Princesa*. Na verdade, o sertão árido, ensolarado, que causa visões e anomalias nos personagens, é característica recorrente nas peças de Suassuna. No *Auto da*

---

22 Como foi visto no segundo capítulo, Ariano recusa uma possível aproximação de suas peças com o teatro épico de Brecht. Na verdade, ele não só rejeita o teatro épico como é conhecido que uma das causas de seu afastamento de Hermilo Borba Filho foi justamente as divergências sobre este ponto. Ariano afirma que a narrativa presente em seu teatro não tem origem brechtiana e, sim, nas próprias fontes populares do Nordeste. Mais detalhes ver as entrevistas: Suassuna (1998; 2000b).

188
Eduardo Dimitrov

Compadecida, são atribuídos à seca acontecimentos fantásticos, como o da mulher que pariu um cavalo:

> JOÃO GRILO
> Quando você teve o bicho? E foi você quem pariu o cavalo, Chicó? [referindo-se ironicamente ao cavalo bento que Chicó alegava ter possuído]
>
> CHICÓ
> Eu não. Mas do jeito que as coisas vão, não me admiro mais de nada. No mês passado uma mulher teve um, na serra do Araripe, para os lados do Ceará.
>
> JOÃO GRILO
> Isso é coisa de seca. Acaba nisso, essa fome: ninguém pode ter menino e haja cavalo no mundo. A comida é mais barata e é coisa que se pode vender. Mas seu cavalo, como foi?
>
> (Suassuna, 1999: 27)

Em outro momento, João Grilo culpa o sol, para defender o amigo que, apesar de não ter morrido, é citado por Manuel (Jesus) no julgamento do último ato da peça. Manuel se queixa das mentiras que Chicó vive contando e Grilo responde:

> JOÃO GRILO
> Aquilo é o sol. Não vá ligar isso não. O sol do sertão é quente e Chicó começa a ver demais. É o sol.
>
> (Suassuna, 1999: 157)

O sertão, como ambiente inóspito, é uma constante. O que varia de uma peça para outra é o local propriamente dito das cenas: em *Uma Mulher Vestida de Sol,* é o pátio das casas vizinhas; tanto no *Auto* como na *Farsa da*

O Brasil dos espertos

189

Boa Preguiça e em *A Pena e A Lei*, praças públicas; em *O Desertor de Princesa*, *O Casamento Suspeitoso* e *O Santo e a Porca*, o interior de residências de pequenas cidades do sertão.

O Desertor de Princesa, Auto da Compadecida, o *Casamento Suspeitoso* e *A Pena e A Lei* ocorrem em Taperoá. As outras peças não especificam a localização exata, mas se passam sempre em pequenas cidades. Os personagens conhecem-se e há referências a outros não atuantes nas peças, mas que são conhecidos de todos, dando a impressão de que cada um tem noção da totalidade da população do local.

Em *O Casamento Suspeitoso* a cidade é tão pequena que há apenas um automóvel, o de Herotides, um personagem que todos conhecem sem que tenha aparecido em cena. O hotel de Dadá é referência tanto em *O Casamento Suspeitoso* como em *O Santo e a Porca*, apesar de a última não indicar a cidade onde a ação se passa. Em o *Auto da Compadecida*, um motor era uma coisa tão rara na cidade, que até merecia ser bento pelo padre. Em a *Farsa da Boa Preguiça*, as viagens de ônibus aparecem como se fossem novidade. Para Dona Clarabela – mulher rica que procura a pureza do povo nordestino –, o transporte motorizado violou a genuinidade do sertão; para Joaquim Simão – o poeta – , viajar no ônibus é bem melhor que no lombo do cavalo.

Entre espertos e ignorantes

Na inversão que Suassuna faz nas suas peças dos anos 1950, o personagem pobre irá sair da posição periférica para receber centralidade. Isso se dá principalmente a partir dos entremezes e se concretiza no *Auto da Compadecida* (1955), *O Casamento Suspeitoso* (1957), *O Santo e a Porca* (1957) e *A Pena e a Lei* (1959).

O *Auto* é a história de João Grilo que, ajudado por Chicó, seu amigo, tenta se vingar dos patrões exploradores e do padre que está mais interessado em bens materiais do que na vida espiritual.

Grilo sempre tenta tirar vantagens das situações. Por meio de suas artimanhas, consegue contornar as dificuldades e alcançar seus objetivos. A trama começa com ele juntamente com Chicó tentando convencer o Padre a benzer o cachorro de sua patroa, que iria morrer em poucos minutos. Vendo que o padre se recusa, Grilo afirma que o cachorro era do Major Antônio Morais, o grande coronel da região. Mentira, pois a dona era a mulher do padeiro. No entanto, ao pensar que o cachorro pertencia a Antônio Morais, o sacerdote aceita benzê-lo. Os contratempos são de extrema importância para o desenvolvimento da trama.

Entre o padre aceitar benzer o suposto cachorro de Antônio Morais, e Grilo mandar a mensagem para que a mulher do padeiro traga o animal, o fazendeiro chega à igreja para pedir ao padre que benza seu filho. Ou seja, o padre acredita que fala do cachorro, enquanto Antônio Morais fala do filho. Esse quiproquó cria um mal-entendido tão grande que o fazendeiro ameaça reclamar ao bispo, os supostos maus-tratos. O padre, então, decide não benzer mais bicho nenhum e o cachorro morre. Ainda no primeiro ato, Grilo consegue – inventando uma história do testamento em que o cachorro havia deixado uma quantia para o padre e outra para o sacristão – fazer com que o enterro do cachorro seja em latim, já que o padre não o quis benzer em vida.

Muitas confusões surgem a partir daí e se desenrolam no segundo ato. João Grilo vende à sua patroa um gato que "descome dinheiro", como parte da sua vingança, pois sabe que a fraqueza da mulher do padeiro era "bicho e dinheiro"; acalma o bispo, que estava furioso com o mau comportamento do padre perante o Major Antônio Morais, ao acrescentá-lo no testamento do finado cachorro etc.

João Grilo arma um plano com a bexiga que tirou do cachorro antes de ele ser enterrado. Esse plano consiste em encher a bexiga de sangue e escondê-la, por baixo da roupa, no peito de Chicó. Em um dado momento, Grilo simularia que matara Chicó e, em seguida, tocando uma rabeca, faria o suposto

O Brasil dos espertos

191

defunto ressuscitar. O leitor não consegue descobrir a quem se destinaria essa armação, pois a entrada do cangaceiro Severino de Aracaju, matando praticamente todos os personagens, atrapalha o andamento de sua vingança.

Na presença do cangaceiro, Grilo muda rapidamente o alvo de seu plano, como única forma de escapar. A bexiga cheia de sangue e a história de Chicó – segundo a qual, quando "morto", viu Padre Cícero chamando Severino–, são usadas para persuadir o vilão a se deixar matar pelo seu cabra, que depois tocaria a rabeca trazendo-o de volta à vida. O cabra atira, Severino morre; e Chicó e João Grilo atacam o cabra, na tentativa de matá-lo também. Vendo que foi enganado, o cabra, mesmo ferido pelos dois amigos, acaba matando João Grilo.

Essa vingança usando a bexiga era, provavelmente, destinada ao padeiro e sua mulher,[23] mas a invasão de Severino obrigou o personagem esperto a, rapidamente, adequar seus planos e utilizar o artifício como uma estratégia de defesa.

Enfim, com a matança de quase todos promovida por Severino de Aracaju, com exceção de Chicó e do Frade –, o terceiro ato só poderia ser encenado no céu, num grande julgamento das almas pelo Demônio, por Jesus e pela Compadecida.

No julgamento, o cangaceiro e seu comparsa são redimidos de imediato. Cristo reconhece que suas vidas foram sofridas e que todos os seus atos são justificados por terem eles sido meros instrumentos da cólera do Demônio. Os outros (sacristão, padre, bispo, padeiro e sua mulher), por intervenção de João Grilo, que apelou para Nossa Senhora, foram para o purgatório. Já Grilo, com a promessa de que iria se comportar melhor, conseguiu permissão para retornar à Terra.

Grilo é pobre e esperto. Suassuna, por sinal, concebe a esperteza como a coragem do pobre (Suassuna, 2000: 16). E não só nas peças, mas também

---

23 No conto popular original *O Castigo da Soberba* essa história se aplicava a um coronel e sua esposa.

no relato da guerra de Princesa, como foi visto, o pobre e sertanejo é descrito como um corajoso.

No primeiro capítulo, foi ressaltado o fato de Suassuna, na citação da página 61, atribuir a Luís do Triângulo, insinuando ele ser "sertanejo típico", a ideia de armar a emboscada para as tropas de João Pessoa. Assim como em *O Auto da Compadecida*, o sertanejo descrito na citação do primeiro capítulo, também é astucioso e com capacidade de criar armadilhas torna-se mais forte do que as tropas urbanas, que, pelo contrário, têm as forças bélicas, mas nenhuma inteligência. Os sertanejos são fracos, menos armados, mais sofridos pela seca e pelo sol, mas sua esperteza se sobrepõe à brutalidade dos soldados urbanos, que chegam no sertão com todas as armas, de forma arrogante, e acabam caindo na armadilha do "povo miúdo".

As tropas urbanas de João Pessoa e o próprio presidente do Estado são retratados como brutos e ignorantes. Tentam resolver tudo pela força, pela guerra, enquanto os sertanejos, calmos e astutos, pensam nos seus atos e resolvem as situações de maneira tranquila e engenhosa. Foi o que José Pereira fez quando descobriu as intenções de João Pessoa em bombardear Princesa. Em vez de se desesperar, como se desesperou Pessoa ao saber que suas tropas tinham sido encurraladas, Pereira enviou um de seus homens para, calmamente, atravessar toda a zona ocupada, descobrir o local onde estava a bomba e destruí-la com um tiro de rifle sem coronha.

Tem-se, assim, a oposição sertão *versus* cidade bem definida na caracterização dos seus personagens. Os sertanejos são astutos, calmos, defendem-se; os urbanos são brutos, ignorantes, invasores, afoitos a atacar, arrogantes e subestimam o adversário.

Essa caracterização caberia bem no *Auto da Compadecida*. João Grilo, Chicó e os "sertanejos típicos", como Luís do Triângulo, José Pereira e o cabra que desarmou a bomba, são espertos, planejam muito bem suas ações e atingem seus objetivos. Já o padeiro e sua mulher, que representam

O Brasil dos espertos

193

uma espécie de classe média urbana de Taperoá, são retratados como avarentos e desumanos. Subestimam a esperteza de João Grilo e caem em suas armadilhas, como no caso do gato que descome dinheiro. Esse modo de descrever o pobre como esperto, e o rico e o urbano como brutos e ignorantes, funciona para praticamente todas as peças de Ariano Suassuna, a partir de *O Auto da Compadecida*.

Em *O Santo e a Porca* (1957), há duas histórias paralelas. Uma é a do avarento Eurico, que recebeu como herança uma porca cheia de dinheiro. Como tem medo de ser roubado, vive escondendo a porca e trocando-a de esconderijo, para que ninguém descubra seu segredo. A outra história é guiada por Caroba, personagem esperto que aparece na versão feminina.

Essa segunda trama une duas famílias: a de Eurico e a de Eudoro Vicente. Na casa de Eurico, moram Margarida, sua filha; Benona, sua irmã; Caroba e Dodó, ambos seus empregados. Eudoro vai, com seu empregado Pinhão, à casa de Eurico a fim de pedir a mão de Margarida em casamento. Eudoro tinha mandado Dodó, que é seu filho, estudar na cidade, porém, ele está disfarçado para poder ficar junto de sua amada Margarida. Assim, a presença do pai aguça o problema do disfarce, o que causa uma série de situações engraçadas.

Caroba, então, a troco de terras prometidas por Dodó, arma uma confusão para que Eudoro se case com Benona, uma antiga pretendente, Dodó se case com Margarida e, por fim, ela, nova proprietária de terras, casar-se-ia com seu parceiro Pinhão. Seus planos dão certo; os objetivos são todos atingidos, com tropeços, claro, que são os motivos de riso.

Durante a execução do plano, nenhum dos companheiros de Caroba acredita que ela alcançará um bom resultado. Dodó queixa-se do perigo por que passou no momento em que todos os personagens encontraram-se na sala de Euricão:

DODÓ

E ainda por cima, o perigo que você nos fez correr! Imagine se Margarida não visse o gesto que você fez! Era capaz de deitar tudo a perder.

CAROBA

Que é que eu podia fazer? Era preciso que seu pai acreditasse que a noiva era ela. Agora, que já está tudo encaminhado, o senhor fica aí dando jeito a tudo. Eu queria ver na hora, inventar tudo isso de repente, noivar seu pai com Dona Benona, quando ele pensava que era com Dona Margarida, noivar Dona Benona no pedido da sobrinha, fazer Seu Euricão acreditar que o candidato a genro queria ser cunhado... O senhor acha pouco?

(Suassuna, 1979: 36)

Eurico fica todo momento trocando a porca de lugar, com medo de que alguém desconfie do seu cofre secreto. Até que Pinhão, com sua esperteza de pobre, percebendo o apego de Eurico à tal porca, descobre o que há dentro dela. Muda a porca de esconderijo, sequestrando-a, e pede um resgate a Eurico, que o concede, já que o valor pedido era inferior ao montante do dinheiro acumulado por gerações naquele cofre. Mas Eurico não contava era com a desvalorização do dinheiro. Seus avôs tinham ali depositado moedas que agora não valiam mais nada, já tinham sido todas recolhidas pelo governo. Assim, Pinhão conseguiu tirar dinheiro de Eurico em troca de uma porca-cofre praticamente oca; Eurico, por sua vez, foi traído pela imprevisibilidade da vida.

Eurico é um avarento que sofre para fazer suas economias. Não vive no luxo, não para de pensar na crise e na carestia. Sua situação de sofredor é enfatizada por Caroba que mostra como as suas ações não são feitas para se vingar do patrão, mas, sim, para mudar de vida. Diz ela para Pinhão quando ele está desconfiando da eficácia de seu plano e se encontra incomodado com a intimidade com que ela tratou Euricão:

O Brasil dos espertos

CAROBA

[...] Dou-lhe somente uma explicação: brinco com o velho Euricão porque gosto dele, está ouvindo? Com toda a avareza, com toda a ruindade e as manias, é um dos homens mais sofredores que conheço. Nada na vida dele deu certo, casou-se, a mulher o deixou e toda a esperança dele agora é essa filha que nós lhe vamos tirar. Por isso e por muitas coisas mais, tenho pena do velho Euricão, de quem ninguém gosta! Queria lhe dizer isso. Mas não para me justificar, pode ir para o inferno, com sua mania de mandar e sua desconfiança!

(Suassuna, 1979: 55)

A oposição patrão *versus* empregado, que se encontra presente no *Auto da Compadecida*, na figura do Padeiro e de João Grilo, não é uma regra nas peças de Ariano. Como se vê, apesar de Pinhão querer, de certo modo, vingar-se de Euricão, Caroba, por sua vez, sente pena dele. Em *O Casamento Suspeitoso* (1957), Cancão, o personagem esperto, é muito amigo do seu patrão Geraldo; toda a trama está baseada na tentativa de Cancão salvá-lo de um perigo maior.

Geraldo irá se casar com Lúcia. Cancão, percebendo que Lúcia – mancomunada com a mãe Susana e com o amante Roberto – está mais interessada nas posses de Geraldo do que em seu amor, faz de tudo para adiar o casamento e desmascarar o golpe. Cancão tem como único objetivo ajudar o patrão, mas no meio da trama cobiça parte do testamento do finado pai de Geraldo e é seduzido por Lúcia, traindo-o com ela.

Se em nas outras peças João Grilo e Pinhão tiram dinheiro dos ricos, como uma vingança ou acerto de contas entre explorado e explorador, aqui, o roubo é justificado por um viés católico. Isto é, Cancão cobiçou o dinheiro de Geraldo, pois é um pecador como todos os homens. Em *O Casamento Suspeitoso*, Suassuna reforça a moralidade cristã nas últimas falas, num momento em que os personagens fazem um balanço do que "aprenderam" com a lição:

GERALDO

Espectadores, o autor é um moralista incorrigível e gostaria de acentuar a moralidade de sua peça.

CANÇÃO

Eu e Gaspar éramos amigos fiéis dele e isso não impediu que cobiçássemos seu dinheiro. E, ao primeiro apelo da carne, eu o traí com sua noiva. Isto é errado, foi o que aprendi.

LÚCIA, *entrando com* Roberto *e* Susana

Eu aprendi que luxúria é um caminho de perdição.

ROBERTO

Eu, que a cobiça é outro.

SUSANA

Eu, através do ridículo e do castigo, aprendi a respeitar a pureza da família.

FREI ROQUE, *entrando com* Dona Guida

Para elas o dinheiro tinha um caráter de prêmio, servindo como uma espécie de absolvição sacrílega para os atos mais baixos.

NUNES, *entrando*

Eu fiz um juiz desonesto, e juntei-me aos outros, nesse concerto de imoralidade. Tudo isso forma um conjunto com o autor.

DO GUIDA

Com os atores.

GASPAR

E até com o respeitável público.

GERALDO

Por isso lanço um olhar melancólico a nosso conjunto e convido todos a um apelo. É uma invocação humilde e confiante, a única que pode brotar sem hipocrisia desse pobre rebanho que é o nosso. E assim, juntando-me aos outros atores e ao autor, peço que digam comigo:

O Brasil dos espertos

TODOS
Que o Cordeiro de Deus, que tira o pecado do mundo, tenha misericórdia de todos nós.

(Suassuna, 1979: 144-145)

Esse tipo de moralidade, de uma forma ou de outra, está presente nas outras peças, mas aqui ela é extremamente explícita e abarca todas as ações dos personagens. João Grilo tem algumas ações justificadas por necessidades básicas: pela fome, pelo desamparo. Em *O Casamento Suspeitoso,* isso não ocorre; todas as ações se justificam pelo caráter pecaminoso dos personagens, que é intrínseco a todos. Em *A Pena e a Lei* há uma generalização desse personagem esperto. Em um primeiro momento, quando Benedito se apresenta, diz:

BENEDITO
Sou negro, sou negro esperto,
sou negro magro e sambudo,
sou negro fino e valente,
negro de passo miúdo:
branca, morena ou mulata,
eu ajeito e enrolo tudo!

(Suassuna, 2003: 34)

Mas seu próprio amigo, Pedro, já anuncia que algo dará errado:

PEDRO
Benedito é mesmo fino,
é mestre de geringonça:
enrola branca e mulata
com essa fachada sonsa.

198   Eduardo Dimitrov

Mas, com toda essa esperteza,
negro é comida de onça.

(Suassuna, 2003: 34)

No primeiro ato, baseado em *Torturas de um Coração* (1951), Benedito tem um objetivo claro em mente: casar-se com Marieta. Faz tudo para atingi-lo. Como no entremez, enfrenta os dois pretendentes da moça, que são os homens mais valentes de Taperoá: Vicentão e o Cabo Rangel.[24] Enquanto se preocupa com o mais difícil – desafiar os valentes –, é traído pelo próprio amigo Pedro, que conquista Marieta.

No segundo ato, Benedito é chamado para servir de advogado do vaqueiro Mateus, acusado de roubar um novilho do fazendeiro Vicente. Benedito faz a defesa de modo exemplar, mas a prova decisiva é arranjada pelo próprio Mateus: uma declaração da prefeitura dizendo que o animal foi para o matadouro a mando de Vicente. A declaração, porém, é do ano anterior; Mateus é quem teve a ideia de utilizá-la, apostando que ninguém repararia na data. Foi ele quem forjou a prova, mostrando-se assim mais esperto que Benedito, que também acabou sendo enganado.

---

24 É interessante notar que alguns personagens recebem nomes que Ariano cita em suas narrativas sobre os acontecimentos de 1930. Diz Suassuna em um de seus artigos do *Jornal da Semana*: "O Capitão Irineu Rangel é de Taperoá. É um homem bravo, de fala grave e descansada. Outra coisa: é um homem de bem, coisa que estou a cavalheiro para dizer porque ele pertence a uma família que sempre foi adversária da minha família materna. Era porém amigo de meu Pai e passou por todas as lutas de Princesa, em 1930, lutando contra nós e contra José Pereira sem que qualquer ato de sua parte criasse a menor queixa em todos nós. E isso sem tergiversar nem um pouco no que ele julgava que era o cumprimento de seu dever" (Suassuna, *Jornal da Semana*, 13/01/1973). O Cabo Rangel também é citado em *O Santo e a Porca* (1957).

O Brasil dos espertos

O verdadeiro ladrão do novilho – que é realmente esperto e que se sai bem no episódio – não é nem Benedito, nem Mateus, mas Joaquim, que presenciou todo o processo e "saiu de fininho" trapaceando todo mundo. O terceiro ato passa-se no céu. Trata-se de um ato dedicado à comicidade e à moralidade. Os personagens aparecem, um a um, e recebem a confirmação de seu falecimento por aquele que chega em seguida, que descreve de forma cômica a morte do companheiro. No caso transcrito a seguir, Marieta descreve a morte de Pedro:

MARIETA
Você morreu de nervoso. Aliás, foi por causa de Benedito. Você não vinha com seu caminhão, quando encontrou Benedito na estrada, se acabando?

PEDRO
Vinha.

MARIETA, *a Benedito*
Pedro parou o caminhão e botou você na carroceria, para ver se ainda conseguia salvá-lo. Engatou primeira, passou segunda, terceira e desabou, com fé em Deus e pé na tábua. Do lado de lá, vinha o caminhão de Chico de Filipa, com um retirante que tinha morrido de fome e ia para a rua se enterrar. Na subida da ladeira, Chico resolveu também engatar primeira, passar segunda, terceira, e atolar o pé. Você vinha pelo outro lado e os caminhões se misturaram: Chico caiu de lado e escapou, mas você morreu.

PEDRO
Da queda?

MARIETA
Não, de doença.

PEDRO
Ali, na hora do desastre? Que diabo de doença foi essa?

Eduardo Dimitrov

MARIETA
Edema de caminhão.

PEDRO
Edema de caminhão? Que negócio é esse?

MARIETA
O caminhão virou por cima de você, mesmo por cima do bucho. As costelas se abriram e o coração lhe saltou pela boca afora. Os braços trocaram de lugar, passando o direito para o lado esquerdo, e o esquerdo para o vice-versa, enquanto as pernas entravam de barriga adentro. Seu organismo foi balado no âmago do íntimo: o sistema linfático ocupou o lugar do esôfago, sendo substituído, por sua vez, pela pressão circulatória do simpático. Você, nervoso como sempre foi, ficou meio agoniado com aquilo tudo, e morreu.

(Suassuna, 2003: 164-166)

A descrição das mortes dá o tom cômico à peça, enquanto o fato de elas estarem todas interligadas compõe a moralidade do texto. Quando todos já estão convencidos de estarem mortos, Cheiroso, o dono do mamulengo, assumindo o papel de Cristo, inicia o julgamento das almas e profere a moralidade:

CHEIROSO
Em suma, cada um de vocês morreu por causa do outro. É a primeira acusação do processo, porque os homens morrem do convívio dos demais. Se vocês não herdassem o pecado e a morte, se não fossem obrigados às injunções de um só rebanho, não morreriam, e Deus não seria acusado nesse ponto. Será que Cristo vai ter que morrer novamente, por isso? Ou será que alguém tem coragem de morrer em seu lugar? Você teria coragem, Pedro?

(Suassuna, 2003, 196-197)

O Brasil dos espertos

O julgamento moral da peça apresenta-se também nas marcações para a encenação. No primeiro ato, os atores deveriam parecer bonecos, com gestos exageradamente mecanizados, diminuindo no segundo e, finalmente, atuando de forma natural no terceiro, quando todos estão mortos.

O que mais chama atenção em *A Pena e a Lei* é o fato de não haver apenas um personagem esperto: há uma generalização. O "povo miúdo", o vaqueiro, o pobre são todos espertos, mas para causas individuais e particulares. Os personagens espertos agem por conta própria para atingir objetivos que lhes dizem respeito ou a amigos muito próximos. Os pobres, que se confundem com espertos, não se pensam como grupo e, portanto, não agem para o bem de todos os pobres. Muito pelo contrário, todos estão sozinhos, no máximo pedem algum tipo de ajuda, como Mateus, que pediu auxílio a Benedito para provar sua inocência. As ações são, dessa maneira, pontuais e visam a um benefício particular. As ações são localizadas e o proveito é sempre individual. Não existe, assim, pelo menos de maneira óbvia, uma leitura social da revolta.

Dada a centralidade do "personagem esperto", segue um quadro comparativo das suas semelhanças e diferenças nas quatro peças.

Eduardo Dimitrov

	Personagem esperto	Objetivo	Justificativa para as mentiras e cobiças	Resultado
Auto da Compadecida	João Grilo	Melhorar de situação, vingar-se dos patrões e do padre.	Para os patrões: exploração, maus-tratos, fome. Para o Padre: "Não vai com a cara dele".	Obtém sucesso. É o único que ressuscitou e assumiu, junto com Chicó, a padaria dos patrões falecidos.
O Santo e a Porca	Caroba	Casar-se com Pinhão e ter uma terrinha	Viver tranquila.	Obtém sucesso.
	Pinhão	Tirar dinheiro de Eurico.	Tanto Eurico como Eudoro não pagarem os salários de gerações da família de Pinhão e Caroba enquanto trabalhavam em suas terras. Além de os submeterem a condições que se assemelhariam à escravidão.	Obtém sucesso.
Casamento Suspeitoso	Cancão	Impedir o casamento de Geraldo e ser nomeado avaliador do testamento.	Ajudar o amigo e, para o dinheiro do testamento, a justificativa na história seria a pobreza, mas na moralidade é o pecado.	Obtém sucesso.
A Pena e a Lei	Benedito (primeiro ato)	Casar-se com Margarida.	É apaixonado por Margarida.	É traído pelo amigo, Pedro, que é mais esperto do que ele.
	Mateus (segundo ato)	Provar sua inocência.	É inocente, não foi ele quem roubou.	Obtém sucesso.
	Joaquim (segundo ato)	Roubar o novilho para a viagem de retirante.	Pobreza.	Obtém sucesso, apesar de no final do terceiro ato se descobrir que a viagem não lhe garantiu a vida.

O Brasil dos espertos

Os personagens espertos sempre obtêm sucesso em suas empreitadas, com exceção de Benedito, que foi traído pelo amigo ainda mais esperto. No caso de João Grilo e de Pinhão, a justificativa dos seus atos é social. Baseiam-se em relações desiguais, principalmente de exploração, de pobreza e maus-tratos, assumindo um caráter de vingança. Para Cancão, essa explicação também seria possível, se não fosse o tom moralizante da peça, que o considera como mais um, em um mundo de pecadores. Os outros – Caroba, Benedito e Mateus, Joaquim – justificam seus atos por tentarem melhorar a situação de vida. Para isso, fazem uso da mentira, dos trocadilhos, jogam com o interlocutor. Contudo, aquele que é enganado não o é por vingança, mas por ser a única via de ascensão encontrada pelo pobre.

Os personagens espertos andam sempre com os companheiros. No caso de Grilo é Chicó que está ao seu lado; Caroba tem Pinhão; Benedito tem Mateus e Joaquim; Cancão tem Gaspar. Os acompanhantes possuem, geralmente, as mesmas características: são espertos, mas não como os principais. São capazes de acompanhar os planos, mas, por vezes, devido à falta de compreensão da situação, podem atrapalhar. Nunca os estragam completamente. Os descompassos nos graus de esperteza trazem a comicidade, o ar de improviso.

O esperto tem um objetivo – vingar-se do patrão ou mudar de vida –, mas a maneira como ele executa esse plano vai depender das circunstâncias à sua volta. Assim, ele tem que restabelecer seu plano de ação a cada momento da execução, a cada resposta inesperada dos interlocutores. Essa reformulação é feita no próprio momento da ação: não há tempo para que o esperto pare e pense cautelosamente o melhor a ser feito e com quais artifícios. O seu mérito – e por isso é bem sucedido – é ser capaz de, em um dado contexto, avaliar as condições, os tipos de relações que estão em jogo e conseguir escolher, rapidamente, um caminho que o aproxime do seu objetivo.

Suassuna acredita que os provérbios e as histórias contadas pelo povo são mostras de sua inteligência. Chicó vivia contando histórias fantásticas, tais como do dia em que foi pescado por um pirarucu, ou ainda sobre o cavalo bento que possuiu. Já Pinhão utiliza provérbios o tempo todo: "é por isso que o povo diz que cobra que não anda não engole sapo" (Suassuna, 1979: 14); "Seguro morreu de velho"; "quem vive de promessa é santo" (Suassuna, 1979: 17); "quem gosta de dormente é o trem" (Suassuna, 1979: 38); "Com fama de doido, Zé Sabido enriqueceu" (Suassuna, 1979: 44); "boa romaria faz quem em sua casa fica em paz" (Suassuna, 1979: 55). Os provérbios são úteis para não deixar que outras pessoas os enganem; funcionam como normas de conduta.

Nessas quatro peças de Suassuna, são os personagens pobres que ditam a cena. São eles que amarram toda a narrativa. Os pobres recebem o centro do palco, suas histórias e trapalhadas orientam os ricos, e não o contrário, como ocorria em *Uma Mulher Vestida de Sol*. Os ricos, os sacerdotes, todos estão sujeitos às artimanhas do "povo miúdo". O poder econômico não é capaz de conter a esperteza e a coragem do pobre ao enfrentá-lo.

A *Farsa da Boa Preguiça* não se encaixa no modelo aqui apresentado. A tensão, nesse caso, não é de exploração dos pobres pelos ricos. Pelo contrário, o rico trabalha muito e o pobre é preguiçoso. O rico está sempre a trabalhar e a fazer provisões para garantir o seu futuro. Já o pobre é poeta e passa o tempo todo no banco da praça. Na preguiça, cria sua poesia e, a partir dela, tenta sobreviver. Um dos temas dessa peça é a imprevisibilidade da vida, pois o rico é assaltado e perde tudo, ficando igual ao pobre que não penou tanto.

No texto de Suassuna, Manuel Carpinteiro (Jesus), Miguel Arcanjo e Simão Pedro (São Pedro) testam a fé do casal pobre, Simão e Nevinha, e do casal rico, Aderaldo e Clarabela. Colocam os demônios – Fedegoso, o Cão Coxo; Quebrapedra, o Cão Caolho e Andreza, a Cancachorra – para tentar os personagens e, enquanto isso, avaliam suas atitudes. Uma espécie de versão sertaneja do livro bíblico *Jó*.

Os demônios convivem com os personagens e os colocam em situações que os testam. Empobrecem Aderaldo; Andreza induz Aderaldo a trair sua

O Brasil dos espertos

205

esposa, e instiga Nevinha a trair Simão. Tanto aqui como no livro bíblico, a fé em Deus e as atitudes pecaminosas também são testadas e avaliadas por Deus e Satanás, ou por seus representantes.

No terceiro ato, disfarçados, Simão Pedro, Miguel Arcanjo e Manuel, pedem esmolas para Aderaldo e Simão. Aderaldo nega e Simão não os ajuda por não ter condições materiais. Aderaldo, então, é levado pelos demônios, enquanto Simão, que também tinha alguns pecados dos quais já se arrependera, é salvo das garras do capeta por Simão Pedro e por Miguel Arcanjo.

A peça é constituída por pares de oposições: sertão *versus* cidade; preguiça criadora *versus* preguiça pecaminosa; pobres *versus* ricos. Clarabela e Aderaldo são ricos. Aderaldo tinha negócios na cidade, mas vende tudo para tentar conquistar, no sertão, o amor de Nevinha, casada com Simão. Clarabela, que fazia "cursos e mais cursos", apresenta uma visão estereotipada do sertão e do sertanejo. Ela lembra com nostalgia o tempo em que as viagens eram feitas a cavalo. O ônibus, atual meio de transporte, tira a "pureza", a "autenticidade" do sertão. Clarabela está sempre procurando o genuíno do poeta e das coisas. Ela vem do Recife, segundo Nevinha, para fazer um estudo sobre a poesia.

O casal rico é pouco apegado ao casamento, uma vez que ambos buscam relacionamentos extraconjugais. Aderaldo com Nevinha, Clarabela com Simão e depois com Fedegoso, o demônio disfarçado. Ela procura um autêntico vaqueiro.

Já o casal pobre, não. Simão cai na tentação, mas percebe que não é justo. Arrepende-se e aponta as qualidades da esposa:

NEVINHA
Ah, eu sou diferente, Simão!
Sou uma mulher ignorante, a mulher dele, não!
Ela entende de Poesia,
escreve, discute, fez um curso de Psicologia...
Eu não sou capaz de fazer nada disso!

SIMÃO

Mas é bonita e boa, toma conta de mim e dos filhos
e é mulher pra todo serviço!
Eu é que não vou dar bola pra o diabo dessa mulher!
Se ela gosta de mim assim como sou, está bem!
Se não, *ô mulher, traz meu lençol,*
que eu estou no banco deitado!

(Suassuna, 2005: 71, grifos do autor)

O embate entre cidade e sertão está na convivência das duas famílias. Dona Clarabela e seu marido, Aderaldo, trazem para cena o ponto de vista urbano. Suassuna tende a ridicularizar os personagens ricos e urbanos, principalmente Clarabela, que representaria a elite de "face clorética" e que nada produz, como dizia João Suassuna.[25] Dona Clarabela diz:

CLARABELA

Ah, o campo! O Sertão! Que pureza!
Como tudo isso é puro e forte!
Esse cheiro de bosta de boi, que beleza!
A alma da gente fica lavada!
As bolinhas dos cabritos, o canto das juritis,
O cocô dos cavalos, o cheiro dos roçados.
A água pura e limpinha
e esse maravilhoso perfume de chinica de galinha!
Ah, a vida pura! Ah, a vida renovada!
A catinga dos bodes, como é forte e escura!
E a trombeta dos jumentos, como é fálica, vibrante
e animada!
Ah, o campo! A alma da gente fica lavada!
A vida primitiva em todo o seu sentido!

---

25 Essa forma de João Suassuna caracterizar a população urbana foi tratada no primeiro capítulo.

O Brasil dos espertos

Dá vontade ir à igreja, de se confessar,
de fazer a sagrada comunhão
mesmo sem nela acreditar!
Dá vontade até de não chifrar mais o marido,
só para nos sentirmos tão puras quanto o Sertão!

(Suassuna, 2005: 81)

Esse imaginário de sertão, como algo imaculado, de vida pura e renovada, contrasta muito com o vivido por Nevinha. A mulher pobre se preocupa com o alimento das crianças, com a falta de dinheiro, enfim, com os meios para sobreviver. Queixa-se do marido, que fica deitado no banco da praça fazendo poesia em vez de procurar um emprego. O diálogo a seguir mostra bem a agonia de Nevinha:

NEVINHA
Simão, meu filho, acabe com esse negócio
de viver pelos cantos dizendo doidice!

SIMÃO
Pra quê?

NEVINHA
Pra ver se a gente pelo menos melhora esse trem de vida!

SIMÃO
Besteira, mulher, oxente!
Eu começo a fazer força
e o que é que vou arranjar?
Pra morrer de pobre, o que eu tenho já dá!
E sabe do que mais, Nevinha? Não atrapalhe não,
que eu estou pensando em fazer um *folheto* arretado!
Quer saber a ideia? É sobre uma gata que pariu
um cachorro!
Vai ficar tão engraçado!
Ninguém sabe o que foi que houve,

todo mundo está esperando o parto, o gato é o
mais nervoso!
No dia, quando a gata pare, em vez de gato é cachorro!
Já pensou na raiva do gato, na surpresa, na confusão?
Que acha? Parece que já estou vendo a capa
e escrito nela: "Romance da Gata que Pariu um Cachorro.
Autor: Joaquim Simão"!
Vou vender tanto folheto, vou ganhar tanto dinheiro!
É coisa para garantir a bolacha dos meninos
para o resto da vida! Que acha?

NEVINHA
Meu filho, você é o maior: a história é ótima,
vai ficar bonita e divertida!
Mas acontece é que a bolacha dos meninos, hoje,
inda não está garantida!
Vai ver se dá um jeito!

(Suassuna, 2005: 72, grifos do autor)

A possibilidade da fome é uma constante das peças de Suassuna, desde *Uma Mulher Vestida de Sol*. Dona Clarabela não participa desse martírio, pois é de origem urbana: vai ao sertão esporadicamente, não tira dele o seu sustento. Por isso tem a visão idealizada e tão ironizada por Suassuna, que tenta modalizar suas posições no prefácio ao texto:

É claro que, por causa da própria natureza da sátira, está colocado na farsa, com espírito de geometria, aquilo que, na vida, deve ser olhado com espírito de finura. (Suassuna, 2005: 24)

Clarabela é construída, nas suas próprias falas e na dos outros, como uma caricatura do urbano. Ela é vazia, é só aparência, apesar de dizer que fez muitos cursos. A própria sequência feita por Nevinha, na fala transcrita – do currículo da pseudo-intelectual –, cria o efeito cômico que inverte a pompa

O Brasil dos espertos

209

almejada. Os elogios que Clarabela faz ao cheiro de estrume, que deixa a alma lavada, satirizam a posição dos intelectuais que nada conhecem do sertão e que, mesmo assim, metem-se a discursar sobre ele.

Dona Clarabela tem essa visão por ser urbana e não por ser rica, pois mesmo os personagens ricos têm medo da severidade da seca e da fome. Donana, avó de Rosa, em *Uma Mulher Vestida de Sol*, descreve o sertão como o lugar do sol, da morte, das pedras e das cabras (Suassuna, 1964: 34).

Mesmo não tendo um personagem esperto, há um elemento que une a *Farsa da Boa Preguiça* às quatro peças anteriores. Em *Auto da Compadecida, O Casamento Suspeitoso, O Santo e a Porca* e *A Pena e A Lei*, é o esperto quem tira do sertão a ideia de falta, tão presente na literatura ficcional dos anos 1930, nos estudos sociológicos sobre o Brasil[26] e nos outros textos teatrais explorados anteriormente no item Tragédia da vida e alegria na morte. O esperto executa, porém, atos criativos ali no sertão. Mesmo na carência, ele ainda enxerga possibilidade de alegria e de vida. Joaquim Simão, que não se configura exatamente como um esperto, também demonstra isso. Apesar de estar na eminência de passar fome, ainda acredita que a solução é criar suas poesias e divertir-se com a história da gata que pariu um cachorro.

Os personagens de Suassuna, desse modo, positivam o sertão, que foi, muitas vezes, visto como o lugar da falta. Falta de água, comida e meios de subsistência, como também de uma organização social – ou de um Estado moderno – que propiciasse uma vida ordenada às pessoas. O que Ariano desenha em suas peças é justamente o inverso do sertão da falta. Os personagens mais carentes, do ponto de vista econômico, são os mais vivos e alegres e, com

---

26 Apenas como exemplos, podem ser lembrados Nestor Duarte (1966), Oliveira Vianna (1974) e Luiz de Aguiar da Costa Pinto (1949). Cada um ao seu modo, diagnosticam a falta de um Estado forte que imporia uma lei sobre as iniciativas privadas, justificando a presença tão acentuada da família no que deveria ser o espaço público.

210 Eduardo Dimitrov

isso, com suas "negociações", conseguem até mesmo se sobrepor politicamente aos poderosos da cidade. Aí está um mundo circular e circulado, em que os pobres, mas sobretudo os espertos, reinam e tiram mais valia da carência.

Intimidade, favor e troca

Estabelecido o panorama geral do espaço dramático e dos personagens presentes em cada uma das peças, resta analisar as formas de sociabilidade tecidas pelos personagens em cada uma das peças.

Em todos os textos dramáticos de Suassuna há uma proximidade entre ricos, pobres, religiosos e santos. Mesmo com a polarização e com o conflito, o modo de tratamento entre ricos e pobres se dá na chave da intimidade.

Os apelidos demonstram essa proximidade. Logo na primeira cena d'*O Santo e a Porca,* Caroba trata seu Eurico de Euricão, Euriques, Euríquio e Euricão Engole-Cobra. Ele retruca dizendo que seu nome é Eurico, mas acaba permitindo o apelido de Euricão.

CAROBA
E foi então que o patrão dele disse: "Pinhão, você sele o cavalo e vá na minha frente procurar Euricão..."

EURICÃO
Euricão, não. Meu nome é Eurico!

CAROBA
Sim, é isso mesmo. Seu Eudoro Vicente disse: "Pinhão, você sele o cavalo e vá na minha frente procurar Euriques..."

EURICÃO
Eurico!

CAROBA
"Vá procurar Euríquio..."

O Brasil dos espertos

211

EURICÃO
Chame Euricão mesmo.

CAROBA
"Vá procurar Euricão Engole-Cobra..."

EURICÃO
Engole-Cobra é a mãe! Não lhe dei licença de me chamar de Engole-Cobra, não! Só de Euricão!

CAROBA
"Vá na minha frente procurar Euricão para entregar essa carta a ele."

(Suassuna, 1979: 9)

Isso ocorre também em *A Pena e A Lei*, quando Benedito chama Vicente de Vicente Borrote e o Cabo Rangel de Cabo Rosinha. Nos dois casos, as vítimas reclamam dos apelidos, mas o aceitam na medida em que passam a depender de um favor que o pobre lhe fará. Do ponto de vista dos poderosos, o pobre torna-se fundamental, pois apenas ele pode executar tal favor. O esperto assume, assim, uma posição central, na qual chamar os demais por apelidos é permitido.

Tanto o Cabo Rangel como Vicentão, em um primeiro momento, recusam o tratamento por apelidos, mas logo aceitam, quando Benedito promete auxiliá-los na conquista de Marieta e na solução pacífica da questão entre os dois. Na fala seguinte, Benedito sugere que o Cabo está com medo de Vicentão:

ROSINHA
Isso é seja com quem for, com você ou Vicentão: a autoridade é homem para topar qualquer parada! Mato um, esfolo, rasgo, estripo, faço o diabo!

BENEDITO

Eu sei, seu Cabo! Aliás, todo mundo sabe o gênio que vocês dois têm. O Pessoal está todo comentando: "Quando Vicente Borrote se encontrar com o Cabo Rosinha..."

ROSINHA, *aberturando-o*

Com o Cabo o quê, moleque?

BENEDITO

Aí, Seu Cabo, pelo amor de Deus não me mate não! É o pessoal que diz, Seu Cabo, não sou eu não! Ai, não me mate não, Seu Cabo!

ROSINHA

O safado que eu pegar me chamando de "Rosinha", morre, está ouvindo?

(Suassuna, 2003: 49-50)

Mas não demora muito para o Cabo mudar de ideia. Basta Benedito sugerir que tem informações sobre Marieta.

BENEDITO

Pois eu sei, de fonte segura, que ela gosta do senhor, Cabo Rosinha! *Diz o apelido à parte, para experimentar, e vai subindo o tom até dizê-lo de cara ao Cabo.*

ROSINHA

É nada, Benedito!

BENEDITO

Foi ela mesma quem me disse, Cabo Rosinha!

ROSINHA

Foi nada, Benedito!

BENEDITO

Por tudo quanto é sagrado! Puxei o assunto e ela confessou, Cabo Rosinha!

O Brasil dos espertos

ROSINHA
Benedito! Você é um moleque de ouro! E o que foi que ela disse de mim, Benedito?

BENEDITO
Ela disse: "Eu simpatizo tanto com o Cabo Rosinha"!

ROSINHA
Ai meu Deus!

(Suassuna, 2003: 52-53)

Vicentão também aceita ser chamado de Borrote por Benedito a partir do momento em que se vê dependente dele para conquistar Marieta e encerrar a questão com o Cabo:

BENEDITO
Ah, ela me disse que está apaixonada, Borrote, e que era pelo homem valente daqui.

VICENTÃO
Nossa Senhora! Só pode ser por mim, você não acha, Benedito?

BENEDITO
Acho, Borrote!

VICENTÃO
O quê, Benedito?

BENEDITO
Vicente, você não repare não mas eu tenho esse vício. Quando gosto de uma pessoa só sei tratar pelo apelido!

VICENTÃO
Mas comigo não, você se desgraça! Mas você falou aí em resolver a questão e arranjar Marieta sem briga, foi? Como?

(Suassuna, 2003: 61-62)

214

Eduardo Dimitrov

Nesse ponto, Vicentão hesita entre deixar e não deixar ser tratado pelo apelido. Na primeira fala de Benedito, Vicentão não reclama, mas já na segunda, sim. Na medida em que o grau de intimidade aumenta entre os dois, que Vicentão torna-se cada vez mais dependente da solução armada por Benedito, esse policiamento diminui. Benedito utiliza a mesma estratégia: vender uma joia tanto para o Cabo quanto para o Borrote. O esperto propõe que Vicentão dê de presente um anel para Marieta – anel esse que ele cobra mais caro do que o ourives e que dará, em seu próprio nome, para Marieta. Para isso, Benedito adverte o "amigo":

> BENEDITO
> Amigo Borrote, é melhor você pedir a uma pessoa para entregar. O acordo não está feito ainda: se o delegado avistar você dando o anel a Marieta, vai haver sangue! Tome [dando o anel], até logo!

> VICENTÃO
> Benedito! Você não poderia fazer esse favor?

> BENEDITO
> Está doido? O Cabo Rosinha me mata e, ainda por cima, vão dizer que eu sou seu leva-e-traz!

> VICENTÃO
> Faça isso pela amizade que me tem!

> BENEDITO
> Bem, por uma questão de amizade ao velho Borrote...Mas tem uma coisa: o delegado vem ali.

> (Suassuna, 2003: 63-64)

A intimidade está presente também entre os pobres e os santos. Em o *Auto da Compadecida* e em *A Pena e a Lei*, essa situação está expressa na maneira como Grilo e Benedito tratam Manuel/Cristo, em cada uma das peças, o Demônio e a Compadecida, no caso da primeira. João assusta-se e explicita sua

O Brasil dos espertos

215

inquietação com o fato de Jesus ser negro. Chama a ajuda de Nossa Senhora por intermédio de um versinho e trata o Demônio como catimbozeiro[27] e filho de chocadeira.

No terceiro ato de *A Pena e A Lei*, Benedito e quase todos os outros personagens duvidam que Jesus esteja diante deles. Fazem, portanto, sucessivas piadas desmoralizando Cristo e pedindo que ele prove quem é. Esse convívio entre o religioso e o profano, o pobre e o rico, o poderoso e o esperto permeia o teatro de Suassuna.

Sérgio Buarque, em *Raízes do Brasil*, mostra a dificuldade que os brasileiros têm em executar formas de relação ritualizadas ante personalidades com *status* social elevado. Diz o autor:

> Nada mais significativo dessa aversão ao ritualismo social, que exige, por vezes, uma personalidade fortemente homogênea e equilibrada em todas as suas partes, do que a dificuldade em que se sentem, geralmente, os brasileiros, de uma reverência prolongada ante um superior. Nosso temperamento admite fórmulas de reverência, e até de bom grado, mas quase somente enquanto não suprimam de todo a possibilidade de convívio mais familiar. A manifestação normal do respeito em outros povos tem aqui sua réplica, em regra geral, no desejo de estabelecer intimidade. (Holanda, 2001: 147-148)

Ora, nas peças de Suassuna não há qualquer manutenção de ritual dos pobres ante os ricos ou os sacerdotes. Se, a princípio, o diálogo começa, em

---

27 As únicas referências a religiões afro-brasileiras presentes nessas peças de Suassuna relacionam-se ao catimbó. Uma é essa fala de João Grilo em que chama o demônio de catimbozeiro, a outra, na *Farsa da Boa Preguiça*, quando Nevinha diz que seu amor por Simão é tão forte que: "Ave Maria só sendo catimbó,/ e catimbó daquele de alfinete!"

216   Eduardo Dimitrov

alguns casos, de maneira um pouco mais formal, ele logo entra no terreno da intimidade.

Essa proximidade se dá sobretudo porque, no teatro de Suassuna – principalmente nas peças *Auto da Compadecida*, *O Santo e a Porca*, *O Casamento Suspeitoso* e *A Pena e a Lei* –, são os personagens pobres que ditam a cena. Em *Uma Mulher Vestida de Sol*, os personagens pobres são coadjuvantes, mas têm sua importância garantida. Já em *Farsa da Boa Preguiça*, o casal pobre, Simão e Nevinha, são centrais, porém não configuram personagens espertos como o de outras peças, apesar de em algum momento enganarem os ricos.

O uso recorrente de apelido nas peças, também pode ser discutido à luz da análise de Sérgio Buarque. O predomínio dos apelidos e a ausência do nome de família são, para o ensaísta, uma característica das relações sociais no Brasil:

> À mesma ordem de manifestações pertence certamente a tendência para a omissão do nome de família no tratamento social. Em regra é o nome individual, de batismo, que prevalece. Essa tendência, que entre os portugueses resulta de uma tradição com velhas raízes – como se sabe, os nomes de família só entram a predominar na Europa cristã e medieval a partir do século XII –, acentuou-se estranhamente entre nós. Seria talvez plausível relacionar tal fato à sugestão de que o uso do simples prenome importa em abolir psicologicamente as barreiras determinadas pelo fato de existirem famílias diferentes e independentes uma das outras. [...] O desconhecimento de qualquer forma de convívio que não seja ditada por uma ética de fundo emotivo representa um aspecto da vida brasileira que raros estrangeiros chegam a penetrar com facilidade. (Holanda, 2001: 148)

O Brasil dos espertos

O nome de família como referido por Holanda está praticamente ausente das peças. Todos os personagens são conhecidos pelo primeiro nome, pelos apelidos, pela profissão ou pelo parentesco (caso do Padeiro e sua Mulher no *Auto da Compadecida*). Apenas alguns personagens possuem nomes compostos – Manuel Gaspar (*O Casamento Suspeitoso*) e Eudoro Vicente (*O Santo e a Porca*) –, o que não é equivalente a possuir um sobrenome.

As únicas exceções são os que têm, de fato, alto *status*: Joaquim Maranhão e Antônio Rodrigues, de *Uma Mulher Vestida de Sol*, e o Major Antônio Morais, do *Auto da Compadecida*. Esse último não só tem sobrenome como, em uma dada situação, relembra suas origens. A situação é aquela já descrita em que João Grilo tinha afirmado que o cachorro que o padre iria benzer era do Major Antônio Morais. Por um acaso, o Major chega à igreja momentos depois para pedir ao Padre que benzesse seu filho. Aí, um grande desentendimento está criado. O Padre perguntava as causas da doença do cachorro e o Major respondia como se o sacerdote se referisse a seu filho. Em um ponto do diálogo, o Major irrita-se com o excesso de intimidade do padre, causado pelo quiproquó, e afirma:

> ANTÔNIO MORAIS
>
> [...] Meu nome todo é Antônio Noronha de Brito Morais e esse Noronha de Brito veio do Conde dos Arcos, ouviu? Gente que veio nas caravelas, ouviu?
>
> (Suassuna, 1999: 46)

Nesse momento, o major tenta restaurar a hierarquia que julga perdida nos meandros da intimidade. O padre não poderia tratá-lo assim. Afinal, ele não é qualquer um: é uma pessoa importante, que tem família antiga em terras tropicais, portanto, merece respeito.

Se em Sérgio Buarque há um receio dessa forma intimista da sociabilidade brasileira, no teatro de Suassuna há, no mínimo, uma hesitação entre

Eduardo Dimitrov

o repúdio e o elogio. Sérgio Buarque vê o *homem cordial*, aquele que traz todas as formas sociais para o registro da paixão e da intimidade, como um obstáculo à consolidação de um Estado burocrático e, consequentemente, à modernização do país. Pode-se estender esse comentário também para Oliveira Vianna (1974), Costa Pinto (1949) e Nestor Duarte (1966), que seguem, de alguma forma, essa maneira de entender o Brasil, inaugurada por Holanda. Esses autores encontram na ausência de um Estado forte a explicação para o predomínio da família e da esfera privada naquilo que, em um país moderno, deveria ser ocupado pela racionalização das leis e do Estado burocrático.

Suassuna, por sua vez, ao mesmo tempo em que denuncia o abuso do personalismo na figura do Coronel Antônio Morais, elogia as artimanhas e, principalmente, as trocas de favores que o esperto mobiliza para equacionar o seu objetivo.

Antes de explorar com mais cuidado essa oscilação de Ariano – entre o elogio e o repúdio ao personalismo –, cabe tentar entender por que outros personagens "poderosos", como o fazendeiro Vicente e o Cabo Rangel, aceitam ser tratados com mais intimidade pelos subalternos. Por que aceitam serem chamados pelos apelidos por Benedito, que é o personagem esperto de *A Pena e a Lei*, ou por que Eurico aceita que Caroba o chame de Euricão em *O Santo e a Porca*?

Há uma tradição na crítica literária e histórica do Brasil, que se detém na troca de favor como uma forma de sociabilidade. Para que se compreenda melhor a representação que Suassuna criou para esse tipo de troca, a discussão feita por Maria Sylvia de Carvalho Franco (1974) a respeito das relações entre fazendeiros e homens livres na ordem escravocrata é retomada aqui; a partir dela, outros autores dessa tradição podem então ser recuperados.

Franco aponta, entre outros aspectos, a importância do favor na relação entre o fazendeiro e o trabalhador livre, seja tropeiro, vendeiro ou agregado.

O tropeiro, a princípio, era pouco ligado ao grande fazendeiro, uma vez que suas relações se davam no âmbito do mercado, e não na esfera pessoal. No entanto, a dependência mútua era cada vez mais forte, já que o fazendeiro dependia do tropeiro – único que conhecia bem as estradas – para levar e trazer suas encomendas, e o tropeiro, por sua vez, passava a usufruir da hospitalidade do fazendeiro, que cedia pastagens para a sua tropa. Cria-se uma relação de dependência entre eles, relação essa que acaba se manifestando em trocas constantes de favores.[28]

O favor pressupõe a igualdade entre as partes. A troca de favores se dá, aparentemente, entre pessoas livres e iguais, que nada dependem uma da outra. Não obstante, o fazendeiro enriquece com muito mais velocidade do que o tropeiro para quem a dependência real tende a pesar mais. Este se torna cada vez mais ligado ao fazendeiro do que o contrário. Mesmo que acredite na sua igualdade com relação ao fazendeiro, basta ambos terem interesses divergentes para que a relação seja rompida. O fazendeiro, com seu poder econômico estabelecido, é, assim, mais independente de favores do que o tropeiro.[29]

De qualquer maneira, o favor é, para Franco, uma espécie de ideologia, já que faz transparecer uma falsa igualdade entre as partes e oculta a hierarquia de poder. A relação de favor impede o trabalhador livre de perceber que, na realidade, o fazendeiro está utilizando esse tipo de relação para garantir sua

---

28 Franco mostra que "se esta prática aumenta-lhe o ganho [do tropeiro], o preço inconscientemente pago por isto não é pequeno, pois atinge sua própria pessoa, colocando-o na situação de retribuir com seus serviços os benefícios recebidos." (Franco, 1974: 65)

29 Ainda assim, Franco mostra que os trabalhadores livres não estão completamente submetidos ao poder do fazendeiro. A autora relata um caso em que um vendeiro espanca o filho de um fazendeiro e que, ao receber o apoio da comunidade, é absolvido do processo movido pelo pai da vítima.

220
Eduardo Dimitrov

dominação. A ideia de amizade, de igualdade, de compadrio impede que o trabalhador perceba a hierarquia social e lute contra ela:

> as relações entre senhor e dependente *aparecem* como inclinação de vontades no mesmo sentido, como harmonia, e não como imposição da vontade do mais forte sobre a do mais fraco, como luta. Em consequência, as tensões inerentes a essas relações estão profundamente ocultas, havendo escassas possibilidades de emergirem à consciência dos dominados. (Franco, 1974: 88)

As ideias liberais, para a autora, foram absorvidas no Brasil como ideologias, pois as noções de igualdade e liberdade obscurecem as "verdadeiras relações de dominação" baseadas na troca de favor.

Já Roberto Schwarz (2000) desenvolve uma outra reflexão a respeito do conceito de "favor" contradizendo seu caráter puramente ideológico. Para ele, as ideias liberais de igualdade e cidadania jurídica foram traduzidas para o Brasil como favor. Tal procedimento não encobriria a cidadania, pois a própria noção de cidadania não é a mesma daquela das revoluções burguesas. Não se trata de uma ideologia, já que todos sabem e reconhecem que a classe dominante tem direito a ter alguns privilégios. Assim, a ideia de favor e privilégio se sobrepõe à de cidadania, é sua forma traduzida. Por isso as ideias estariam "fora do lugar". Cidadania, liberdade e igualdade são formulações específicas de um dado contexto cultural europeu. Ao serem importadas para o Brasil, são ressignificadas em um ambiente completamente distinto.

No teatro de Suassuna, o direito como privilégio e o favor como mediação estão muito presentes. No *Auto da Compadecida* um bom exemplo é, novamente, aquele já citado do enterro do cachorro. O padre recusa-se a benzer o cachorro alegando que benzer bicho não constava das práticas católicas. Porém, o padre resolve benzê-lo quando João Grilo, mentindo, diz que o cachorro é do Major Antônio Morais. Abençoaria pelo simples fato de o

O Brasil dos espertos

221

suposto dono ser um grande proprietário, influente na região. Essa situação mostra claramente que a lei, até mesmo a lei de Deus, não é a mesma para todos. Uns podem e a usam, outros não. O direito de benzer o cachorro é um privilégio de quem é poderoso. O exemplo não termina por aqui. Quando o padeiro descobre que o padre benzeria o cachorro se ele fosse do Major, mas não se fosse dele, a confusão continua:

> PADEIRO
> Que história é essa? Então Vossa Senhoria pode benzer o cachorro do Major Antônio Morais e o meu não?
>
> PADRE, *apaziguador*
> Que é isso, que é isso?
>
> PADEIRO
> Eu é que pergunto: que é isso? Afinal de contas eu sou presidente da Irmandade das Almas, e isso é alguma coisa.
>
> (Suassuna, 1999: 52)

A mulher do padeiro fica desesperada com a recusa do padre e ameaça primeiro pedir a demissão de seu marido da Irmandade, lembrando que ele é sócio benfeitor e é quem está custeando a reforma da igreja. Depois, ameaça parar de mandar pães de graça para Irmandade e retirar a vaca leiteira que estava à disposição do vigário.

Além da comicidade, fica evidenciada, nesse diálogo, uma trama de relações baseada na troca de favores, que foi rompida pelo padre ao se negar a retribuir mais um. A linha de argumentação do padeiro e de sua mulher não está pautada na ideia de direitos universais. Eles poderiam alegar, dentro da lógica cristã, que perante Deus todos os homens e animais são iguais, todos são filhos do grande Criador e, portanto, se o padre benzesse o cachorro do Major, o deles também poderia ser benzido. Mas não é isso o que ocorre.

A lógica dominante é a do privilégio e, portanto, todo o raciocínio mostra que o padeiro possui uma posição respeitável na estrutura social, o que lhe confere certos direitos, ou melhor, privilégios.

Já com o bichinho morto, a mulher do padeiro, vendo que o marido não conseguiu provar sua elevada posição na estrutura social, reinicia as ameaças para convencer o padre a enterrar o animal. Relembra ao sacerdote as "caridades" feitas por ela.

PADRE
Vocês estão loucos! Não enterro de jeito nenhum.

MULHER
Está cortado o rendimento da irmandade.

PADRE
Não enterro.

PADEIRO
Está cortado o rendimento da irmandade.

PADRE
Não enterro.

MULHER
Meu marido considera-se demitido da presidência.

PADRE
Não enterro.

PADEIRO
Considero-me demitido da presidência!

PADRE
Não enterro.

MULHER
A vaquinha vai sair daqui imediatamente.

PADRE
Oh mulher sem coração!

O Brasil dos espertos

MULHER

Sem coração, porque não quero ver meu cachorrinho comido pelos urubus? O senhor enterra!

PADRE

Ai meus dias de seminário, minha juventude heroica e firme!

MULHER

Pão para a casa do vigário só vem agora dormido e com o dinheiro na frente. Enterra ou não enterra?

PADRE

Oh mulher cruel!

(Suassuna, 1999: 60-63)

A cena – além de iluminar esse universo da troca de favores; a tentativa de estabelecer uma posição social elevada que garanta o direito a ter privilégios – é engraçada pelas repetições das falas da mulher pelo marido e pelas reflexões do padre sobre sua juventude. Ao mesmo tempo em que o padeiro é desenhado como um homem submisso, o padre é mostrado sempre como saudoso do seu passado heroico e confuso por estar naquela situação.

A solução desse nó inicia-se quando João Grilo pede ao padeiro "carta branca", afirmando que consegue fazer o enterro. O patrão a concede e o personagem "esperto" entra em ação. Grilo inventa uma história de testamento, que o finado cachorro teria deixado. Nesse testamento constaria uma certa quantia para o padre, para o sacristão e, depois, para o bispo. Nesse momento, o padre pensa melhor e aceita enterrar o animal.

Após o restabelecimento de uma relação de favores, o padeiro consegue o que queria. O padre só enterra o animal quando recebe algo por isso. No caso do Major, que era uma pessoa de *status* muito elevado, o simples pedido já era suficiente; no caso do padeiro, alguma coisa deveria vir como contrapartida.

O favor é, assim, uma arma poderosa do personagem esperto. Por meio do favor ou da promessa de um favor futuro, o esperto arma e executa seu plano. Em *O Santo e a Porca* Caroba promete a Eudoro uma entrevista com Margarida, com quem ele deseja se casar. Mas na hora do encontro, Caroba coloca-o no quarto com dona Benona; assim, ao serem flagrados, o casamento dos dois seria inevitável. Desse modo, Margarida fica livre para se casar com Dodó, que havia prometido terras a Caroba, caso o matrimônio se concretizasse. Isto é, Caroba promete um favor para Eudoro, não o cumpre para poder efetivar sua promessa de outro favor para Dodó. Em ambos os casos, o favor aparece como prova de amizade e cumplicidade, mas apenas aquele em que Caroba receberá uma recompensa é que vale a pena ser executado.

Em *A Pena e a Lei*, Benedito, interessado em Marieta, vende aos dois pretendentes da mulher, Vicentão e Cabo Rangel, joias para que eles presenteiem a amada. Benedito inventa, porém, para cada um dos valentes, a história de que o outro quer matá-lo. Com medo de um possível duelo que acabe em morte, os dois valentões pedem a Benedito para que entregue o presente e convença o outro a desistir do noivado. Benedito, assim, prometendo favores aos dois, consegue dinheiro para pagar as joias, chama-os por apelidos, como Vicentão Borrote e Cabo Rosinha, e ainda arma uma situação em que os desmoraliza aos olhos de Margarida.

Os "poderosos" só aceitam o apelido e a intimidade porque se cria uma cumplicidade com o pobre. A estrutura hierárquica está aparentemente ameaçada, na medida em que, para trocar favores, ambas as partes devem estar no mesmo nível social. A princípio, a troca de favores se dá entre iguais. Quando o personagem esperto promete um favor ao poderoso, ele pode chamá-lo por apelidos, já que a distância social entre eles foi drasticamente diminuída. Mesmo assim, a própria necessidade de se estabelecer um sistema de troca de favores para que a hierarquia tome forma diluída acaba por reiterar a existência das desigualdades de *status* entre cada um dos personagens. O favor, dessa maneira, apesar de aparentemente ameaçar a hierarquia, de fato a reitera.

Caroba queria terras, por isso estabeleceu uma grande gama de relações pessoais baseadas no favor para atingir seu objetivo, inclusive enganando

O Brasil dos espertos

o homem rico Eudoro: ela anunciou levá-lo ao quarto de Margarida, mas levou-o ao de Benona.

Benedito combinou dar as joias em nome dos valentões, mas as deu em seu próprio nome. Prometera, a cada um dos valentes, convencer o outro a desistir do noivado, todavia armou uma situação em que os rendeu.

Nos textos de Suassuna, a esperteza do pobre faz com que ele perceba o funcionamento da lógica dos favores e, com isso, consiga, pelo menos na trama encenada, beneficiar-se dela. Não é à toa que quem tem a ideia de subornar o padre não é o padeiro, e sim João Grilo, por mais que a mulher do padeiro tenha demonstrado consciência da lógica quando ameaçou parar de fazer caridades para a Igreja.

Em o *Auto da Compadecida* o que move João Grilo é a intenção de vingar-se do patrão (o padeiro) que o explorou, e das más condições de trabalho a que está submetido. Pinhão, parceiro de Caroba em *O Santo e a Porca*, justifica as trapalhadas para enganar o patrão com a seguinte fala:

> PINHÃO
>
> Um momento, me solte! Vá pra lá! Eu confesso que furtei essa porca, mas o senhor não ganha nada mandando me entregar à polícia. Eu morro e não digo onde ela está! Todo mundo fala em furto, em roubo, e só se lembra da porca! Está bem, eu furtei a porca! Sou católico, li o catecismo e sei que isso não se faz! Mas onde está o salário de todos estes anos em que trabalhamos, eu, meu pai, meu avô, todos na terra de sua família, Seu Eudoro? Onde está o salário da família de Caroba, na mesma terra, Seu Eudoro? Não resta nada! Onde está o salário de Caroba durante o tempo que ela trabalhou aqui, Seu Euricão? Seu Euricão Engole-Cobra?
>
> (Suassuna, 1979: 79)

Esta situação de Pinhão assemelha-se com aquela descrita por Maria Sylvia Carvalho Franco em que o trabalhador livre se faz, de alguma forma, devedor do proprietário e por isso nunca recebe seu salário. Em uma fala anterior, Pinhão afirmou que seu Eurico dava um jantar na primeira noite de trabalho e, para pagá-lo, o trabalhador ficava sem receber o resto da vida.

O favor, nas peças de Suassuna, não constitui uma ideologia como defendida por Maria Sylvia, pois o povo miúdo é capaz de entender a lógica e utilizá-la para seus interesses. O favor, que para a autora geralmente beneficia o fazendeiro, nas peças de Suassuna beneficia também o pobre. É ele quem tem maior destreza para manipular as "regras do jogo", de maneira a atingir os seus objetivos. Claro que o personagem Pinhão denuncia ter a relação de favor beneficiado o patrão durante muito tempo, colocando os trabalhadores em condições quase de escravidão. Entretanto, na peça em si, a ação desenvolvida pelos personagens é, de alguma forma, libertadora no sentido de que a lógica de submissão é percebida pelos personagens e invertida a ponto de beneficiar os pobres, e não mais os ricos.

Ariano Suassuna, principalmente no *Auto da Compadecida*, traz uma hesitação que se repete nos artigos do *Jornal da Semana*. No primeiro capítulo, evidenciou-se o modo como o autor construiu a biografia de seu pai: um homem dividido entre a lógica familiar e a "jurista universitária". Para cumprir suas obrigações de governador, enfrentava a lógica familiar.

Mostrou-se também que o próprio Ariano oscila no juízo de valor que faz a respeito dessa hesitação entre lógica privada e pública da qual, supostamente, o pai sofria. Em alguns momentos, elogia João Suassuna por manter-se fiel às leis – recusou-se a aceitar o nome de seu amigo Carlos Pessoa por não ser paraibano, portanto, legalmente impossibilitado de se candidatar. Em outro caso, elogia a atitude do governador em relação a armar os cabras dos coronéis, como José Pereira, para combater o cangaceirismo. Assim, ao invés de investir em uma força pública de combate ao banditismo, Ariano vê como solução eficiente a criação de um batalhão privado a serviço do Estado, ou "fora de linha", como denomina em seu artigo do *Jornal da Semana* de 27/10/1973.

O Brasil dos espertos

227

No *Auto da Compadecida*, ao mesmo tempo em que denuncia o interesse do padre, do bispo e do sacristão nos favores materiais do padeiro, que só aceitam enterrar o cachorro quando recebem o suborno, faz com que o leitor se identifique com João Grilo e torça para que sua trama personalista funcione. O próprio palhaço, narrador do *Auto*, afirma que o autor escreveu essa peça para combater o mundanismo, praga de sua Igreja (Suassuna, 1999: 23). Essa ambivalência está também numa das peças mais moralistas de Suassuna: *O Casamento Suspeitoso*. A peça inicia-se com Cancão que, interessado em atrasar o casamento de Lúcia com Geraldo, pede ao Juiz Nunes que inicie o inventário:

NUNES
Mas afinal de contas, por que é que eu fui chamado?

CANCÃO
Porque a moça quer casar com Geraldo assim que chegar. A mãe disse que não transige nessas questões de moral e que se a filha ficar aqui com o noivo sem casar podem falar dela.

NUNES
Esse casamento é impossível, não se publicaram os proclamas.

CANCÃO
E se Geraldo abrir o inventário do pai dele? O senhor se lembra que esse inventário é o mais rico, o mais cheio de custas que já apareceu por aqui. Se ele abrir o inventário o senhor dá um jeito para o casamento não ser hoje?

NUNES
Se esse inventário se abrir, Cancão, eu faço o que Geraldo quiser. Mas você não disse que a moça quer casar hoje?

GASPAR
Disse.

228 Eduardo Dimitrov

> CANÇÃO
> Mas Geraldo não quer não, quem quer é a moça. É claro que ele não pode dizer isso abertamente, seria uma indelicadeza com a noiva. Mas se o senhor lhe desse o pretexto para não casar hoje, ele ficaria muito grato e abriria o inventário.
>
> (Suassuna, 1979: 89)

Mais adiante o juiz Nunes desconfia:

> NUNES
> É uma boa ideia, mas eu estou desconfiado. Qual é seu interesse nisso tudo?
>
> CANÇÃO
> Doutor Nunes, eu sou amigo de Geraldo!
>
> NUNES
> Não diga! Você pensa que eu sou menino, é, Cancão? Ainda mais esse santo aqui! Diga logo: qual é seu interesse?
>
> CANÇÃO
> Bem, se o senhor garante o segredo... Meu interesse é o inventário. O senhor sabe que Geraldo e Dona Guida têm toda confiança em mim. Pois bem, eu arranjo que eles requeiram o inventário. Mas em troca o senhor vai nomear a mim e a Gaspar como avaliadores nele. Assim, a gente entra também no dinheiro das custas.
>
> (Suassuna, 1979: 90)

Já nas primeiras falas há uma trama de troca de favores. Pode-se perceber que é o pobre quem está agenciando a lógica em busca de alguns objetivos – ajudar o patrão e entrar para "as custas do inventário". O leitor, provavelmente, identifica-se com Cancão, pois, dentre os personagens, é o que apresenta a intenção de desmascarar a noiva.

O Brasil dos espertos

Suassuna simpatiza com as artimanhas de todos os seus personagens pobres; vê, como uma arma, a capacidade que o pobre tem de utilizar a lógica personalista a favor de seus objetivos. Nesse sentido, pode-se considerar uma "saga nordestina às avessas", em que os obstáculos não causam sofrimento ao pobre. O esperto enfrenta os desafios com alegria e desenvoltura. Ele, assumindo o centro da peça, agencia as forças para ditar as regras do jogo. Todos os personagens giram em torno de João Grilo, Caroba, Cancão e Benedito. Nas peças, são eles que criam os seus destinos, e não o ambiente inóspito ou a baixa colocação na estrutura social. Porém, a moralidade presente nelas – principalmente em *O Casamento Suspeitoso* e *A pena e a Lei* – tende a ver essa mesma lógica como algo repudiável. Estabelece-se, assim, a mesma hesitação presente na narrativa de Ariano sobre a história de sua família, entre a valorização e o repúdio à lógica privada, como alternativa para a resolução prática dos problemas cotidianos.

Utilizando-se de elementos significantes – a cultura popular, o mamulengo, o cordel – Suassuna desenha um sertanejo da "negociação", nos termos de Reis (1999), e, acondicionando ao sertão a figura do malandro, cria o personagem esperto.

Por sinal, Antonio Candido anotara, em seu artigo *Dialética da Malandragem* (1993), como o malandro transita entre dois mundos apartados e como se constitui como um mediador entre dois polos distintos que compõem um par de oposições fundamentais para se compreender não só a obra como o Brasil. Antonio Candido fala da obra de Manuel Antônio de Almeida e não da de Suassuna, mas os paralelos são evidentes. Se Leonardo oscila entre a ordem e a desordem, como mostra Antonio Candido, João Grilo, e todos os outros espertos de Suassuna, pendulam entre a lógica pública e a privada, entre a lei e a intimidade.

O favor, no caso de Ariano Suassuna, seria um princípio mediador, tal como a dialética da ordem e da desordem o é para *Memórias de um Sargento de Milícias,* na análise de Antonio Candido. O favor, como uma forma de expressão da oscilação entre público e privado, organiza tanto as peças de Ariano como o seu relato sobre os acontecimentos de 1930.

A narrativa que Ariano constrói a respeito da história de sua família é permeada pela hesitação entre a valorização ora do espírito público de seu pai governante, ora da lealdade privada que este mantinha perante seus amigos e parentes. Da mesma forma, o dramaturgo ora denuncia a violação da ordem pública pelos coronéis e sacerdotes, ora alegra o palco com as intimidades dos espertos.

O princípio mediador presente nos escritos de Suassuna, a oscilação entre público e privado, organiza tanto as comédias, como a narrativa que ele constrói de sua própria família.

Ariano Suassuna e a cultura popular: ou considerações finais

Em 21 de fevereiro de 1996, dia do centenário de nascimento de sua mãe, Dona Rita de Cássia Dantas Villar, Ariano Suassuna escreve, ou finaliza, *História de Amor de Romeu e Julieta*. Publicada no suplemento "Mais!", do jornal *Folha de S. Paulo de* 19/01/1997, a pequena e, até então, última peça do autor é uma adaptação da famosa obra de Shakespeare e, ao mesmo tempo, de um folheto de cordel de João Batista de Ataíde. A peça termina com a narração do personagem Quaderna nas seguintes estrofes:

QUADERNA
Quem ouviu este Romance
e sabe o que se escreveu,
sabe a Condessa Montéquio
em que condições morreu.
Também conhece a fraqueza
que seu filho cometeu.

Romeu, que era valente
– diz a sua biografia –,
soube, dita por seu Pai,
a dor que este sofria.
Romeu jurou de vingá-lo,
no mesmo ou no outro dia.
Mas logo deixa a promessa
no fundo de uma gaveta.
Bastou ver, num belo seio,
um cacho de violetas.
Mesmo inimiga do Pai,

amou logo a Julieta.
Nas condições em que estava,
não tinha nenhum rodeio:
era vingar-se de tudo,
fingindo como um passeio.
Não tinha que perguntar
se o rosto era belo ou feio.

Mas ele não fez assim:
quando entrou naquela Sala,
viu Julieta dançando,
fez tudo pra conquistá-la.
Inda ela sendo uma Deusa,
ele deveria odiá-la!

Romeu foi falso a seu Pai,
vem daí o seu castigo.
Faltou-lhe tenacidade:
não percebeu o perigo
de se casar com a filha
de seu pior inimigo!

Foi este o maior motivo
de sua infelicidade.
Romeu traiu a família,
faltou-lhe com a lealdade.
Onde existe um ódio antigo
não pode haver amizade.

Os Amantes de Verona
tiveram fim desgraçado,
embora tenham morrido
um com a outra abraçado.
Julieta apunhalou-se,
Romeu foi-se, envenenado.

O Brasil dos espertos

De modo que o espetáculo acaba com a última estrofe do folheto sertanejo que lhe deu origem:

> Antero Savedra e Quaderna:
> Quem odeia a traição
> tem que dizer como eu:
> como o rapaz não vingou-se
> de tudo o que o Pai sofreu,
> eu escrevi, mas não gosto,
> da história de Romeu.

O narrador Quaderna[1] não se conforma com o fato de Romeu não ter vingado a morte de sua mãe, assassinada por um Capuleto, e ter cometido falha pior: apaixonar-se pela filha do inimigo. Ariano, em uma entrevista, comenta essa versão sugerida pelo folheto em que se inspirou:

> O folheto me tocou muito, porque era completamente diferente. Não sei se vocês notaram, mas todo mundo que escreve sobre "Romeu e Julieta" toma o partido dos dois adolescentes e sente compaixão por aquele pobre casal que morre por causa de uma briga familiar. Acontece que, no sertão, a família é mais importante que o indivíduo. A fidelidade familiar no sertão é um fator de sobrevivência. Você não pode ser infiel à família, porque senão você se acaba. O folheto era diferente de tudo o que eu tinha lido, porque o autor ficou perturbado com aquela história de "Romeu e Julieta", que contrariava seus valores. Então ele toma logo partido de uma das duas famílias. [...] Na sua versão de uma velha história, o autor [referindo-se ao autor do folheto] não admitiu que

---

1 Quaderna é o personagem narrador de seu principal romance *A Pedra do Reino* (1971). Desde então, Quaderna figura nas obras ficcionais de Suassuna.

Eduardo Dimitrov

seus valores fossem contrariados. Valores sagrados como o da fidelidade familiar. (Suassuna, 2000: 13)

Ariano escreve essa peça em homenagem à sua mãe, que, se não viveu um romance tão proibido como o de Julieta, também viveu atritos familiares com a escolha do marido. Como foi demonstrado, os Suassuna não eram inimigos diretos dos Dantas; contudo, João Suassuna teve sua criação muito próxima da família Pessoa, que mantinha distância política dos Dantas desde o Império. A união entre Suassuna e Dantas colaborou para aumentar o distanciamento entre João Suassuna e o centro da oligarquia Pessoa. A tragédia final, no caso, não foi a morte do dois amantes, mas o ciclo de mortes entre a família Pessoa, Dantas e Suassuna.

Na entrevista em que comenta a peça, Ariano enfatiza o caráter "sagrado" que a lealdade familiar tem para os sertanejos, lealdade que o próprio Ariano afirma ter procurado manter ao longo de toda a sua vida de escritor. Como foi exposto nos capítulos anteriores, Ariano Suassuna cria uma memória, selecionando fatos familiares e narrando-os tanto em seus artigos do *Jornal da Semana* como em suas peças de teatro. A construção de uma história familiar e a intenção de "preservar" a memória desse grupo em seus textos são exemplos da "fidelidade" que Ariano pretende garantir aos valores de seus parentes. É evidente como preservar é, para ele, selecionar, iluminar certos elementos em detrimento de outros.

Um dos valores que Ariano constrói e diz "preservar" em seu teatro é a noção de "cultura popular". Em todas as peças selecionadas é possível identificar algum elemento que remete a um certo estereótipo de "cultura popular nordestina", seja por meio do tom jocoso, seja por conta da religiosidade ou de alguma alusão a práticas como cordel e cantigas. *Uma Mulher Vestida de Sol*, *Auto da Compadecida*, *A Pena e a Lei*, *O Casamento Suspeitoso*, *O Santo e a Porca*, *Farsa da Boa Preguiça*, e mesmo esta última *A História de Amor de Romeu e Julieta*, foram peças baseadas em contos

O Brasil dos espertos

237

populares, teatro de mamulengos ou ainda em folhetos ou personagens de cordel.

Desse modo, Ariano Suassuna define e agencia a noção de "cultura popular" como um elemento que marca a identidade do seu grupo familiar. Sua família é de origem sertaneja, seu pai e seu primo João Dantas eram colecionadores de contos e poemas "populares", João Suassuna era amante das cantorias. Ariano agrupa esses elementos no que denomina de "cultura popular" e, a partir daí, usa essa noção para guiar sua ação criativa e, consequentemente, ancora-se em uma tradição familiar que ele mesmo colabora para edificar.

Suassuna é um escritor pertencente à Academia Brasileira de Letras, é professor universitário e já assumiu cargos públicos como o de Secretário da Cultura de Pernambuco. Afirma, por outro lado, que durante sua infância participava muito das rodas de cantadores, de teatro de mamulengos, de manifestações populares na cidade onde cresceu, Taperoá; mesmo quando adulto, continuou a interessar-se por esse universo. É Ariano um homem entre dois mundos – o oficial e o popular – a despeito de sempre destacar e valorizar (em seus discursos e textos) seu segundo lado.

Esse interesse do dramaturgo pelo que denomina de "manifestações populares" traduz-se em elementos literários. Os críticos – Carlos Newton Junior (2000), Idelette Muzart Fonsceca dos Santos (1999), Lígia Vassallo (1993), Sabato Magaldi (1962), entre outros – mapeiam as "fontes populares" que serviram de matrizes textuais à obra de Suassuna, que seriam basicamente folhetos de cordel. Essa presença do "popular" chama atenção da crítica não só pelas peças e romances, mas em função da própria postura do autor, que se revela sempre engajado "na luta pela defesa das manifestações populares do Nordeste", como mostra Maria Thereza Didier de Moraes em seu livro *Emblemas da Sagração Armorial* (2000).

Suassuna sempre trabalhou na tensão entre o popular e o oficial, uma vez que, desde o início do *Teatro do Estudante*, seu projeto estético

Eduardo Dimitrov

preocupou-se em partir das "manifestações populares" para criar uma obra de arte nos moldes da grande tradição ocidental. É o caso, por exemplo, do *Auto da Compadecida*, em que tendo como base três folhetos de cordel, compôs uma peça que dialoga tanto com as manifestações populares, como com autores atualmente consagrados pela cultura oficial: Molière, Gil Vicente e Calderón de La Barca.

No entanto, apesar de partir de uma certa leitura do "popular", não é possível classificar Suassuna como um "escritor popular", justamente pela posição oficial em que ele se insere e que sua produção conquistou. Seu teatro é considerado pelos críticos como fundamental para a solidificação do teatro moderno brasileiro (Magaldi, 1962; Prado, 1964); suas peças foram traduzidas para outras línguas, como o alemão, espanhol, francês, holandês, inglês, italiano e polonês; sua obra foi reconhecida pelo campo literário, o que lhe deu uma cadeira na Academia Brasileira de Letras, inúmeros prêmios e homenagens e uma vasta fortuna crítica. Desse modo, mais do que um autor popular, é um autor que versa sobre algo que denomina de "popular". O que guiou este trabalho foi tentar compreender a que "popular" Ariano se refere, e qual a relação dessa construção tanto com o seu teatro como com a sua genealogia.

Ou seja, quais são os elementos utilizados por Suassuna que o aproximam de uma estética popular? Quais são os espaços dramáticos, os personagens ou as formas de sociabilidade que ele construiu em suas peças e que fazem alusão ao que Ariano mesmo denominou de "cultura popular"? Retomando rapidamente as peças, pode-se fazer um breve mapeamento dessas características e compreender melhor como Ariano cria uma noção de "cultura popular", como depositária da essência do povo brasileiro e, ao mesmo tempo, ancora-se no interior de um grupo familiar – da maneira como ele o construiu em sua narrativa – que tem, na tal "cultura popular", um marcador social de diferença. Dessa maneira, a cultura – mais que etnia, raça ou gênero – é o que "marca" o grupo.

O Brasil dos espertos

239

A construção do popular

Como já visto, em todas as peças de Ariano Suassuna, a seca, a fome e a miséria rondam ora o centro, ora constituem-se como pano de fundo das histórias. A população simples, de baixa renda e que luta dia a dia para sobreviver, faz parte do universo dramático do autor, o que colabora para que as tramas sejam, associadas às classes pobres do Nordeste brasileiro.

Outro elemento que remete a um genérico universo popular é a religiosidade. Suassuna retrata uma maneira muito específica de os personagens relacionarem-se com as divindades, maneira essa muitas vezes personalista e cordial. Em *O Santo e a Porca* (1957), Eurico pede, a todo o momento, que Santo Antônio cuide de sua porca-cofre, protegendo-a das ameaças dos supostos ladrões. Ele se dirige ao santo como se falasse a um amigo:

EURICÃO
Ai, gritaram "Pega o ladrão!" Quem foi? Onde está? Pega, pega! Santo Antônio, Santo Antônio, que diabo de proteção é essa? Ouvi gritar "Pega o ladrão!". Ai, a porca, ai meu sangue, ai minha vida, ai minha porquinha do coração! Levaram, roubaram! Ai, não, está lá, graças a Deus! Que terá havido, minha Nossa Senhora? Terão desconfiado porque tirei a porca do lugar? Deve ter sido isso, desconfiaram e começaram a rondar para furtá-la! É melhor deixá-la aqui mesmo, à vista de todos, assim ninguém lhe dará importância! Ou não? Que é que eu faço, Santo Antônio? Deixo a porca lá, ou trago-a para aqui, sob sua proteção? Desde que ela saiu daqui que começaram as ameaças! É melhor trazê-la. Com a capa, porque alguém pode aparecer. Santo Antônio, faça com que não apareça ninguém! Não deixe ninguém entrar aqui. Vou buscar minha porquinha, mas não quero ninguém aqui.

Entra no socavão e volta com a porca. Eudoro Vicente entra e Euricão imediatamente cobre a porca com a capa, que colocou nos ombros para a eventualidade.

240

Eduardo Dimitrov

EURICÃO
Santo Antônio, que safadeza é essa? Isso é coisa que se faça?

(Suassuna, 1979: 48)

Essa cena é um bom retrato da maneira como o fiel, na religiosidade popular brasileira, vê-se ligado afetivamente com os santos e com o sagrado. Algo muito similar ao que Sérgio Buarque de Holanda identificou em *Raízes do Brasil*.[2] As cantigas e os versinhos dedicados às divindades – e atribuídos por Suassuna à "cultura popular"– são também uma outra maneira intimista de tratar os santos. João Grilo, por exemplo, chama Nossa Senhora por intermédio do versinho:

JOÃO GRILO
Ah isso é comigo. Vou fazer um chamado especial, em verso.
Garanto que ela vem, querem ver? (recitando)

Valha-me Nossa Senhora,
Mãe de Deus de Nazaré!
A vaca mansa dá leite,
A braba dá quando quer.
A mansa dá sossegada,
A braba levanta o pé.
Já fui barco, fui navio,
Mas hoje sou escaler.

---

2 Newman, em um dos seus sermões anglicanos, exprimia a "firme convicção" de que a nação inglesa lucraria se sua religião fosse mais supersticiosa, "more bigoted", se estivesse mais acessível à influência popular, se falasse mais diretamente às imaginações e aos corações. No Brasil, ao contrário, foi justamente o nosso culto sem obrigações e sem rigor, intimista e familiar, a que se poderia chamar, com alguma impropriedade, "democrático", um culto que dispensava no fiel todo esforço, toda diligência, toda tirania sobre si mesmo, o que corrompeu, pela base, nosso sentimento religioso. (Buarque, 2001: 150).

O Brasil dos espertos

Já fui menino, fui homem,
Só me falta ser mulher.

ENCOURADO
Vá vendo a falta de respeito, viu?

JOÃO GRILO
Falta de respeito nada, rapaz! Isso é o versinho de Canário
Pardo que minha mãe cantava para eu dormir. Isso tem nada
de falta de respeito!
Já fui barco, fui navio,
Mas hoje sou escaler.
Já fui menino, fui homem,
Só me falta ser mulher.
Valha-me Nossa Senhora,
Mãe de Deus de Nazaré.

(Suassuna, 1999: 169- 170)

Também em *Uma Mulher Vestida de Sol*, Ariano emprega algumas cantigas
religiosas. A cena do enterro do filho dos retirantes exemplifica este uso:

Entram todos, conduzindo o caixão que Manuel tem levado da capela para o
lugar onde se supõe que estava o corpo. Joana e Inácio [pais do menino] encabe-
çam o cortejo, com a dor já contida e rezando, como se, de certa forma, vissem
que não tinham mais nada a fazer pelo filho exceto isto.

JOANA
Tenho o meu rosário
pra nele eu rezar
mais Nossa Senhora
quando eu lá chegar

TODOS
Quando eu lá chegar
com muita alegria.

Rosário de prata
da Virgem Maria.

CÍCERO
Chega, irmão das almas, não fui eu que matei não!
Enquanto se enterra o rapaz, vão rezando e cantando.

DONANA, *cantando*
Nossa Senhora, orai por ele!
Inocência, *cantando*
Espada de ouro, orai por ele!

TODOS, *cantando*
Mãe de Deus, mãe de Deus,
Ó Mãe de Deus,
orai por ele, mãe de Deus!

RETIRANTE, *rezando*
Meu deus, tenha piedade de nós!

CÍCERO
O sangue vermelho foi derramado.

CAETANO, *rezando*
Estão se abrindo os portões
de prata do paraíso.

MARTIN, *rezando*
Adeus, adeus, meu irmão!
Até dia de juízo!

DONANA, *rezando*
Ó rosário sem mancha de Maria!

INOCÊNCIA, *rezando*
Ó mistério de sangue da Paixão

JOANA
O sangue por perto dele molhava a terra vermelha.

MANUEL, *rezando*
Virgem Mãe.

O Brasil dos espertos

243

CAETANO, *rezando*
Estrela matrona.

MARTIM, *rezando*
Bogari verdadeiro

GAVIÃO, *rezando*
Roda Mangerona.

CÍCERO
O sangue dele corria da Terra. Na terra de poeira parda.
Tinha mel e sangue na boca, vermelho e dourado. Os anjos
de ouro estavam no céu e a morte passou por ele, com as asas
brilhando, no vento cheio de sol.

(Suassuna, 1964: 52-54)

As cantigas, sejam alegres como a de João Grilo, ou fúnebres como as de *Uma Mulher Vestida de Sol*, os provérbios de Pinhão em o *Santo e a Porca*, a reescritura de folhetos e peças de mamulengo configuram referências diretas ao que Suassuna denomina de "manifestações da cultura popular". Muitas vezes, o dramaturgo detalha essas fontes nos prefácios ou em rubricas de textos, indicando os respectivos autores ou a região de onde provêm.

No caso do *Auto da Compadecida*, o autor faz questão de explicitar suas fontes de inspiração, anunciando em quais folhetos baseou-se. Suassuna sempre apresenta as fontes populares que aproveita em suas peças. Tudo parece indicar uma "aliança" com o "popular", permitindo pensar que só haveria também uma forma de popular. Por outro lado, ele explicita sua filiação à tradição teatral ocidental – Plauto, Molière e Gil Vicente – apenas em entrevistas e artigos. Ou seja, ele explicita suas referências em ambientes distintos e, como na construção da memória de sua família, seleciona os elementos que julga merecerem não ser esquecidos. O teatro é popular, mas a inspiração é erudita, um autor armorial ou memorialista.

Suassuna entre o Popular e o Oficial

Quando o TEP iniciou suas atividades em 1946, com o intuito de trazer o "povo" ao teatro, Ariano primeiro levou os violeiros para dentro do Teatro Santa Isabel, a maior e mais prestigiada casa de espetáculos do Recife. Como já foi dito, Valdemar de Oliveira – diretor do *Santa Isabel* e da companhia dos *Amadores*, ambos vinculados ao governo estadual – não tinha, em seus projetos artísticos, objetivo de incorporar as manifestações regionais do Estado e aprovara tal iniciativa com ressalvas.

A revista *Contraponto* publicou algumas matérias sobre o folclore, sobre a cerâmica de Mestre Vitalino e sobre o frevo, mas a cultura popular nunca chegou ao palco de Valdemar de Oliveira. Ariano foi o primeiro, em Recife, a escrever peças baseadas na cultura popular. Por mais que a intenção do TEP fosse levar o teatro ao povo, apenas *Cantam as Harpas de Sião* foi encenada pelos estudantes. *Uma Mulher Vestida de Sol*, escrita por Ariano enquanto o TEP ainda estava atuante, jamais chegou a ser estreada no palco; as demais peças foram criadas quando o grupo já tinha se diluído.

Cantam as Harpas de Sião ou *O Desertor de Princesa*, apesar de não conter cantigas ou referências diretas à cultura popular, é uma peça que se passa no sertão e apresenta problemas vividos pelos sertanejos nos anos 1930.

O *Auto da Compadecida* é o auge do projeto teatral de Ariano. Com a peça encenada pela primeira vez em 1956, no teatro Santa Isabel, Suassuna consegue levar a temática sertaneja ao palco da elite urbana, que tanto seu pai como ele criticavam. O espaço dramático, os personagens, as referências à cultura e às tradições populares, as cantigas proclamadas por Grilo, as mentiras de Chicó, tudo fez com que o sertão pulsasse no palco de Valdemar de Oliveira: o diretor elogiado e financiado por colegas de João Pessoa, entre eles Agamenon Magalhães.[3] O

---

3 Agamenon Magalhães estava ao lado de João Pessoa no momento em que João Dantas fez os disparos na Confeitaria Glória.

O Brasil dos espertos

Auto foi a peça que lhe trouxe mais fama e, ao mesmo tempo, ofuscou o *Teatro de Amadores*, até então a vanguarda do teatro pernambucano.[4] Ariano, desse modo, fez com que aqueles elementos sertanejos, aos quais ele se filiara na construção de sua história familiar, figurassem no palco da elite, que havia, anos antes, tirado os Suassuna da cena política. Tentou, de alguma forma, oficializar essas práticas sertanejas ao transpô-las para seu teatro, assim como seu pai tentara divulgar o gosto pelas cantorias sertanejas trazendo repentistas para o interior do Palácio do Governo. Ariano criou, com os elementos que representam sua própria família, um teatro reconhecido nacionalmente.

De certo modo, aquelas manifestações que não eram consideradas como pertencentes ao âmbito oficial da cultura acabaram, apropriadas pelo teatro, ganhando cada vez mais espaço. Em um primeiro momento, as peças foram encenadas pelo grupo de universitários em palco italiano improvisado, como o caso de *Cantam as Harpas de Sião* (1948). Em um segundo momento, principalmente a partir do *Auto da Compadecida*, as peças passaram a ser encenadas por companhias profissionais, em salas de espetáculos renomadas. *O Santo e a Porca* foi montada pela primeira vez no Rio de Janeiro, no Teatro Dulcina, em 1958, pela companhia *Teatro Cacilda Becker* sob a direção de Ziembinski. *O Casamento Suspeitoso* estreou em 1958 em São Paulo no teatro Bela Vista, com a companhia Nydia Lícia/Sergio Cardoso, dirigida por Hermilo Borba Filho. Em um terceiro momento, os textos das peças foram publicados e o número de críticos que escrevem sobre Ariano Suassuna aumenta a cada ano.

Se, em 1946, havia uma preocupação do *Teatro do Estudante* em iniciar a população pobre em uma forma de expressão artística específica, dez anos mais tarde o teatro de Ariano Suassuna termina elegendo e difundindo costumes de um certo Nordeste brasileiro para um público que não os conhecia,

---

4 Como já foi dito nos capítulos anteriores, com a encenação do *Auto da Compadecida* no Sudeste do país, a crítica tende a avaliar que o TAP parou no tempo, como mostra Cadengue (1989).

apesar de já iniciado na arte dramática. As peças, portanto, acabam mantendo o caráter didático, mas para um outro público: para uma elite que vai ao teatro e que não é familiarizada com essas manifestações nordestinas eleitas, por Suassuna, como "genuinamente brasileiras".

Suassuna ganhou circulação nacional. Suas peças viajaram por muitos Estados, levando esse retrato particular do Nordeste para aqueles que pouco ou nada conhecem dessa região. Sua "cultura popular", utilizada como base e fonte inspiradora, alcança os palcos do Rio de Janeiro e de São Paulo.

Suas peças funcionam como "verdadeiras aulas" de "como é o povo brasileiro" para os próprios brasileiros que não compartilham desses códigos e costumes. Suassuna atribui ao seu alcance nacional, ao seu sucesso, o fato de ter conseguido reproduzir um caráter "autêntico" das "verdadeiras práticas do povo". Mesmo hoje, em encenações recentes das mesmas peças e em suas Aulas-Espetáculos,[5] não é difícil ouvir o público, na saída, comentando "como é brasileira esta peça" ou então "que aula de Brasil".[6]

O mesmo pode-se dizer das políticas que Ariano implementou quando assumiu cargos públicos, assim como da criação do *Movimento Armorial*, que prega a valorização da cultura popular brasileira e a sua utilização na construção de uma arte erudita. O projeto implica trazer para os âmbitos eruditos e urbanos do *Brasil Oficial* os elementos sertanejos aos quais se liga

---

5 Como foi visto, Aula-Espetáculo é uma espécie de palestra na qual Ariano Suassuna leva, na maioria das vezes, músicos, quadros e fotografias para apresentar suas ideias a respeito da "cultura popular". Com isso a aula se mistura com um espetáculo.

6 Essas frases foram ouvidas em diversos momentos, entre eles: no final de *A Pena e a Lei*, montada pelos detentos do Centro de Observação Criminológica da Penitenciária do Estado de São Paulo em meados de 2000; na encenação de *O Santo e a Porca* dirigida por Mônica Ribeiro e apresentada no Festival de Inverno de Ouro Preto em julho de 2001; no seminário *Conteúdo Brasil*, realizado em 01/02/2004 no Tuca, numa promoção conjunta da PUC de São Paulo com a Rede Globo de Televisão.

O Brasil dos espertos

e que julga representantes do *Brasil Real*– para retomar a leitura de Ariano sobre Machado de Assis. A transformação do prédio da detenção de Recife – onde João Dantas e Augusto Caldas foram assassinados – na atração turística *Casa da Cultura*, um monumento ao consumo de artesanatos "tipicamente nordestinos", fala por si só. História e cultura constituem um caldo e, assim naturalizados, bem valem ora um enredo, ora um monumento. Há, ainda, outros exemplos: a criação da Ilumiara Zumbi, em Olinda-PE, para que os grupos de Maracatu Rural se apresentem, a nomeação de artistas populares como seus assessores quando, em 1995, desempenhou a função de Secretário da Cultura no governo de Miguel Arraes, enfim, todas as políticas públicas que Ariano Suassuna executou levaram em conta a defesa e a valorização do que ele chamou de "cultura popular". Em outras palavras, usando novamente sua leitura particular de Machado de Assis, foram tentativas de se garantir um espaço no *Brasil Oficial* para o *Brasil Real*.

Suassuna conseguiu por meio do seu ofício de escritor retirar o sertão – que fora, segundo ele, esmagado pela brutalidade do mundo urbano em 1930 – da posição periférica e colocá-lo no centro do palco. Os valores defendidos por sua família: a "cultura popular", o "modo de vida sertanejo", a "civilização do couro", foram por ele reconstruídos narrativamente de diversas maneiras. No teatro, na imprensa, na prosa e na poesia, aos poucos, Ariano Suassuna conseguiu que o seu mundo, construído de acordo com seus valores familiares, fosse aplaudido pelo mesmo mundo urbano que antes tentara, sem conseguir, invadir o *Território Livre de Princesa*.

Epílogo

No dia 20 de julho de 2006, quando este estudo estava praticamente finalizado, pré-estreava no SESC Anchieta, em São Paulo, *A Pedra do Reino*, adaptação feita por Antunes Filho dos principais romances de Ariano Suassuna: *Romance d'A Pedra do Reino e do Príncipe do Sangue do Vai-e-volta* (1971) e *História do Rei Degolado nas Caatingas do Sertão: ao Sol da Onça Caetana* (1977).

Esses dois romances trazem fortes referências autobiográficas, o que, segundo Idelette Muzart Fonseca dos Santos, faz o narrador se confundir com o autor, "criando inclusive problemas de verossimilhança interna" (1999: 102). Esses deslizamentos teriam, ainda na opinião de Santos, colaborado para que Ariano interrompesse seu projeto da trilogia, deixando de escrever o último dos livros. O mesmo motivo fez com que Suassuna impedisse, na década de 1980, que Antunes Filho adaptasse seus romances para o palco. Vinte anos mais tarde e depois de muita negociação, Antunes conseguiu convencer Ariano a deixá-lo encenar a peça; o resultado foi a montagem que acabou por arrancar lágrimas do dramaturgo, então com 79 anos.

A montagem de Antunes Filho respeitou a atmosfera mágica e pouco realista tanto dos romances como dos textos teatrais de Suassuna, utilizando cantigas, poemas e trechos dos livros nas falas dos personagens. O diretor não teve como preocupação resumir o enredo. Buscou, principalmente, reproduzir o tom dos romances e do universo literário criado por Ariano Suassuna.

Na seleção de Antunes Filho, os elementos autobiográficos acentuaram-se ainda mais. Encenados, ganharam vida. Quaderna, o narrador que se encontra preso, respondendo a um processo por uma misteriosa morte, confundiu-se cada vez mais com o autor ao narrar as histórias de João Pessoa e João Suassuna. Na peça, Antunes encenou a disputa entre a oligarquia Pessoa e a família Dantas. Retratou, também, como um caso de Romeu e Julieta, o casamento entre João Suassuna e Rita de Cássia Dantas Villar. E, na caracterização das famílias, os Pessoa, principalmente João, eram os mais urbanos, aqueles que não conseguiam andar a cavalo e conversar sem ter sua fala ritmada pelo trote do animal. João Pessoa, além do mais, tinha o sotaque estrangeirado, como se fosse um americano falando português. Já os Dantas não: eram os sertanejos, com fala natural, mesmo que no lombo do cavalo.

Nesse sentido, a adaptação de Antunes colaborou para a solidificação da imagem que Ariano Suassuna pretendeu criar de si mesmo e dos seus pares. Em cima do palco do SESC, a memória de sua família, a memória que ele construiu, foi legitimada, mais uma vez, por uma montagem de um diretor renomado, encenada em uma instituição de extremo prestígio. Sérgio Mamberti, Paulo Autran, Bárbara Heliodora foram apenas alguns dos nomes importantes para o teatro nacional sentados nas primeiras fileiras da pré-estreia. Até eu mesmo, um mero pesquisador da obra, fui convidado e cumpri meu papel na perpetuação desse criador e de sua criatura: seu teatro, sua memória.

Como as outras iniciativas artísticas de Ariano, essa adaptação também retomou o seu mundo social, valorizando a sua "cultura popular" e detratando os estrangeirismos. Como nas genealogias, mais uma vez, recordavam-se os amigos e excluíam-se os inimigos.

A memória familiar construída por Ariano, a sua genealogia, ganhou mais um fascículo. A montagem de Antunes Filho representou mais um número de seu grande almanaque "memorial".

Bibliografia

Obras e depoimentos de Ariano Suassuna[1]

SUASSUNA, Ariano. "Notas sobre a música da Capiba". In: CAPIBA [Lourenço da Fonseca Barbosa]; FERREIRA, Ascenso. *É de Tororó*. Rio de Janeiro: Casa do Estudante do Brasil, 1951.

_____. *O Arco Desolado*. Recife: versão datilografada pelo autor, 1952.

_____. *O Desertor de Princesa*. Recife: versão datilografada pelo autor, 1948-1958.

_____. "Teatro Região e Tradição'. In: AMADO, Gilberto. *Gilberto Freyre: sua ciência, sua filosofia, sua arte: ensaios sobre o autor de Casa-Grande & Senzala*. Rio de Janeiro: José Olympio, 1962.

_____. *Uma Mulher Vestida de Sol*. Recife: Imprensa Universitária, 1964.

_____. "Jiapiassu: musa sertaneja". In: APIASSU, Janice. *Canto Amargo: poesia armorial nordestina*. Recife: Universidade Federal de Pernambuco, 1970, p.. 9-18.

_____. *Romance d'a pedra do reino e o príncipe do sangue do vai-e-volta*. Rio de Janeiro: José Olympio, 1971.

---

1 Devo agradecer, mais uma vez, o Prof. Dr. Carlos Newton Júnior por ter-me indicado grande parte das referências aqui citadas.

256   Eduardo Dimitrov

_____. "Arte Popular no Brasil no Brasil". In: MELO, José Marques de *et al. Folkcomunicação*. São Paulo, Universidade de São Paulo/Escola de Comunicação e Artes, 1971b.

_____. "A compadecida e o Romanceiro Nordestino". In: *Literatura Popular em Verso*. Estudos; Tomo I. Rio de Janeiro: Casa Rui Barbosa, 1973, p. 153-164.

_____. *O Movimento Armorial*. Recife: UFPe/Editora Universtária, 1974.

_____. "Torturas de um coração ou Em Boca Fechada não Entra Mosquito". In: *Seleta em Prosa e Verso*. Rio de Janeiro: José Olympio, 1974.

_____. *Seleta em Prosa e Verso*. Organização, estudo e notas de Silvano Santiago. Rio de Janeiro/Brasília: José Olimpio/ Instituto Nacional do Livro, 1974.

_____. *Iniciação à Estética*. Recife: UFPe/ Editora Universitária, 1975.

_____. *A Onça Castanha e a Ilha Brasil: uma reflexão sobre a cultura brasileira*. Recife: UFPE, Tese de livre-docência, 1976.

_____. *História d'O Rei Degolado nas Caatingas do Sertão: Ao Sol da Onça Caetana: romance armorial e novela romançal brasileira*. Rio de Janeiro: José Olympio, 1977.

_____. "Introdução". In: BARROS, Leandro Gomes de. *Antologia*. Rio de Janeiro/João Pessoa: Casa de Rui Barbosa/ Universidade Federal da Paraíba, 1977b, p. 1-7.

_____.*O Santo e a Porca & O Casamento Suspeitoso*. Rio de Janeiro: José Olympio, 1979.

_____. *As Cochambranças de Quaderna*. Recife: versão datilografada pelo autor, 1987.

O Brasil dos espertos

_____. Discurso de Posse do Acadêmico Ariano Suassuna. Recife; companhia Ed. de Pernambuco, 1990

_____. "Novo romance sertanejo". In: CAMPOS, Maximiano. *Sem lei nem Rei*. 10ª ed. São Paulo: Melhoramentos, 1990b, p. 129-142.

_____. "Carrero e a novela armorial". In: Carrero, Raimundo. *A História de Bernarda Soledade, a tigre do sertão*. Recife: Bagaço, 1993, p. 7-16.

_____. *A História do Amor de Fernando e Isaura*. Recife: Bagaço, 1994.

_____. "César Leal, Poeta do Verão". In: Joachim, Sebastien (org.) *César Leal: Poeta e crítico de poesia*. Recife: Fundação de Cultura Cidade do Recife/Universidade Federal de Pernambuco/Editora Universitária, 1994b, p. 36-40.

_____. *A história do Amor de Romeu e Julieta*. São Paulo, "Mais", Folha de São Paulo, 19.01.97.

_____. "Um Brasileiro". In: CARVALHO, Artur (org.) *Barbosa Lima Sobrinho: monumento vivo*. Recife; Comunicarte, 1997b, p. 39-40.

_____. *Entrevista Ariano Suassuna*: Depoimento. [1998] São Paulo: Vintém. Entrevista concedida a Márcio Marciano e Sergio de Carvalho.

_____. *Auto da Compadecida*. 34. ed. Rio de Janeiro: Agir, 1999.

_____. *Poemas*. Seleção, organização e notas de Carlos Newton Júnior. Recife: Universidade Federal de Pernambuco/ Editora Universitária, 1999b.

_____. *Homem Vestido de Sol*: Depoimento. [jan/fev. 2000 ano 1, n.10] Belo Horizonte: Palavra. Entrevista concedida a Tonico Mercador.

_____. *Ao Sol da Prosa Brasiliana*: Depoimento. [n.10, nov. 2000b] São Paulo: CADERNOS DE LITERATURA BRASILEIRA: Ariano Suassuna.

_____. *Do Sucesso para a Solidão do Sertão*: Depoimento. [dez. 2000c] São Paulo: Istoé Gente-71. Entrevista concedida a Luciano Suassuna.

_____. *O País Profundo de Suassuna*: Depoimento. [ano 1, n. 06, agosto 2002 p. 44-49] São Paulo: Primeira Leitura. Entrevista concedida a Vera Magalhães.

_____. *Roda Viva: Ariano Suassuna*: Depoimento [2002b] São Paulo: Programa Roda Viva Fundação Padre Anchieta,/TV Cultura, 2002b.

_____. *A Pena e a Lei*. 6.ed. Rio de Janeiro: Agir, 2003.

_____. *Eu não Faço Concessão Nenhuma*: Depoimento. [ano VII n. 75, junho 2003b] São Paulo: Caros Amigos.

_____. *Farsa da Boa Preguiça*. Rio de Janeiro: José Olympio, 2005.

_____. *No Meio do Caminho Tinha uma Pedra do Reino*: Depoimento. [ano 1, n. 3 jul. 2005b] São Paulo: Entre Livros. Entrevista concedida a Maurício Santana.

Colunas na Imprensa

ALMANAQUE ARMORIAL DO NORDESTE [Página semanal, publicada no *Jornal da Semana*, do Recife, de 17/23 dez. 1972 a 2/8 jun. 1974.]

SUASSUNA, Ariano. *Frade, Cangaceiro, Professor, Palhaço e Cantador. Livro Negro do Cotidiano. O "Lunário e Prognóstico Perpétuo". Para Quem Engole Cobra. A Vida É Sonho. Meu Almanaque Particular. Elogio do Almanaque Em Geral.* Jornal da Semana, Recife, 17-23 dez.,1972.

O Brasil dos espertos

_____. *Concurso Nacional Aniversário de Trovador. Os Violões de Catullo. Como Se Deve Concorrer ao Concurso. Os Prêmios. Quem Pode Concorrer. Para Onde Mandar as Décimas. Quem É Rodolfo Coelho Cavalcante. "A Chegada de Getúlio Vargas ao Céu e o seu Julgamento"*. Jornal da Semana, Recife, 24 a 31 Dez., 1972.

_____. *Um Pouco de Vanglória e de Farofa. A Grande Janice Japiassu. De Reis e Muitos Reinados. Desenhos de Francisco de Assis Vasconcelos. Um Pré-Rafaelita Sertanejo. Lampião e Dom Pedro Dinis Quaderna. Rifle de Ouro e Governador do Sertão. J. Borges, O Caçador de Onça*. Jornal da Semana, Recife, 31. Dez. 1972 a 6 Jan. 1973.

_____. *Estórias Mal Contadas. Suassuna e Politika. O Capitão Irineu Rangel. O Cabo e a Coragem. O Café do Mercado. O Revólver e a Faca. Esteja Preso. Questão de Princípio. Estória de Doido. Meu Tio e o Doido. O Doido de Patos. Patos, A Paraíba e o Mundo*. Jornal da Semana, Recife, 7 a 13 Jan., 1973.

_____. *O Grande Miguel dos Santos. Regionalistas e Modernistas. Nada de Realismo Mágico Francês. Garra Popular. O Povo Brasileiro e o Real. Miguel e o Movimento Armorial. De Besta, Eu Só Tenho a Cara. Miguel, Samico e Brennand. Samico e o Movimento Armorial. Brennand e Eu. Quem é o Movimento Armorial*. Jornal da Semana, Recife, 14 a 20 Jan., 1973.

_____. *Histórias de Meu Pai. Suassuna e o Barão de Itararé. Cantadores no Palácio do Governo. Castro Alves e os Cantadores. A Cantoria do Palácio. Suassuna e Carlos Dias Fernandes. C. D. Fernandes e os Cantadores. A Sextilha de José Clementino. O Repente de José Batista. A Resposta de José Clementino. Suassuna e os Doidos*. Jornal da Semana, Recife, 21 a 27 Jan., 1973.

_____. *Ainda Sobre Miguel dos Santos. Walmir Ayala e Eu. Walmir Ayala e Miguel Dos Santos. Vanguarda e Fabulário Nordestino. As Famosas "Pesquisas"*.

O Sonho do Povo e um Pequeno Silogismo. Tradição e Poesia. Pastiches Bem Promovidos. Jornal da Semana, Recife, 28 Jan. a 3 Fev., 1973.

———. *O Fidalgo da Mancha e Eu. Delmiro Dantas Corrêa de Goes. Dedé Dantas e Ulysses Lins. Clister De Pimenta. Outra Versão da História. A Segunda Aventura de Clister. O Caso da Caminhada Dolorosa. As Primeiras Cancelas. A Terceira Cancela. Comentário meu, Sobre o Caso.* Jornal da Semana, Recife, 4 a 10 Fev., 1973.

———. *Minhas Brigas com o Teatro. "A Compadecida" Em Paris. "A Compadecida" Na Holanda. A Briga com o Grupo Francês. "A Pena e A Lei" No Rio. Vaqueiros de Pijama de Veludo. Pederastia e Sacrilégio. Popularização e Vulgarização. O Tucap e o Machismo.* Jornal da Semana, Recife, 11 a 17 Fev., 1973.

———. *O Tesouro do Pirata em Candeias. Dois Adultos Entram em Cena Com Intenções Ocultas. O Capitão Vasco Moscoso de Aragão. A Casa Misteriosa. Ocupação da Casa Misteriosa. Sensação No Povoado. A Mulher do Milionário Americano. O Funcionário Implicante.* Jornal da Semana, Recife, 18 a 24 Fev., 1973.

———. *A Viagem Aventurosa do Capitão Vasco. Partida Heroica. O Desastre. A Amarração Exagerada. O Pileque. O Triunfo. A Volta.* Jornal da Semana, Recife, 25 Fev. a 3 Mar., 1973.

———. *Quaderna, O Decifrador. Dom Quixote ao Contrário. A Expedição do Tesouro. Arranca-Se O Tesouro. Como era o Tesouro. Condução do Tesouro para a Costa. A posse do Tesouro.* Jornal da Semana, Recife, 4 a 10 Mar., 1973.

———. *O Ministro Veloso e Eu. O Ministro Cirne Lima. Paraibanos e Piauienses. O Sertanejo Assassino. Simplício Pereira. História de Gaúcho. O Gaúcho de Campina.* Jornal da Semana, Recife, 11 a 17 Mar., 1973.

O Brasil dos espertos

_____. *A Pensão de Dona Berta. O Comunista Rubem Braga. O Revólver e o Diploma do Comunista. Salomão, o Imigrante. Cena Bárbara no Mercado de São José. A Fuga.* Jornal da Semana, Recife, 18 a 24 Mar., 1973.

_____. *Noel Nutels no Cemitério Russo. Noel Nutels Em Alagoas. Capiba, Noel e João Suassuna. Dona Berta e os Suassunas. Noel Nutels como Estudante. A Arteriosclerose de Monkberg.* Jornal da Semana, Recife, 25 a 31 Mar., 1973.

_____. *A Lição de Anatomia. A Forma da Traqueia. Os Dez Mil Réis de Capiba. O Noel que Eu Conheci.* Jornal da Semana, Recife, 31 Mar. a 7 Abr., 1973.

_____. *Homero Existiu?. A "Ilíada" e a "Odisseia". Shakespeare existiu?. Shapeskeare era Italiano?. Shakespeare era Inglês. Homero, Shakespeare e Eu.* Jornal da Semana, Recife, 8 a 14 Abr., 1973.

_____. *Cartas de Leitores. O Coronel Joca Pinga-Fogo. A Morte do Coronel Joca Pinga-Fogo. A seara de Caim. Dona Olindina. Final Da Tragédia.* Jornal da Semana, Recife, 15 a 21 Abr., 1973.

_____. *Histórias de Paraibanos. O Prefeito e a Onça. A Onça e o Paraibano. A Carta. Bichos e Bichas. Outra História de Paraibano. O Júri. O Manifesto.* Jornal da Semana, Recife, 22 a 28 Abr., 1973.

_____. *O Movimento Armorial. Ausência de Manifesto. O Começo da Música Armorial. A Viola e a Rabeca. Música Sertaneja e Música Armorial. Classicismo Sertanejo.* Jornal da Semana, Recife, 29 Abr. a 5 Maio, 1973.

_____. *Primeiro Quinteto Armorial. A Viola Sertaneja. Primeiras Músicas Armoriais. A Orquestra Armorial de Câmera. Meu Medo da Orquestra. A Universidade e o Conservatório.* Jornal da Semana, Recife, 6 a 12 Maio, 1973.

_____. *Antônio José Madureira. Os Cantadores. O Que é Arte Armorial. Os Brasões do Povo. Esclarecimento.* Jornal da Semana, Recife, 13 a 19 Maio, 1973.

_____. *A Estreia do Quinteto Armorial. O Programa do Concerto. A Exposição de Artes Plásticas. Entra em Cena o Marimbau. O Quinteto e a Cultura Brasileira. Os Cabeludos da Guitarra Elétrica.* Jornal da Semana, Recife, 20 a 26 Maio, 1973.

_____. *Amigos e Inimigos. Arte Brasileira e Arte Cosmopolita. O Quinteto Armorial e os Adesistas. A Nova Fase do Quinteto. Adesistas da Arte Brasileira.* Jornal da Semana, Recife, 27 Maio a 2 Jun, 1973.

_____. *Meu Prêmio e os Bodes. Charme Sertanejo?. Quem Somos Nós. Porque Prefiro As Cabras. Cabras e Não Vacas.* Jornal da Semana, Recife, 3 a 9 Jun., 1973.

_____. *Meus Bodes. As Vantagens do Bode. Delmiro Gouveia e o Couro de Bode. Meus Bodes e Costa Porto. O Senador Paulo Guerra e Minhas Cabras.* Jornal da Semana, Recife, 10 a 16 Jun, 1973.

_____. *Maximiano Campos. "Sem Lei Nem Rei". José Américo De Almeida e José Lins Do Rego. A Casa Sertaneja.* Jornal da Semana, Recife, 17 a 23 Jun., 1973.

_____. *O Negro Tibiu. O Negro Lampa. Jesuíno Brilhante. Personagens Diversificados.* Jornal da Semana, Recife, 24 a 30 Jun., 1973.

_____. *A Bondade Impotente e o Mal Rebelado. Cavaleiros e Cangaceiros Romantizados. O Cangaceiro e sua Amada. Realismo Sertanejo e Romantismo da Mata. Maximiano Campos e o Romanceiro. Mural Nordestino.* Jornal da Semana, Recife, 1 a 7 Jul., 1973.

O Brasil dos espertos 263

_____. *O Ex-Governador e os Bodes. Jucelino Kubitschek e as Cabras. Ameaça Capitalista à Minha Criação. O Curandeiro Sertanejo. A Garrafada. A Notícia. Eu, A Denasa e o Curandeiro.* Jornal da Semana, Recife, 8 a 14 Jul., 1973.

_____. *Maximiano Campos e Euclydes da Cunha. Euclydes da Cunha e Augusto Dos Anjos. Regionalismo Quarto Episódio da Escola Nordestina. Originalidade de Maximiano Campos. Superação do Regionalismo.* Jornal da Semana, Recife, 15 a 21 Jul., 1973.

_____. *Os Homens do Povo. Na Estrada. A Poesia Áspera do Sertão. Graciliano Ramos e Guimarães Rosa. "O Velho e o Mar" De Hemingway. Os Filhos de Senhores de Engenho.* Jornal da Semana, Recife, 22 A 28 Jul., 1973.

_____. *Adonias Filho e Maximiano Campos. Grandes Poetas do Nordeste. Maximiano Campos e O Movimento Armorial. A Poesia de Deborah Brennand. São Sebastião e o Rei.* Jornal da Semana, Recife, 29 Jul. A 4 Ago., 1973.

_____. *Maximiano Campos e Janice Japiassu. Janice Japiassu e Guimarães Rosa. Os Reinos das Fazendas e dos Engenhos. O Reino do Sertão e o Reino da Mata.* Jornal da Semana, Recife, 5 A 11 Ago., 1973.

_____. *De Novo o Doutor Kubistchek. À Sombra das Cabras em Flor. A Cidade e o Sertão. Primeira História de Cabreiros. A Segunda História de Cabreiros.* Jornal da Semana, Recife, 12 a 18 Ago., 1973.

_____. *Guimarães Rosa e José Cândido de Carvalho. O Realismo Mágico Francês e o Brasil. Hermilo Borba Filho e Maximiano Campos.* Jornal da Semana, Recife, 19 a 25 Ago., 1973.

_____. *Hélio Fernandes e as Cabras. As Cabras e a Infância do Homem de Campos. A Proposta de Compra. Minha Resposta ao Homem de Campos. O Comerciante de Taperoá.* Jornal da Semana, Recife, 26 Ago. a 1 Set., 1973.

_____. *A Arte Popular e o Folclore. A Cultura Popular. A Arte Ligada ao Popular. Outro Tipo de Artistas e Escritores. Outro Conceito de Cultura Popular. As Condenações dos Educadores.* Jornal da Semana, Recife, 2 a 8 Set., 1973.

_____. *Cartas sem Resposta. O Ministro Fernando Nóbrega. Cartão de Aniversário.* Jornal da Semana, Recife, 7 a ? Set., 1973.

_____. *Alcides Santos e a "Bolsa De Arte". Nordestinos, Gregos e Hindus. O Nordeste e Alcides Santos. A Escultura Nordestina.* Jornal da Semana, Recife, 16 a 22 Set., 1973.

_____. *Ângelo Monteiro e Maximiano Campos. O Picaresco. "A Loucura Imaginosa". O Épico e o Picaresco. Thomas Mann e o "Dom Quixote".* Jornal da Semana, Recife, 23 a 29 Set., 1973.

_____. *O Museu do Cangaço. A Revolução de 1930. As Cartas de João Dantas.* Jornal da Semana, Recife, 30 Set. a 6 Out., 1973.

_____. *Ernany Satyro, Os Cangaceiros s Eu. Cangaceiros s Cabras. Os Pistoleiros. Sinhô Pereira.* Jornal da Semana, Recife, 7 a 13 Out., 1973.

_____. *Os Cabras e os Fazendeiros. José Pereira, João Suassuna e João Dantas. Suassuna e os Irmãos. José Pereira, Suassuna e os Cangaceiros.* Jornal da Semana, Recife, 14 a 20 Out., 1973.

_____. *Suassuna, José Pereira e o Cangaço. José Pereira, Manuel Benício e Francisco de Oliveira. O Início Da Luta. Benício e o Fogo do Pau Ferrado.* Jornal da Semana, Recife, 21 a 27 Out., 1973.

_____. *Cantadores e Cangaceiros. Facó, Beatos e Cangaceiros. Lampião e Luís Carlos Prestes. Sertanejos, Comunistas e Progressistas.* Jornal da Semana, Recife, 28 Out. a 3 Nov., 1973.

_____. *A Coluna Prestes e o Povo. A Derrota e a Vitória. Prestes, A Coluna e a Derrota. Princesa e o Presidente João Pessoa.* Jornal da Semana, Recife, 4 a 10 Nov., 1973.

_____. *Os Cangaceiros e a Literatura de Cordel. Lampião e os Cantadores. Lampião, Prestes e Padre Cícero. Lampião e a Luta de Classes.* Jornal da Semana, Recife, 11 a 17 Nov., 1973.

_____. *Lampião, Prestes e o Combate do Cipó. O Padre Cícero. Lampião, Suassuna e a Paraíba. O Combate de Serrote Preto.* Jornal da Semana, Recife, 18 a 24 Nov., 1973.

_____. *José Pereira Contra os Cangaceiros. Lampião e a Paraíba. Suassuna e Lampião. Serrote Preto Visto por Suassuna.* Jornal da Semana, Recife, 25 Nov. a 1 Dez., 1973.

_____. *Levante na Paraíba - 1926. O Presidente de Chapéu de Couro. Suassuna e Manuel Dos Prazeres.* Jornal da Semana, Recife, 2 a 8 Dez., 1973.

_____. *Suassuna, Governador do Sertão. A Cidade e o Sertão. Reação dos Citadinos Contra o Campo. João Pessoa e Suassuna.* Jornal da Semana, Recife, 9 a 15 Dez., 1973.

_____. *Início do Governo João Pessoa. A Administração Milagrosa. Novamente a Cidade Contra o Sertão.* Jornal da Semana, Recife, 16 a 22 Dez., 1973.

_____. *O Mundo do Poder - Monthérlant. O Mundo do Poder - Os Políticos. O Poder - Stáline e Hitler. Nixon e Mao-Tsé-Tung.* Jornal da Semana, Recife, 23 a 29 Dez., 1973.

_____. *O Poder e a Traição. O Poder r a Maldade Humana. O Homem do Poder.* Jornal da Semana, Recife, 30 Dez. 1973 a 5 Jan., 1974.

_____. *A Luta Política de 1930. A Cisão Política na Paraíba. A Chapa de Deputados. O Telegrama de Suassuna.* Jornal da Semana, Recife, 6 a 12 Jan., 1974.

_____. *Maldade de Suassuna e Bondade de João Pessoa. Suassuna, Intrigante e Mentiroso. O Banquete de Princesa.* Jornal da Semana, Recife, 13 a 19 Jan., 1974.

_____. *A Chapa de Deputados. Suassuna, Candidato Avulso. Confirmação de José Américo de Almeida.* Jornal da Semana, Recife, 20 a 26 Jan., 1974.

_____. *A Hipocrisia dos Dantas E dos Suassunas. O Rompimento. A Candidatura Suassuna.* Jornal da Semana, Recife, 27 Jan. a 2 Fev., 1974.

_____. *A Eleição. O Ataque À Teixeira. Suassuna, Mentiroso e Covarde.* Jornal da Semana, Recife, 3 a 9 Fev, 1974.

_____. *Início da Luta Armada. Os Cabras dos Dantas. Ascendino, João Pessoa e José Américo.* Jornal da Semana, Recife, 10 a 16 Fev., 1974.

_____. *Tavares e o Comandante João Costa. A Coluna Invencível. A Emboscada de Água Branca.* Jornal da Semana, Recife, 3 a 9 Mar., 1974.

_____. *Desespero e Fúria de João Pessoa. Incêndio das Fazendas dos Dantas. Almas-Danadas de João Pessoa.* Jornal da Semana, Recife, 10 a 16 Mar

_____. *As Armas de Princesa. O Infamante Episódio das Cartas. A Opinião de Barbosa Lima.* Jornal da Semana, Recife, 17 a 23 Mar., 1974.

_____. *Café Filho Sobre João Dantas. A Infâmia de "A União" E da Polícia. A Alma do Homem Honesto.* Jornal da Semana, Recife, 24 a 30 Mar., 1974.

O Brasil dos espertos

_____. *Minha "Imparcialidade" Sobre 1930. As Versões dos Pessoístas. João Pessoa e As Cartas de João Dantas.* Jornal da Semana, Recife, 31 Mar. a 6 Abr., 1974.

_____. *Os Dantas - Família de Ladrões. A Resposta de João Dantas.* Jornal da Semana, Recife, 7 a 13 Abr., 1974.

_____. *Véspera da Morte de João Pessoa. Atentado Abominável. João Pessoa, Um Desvairado. João Dantas, Passador de Moeda Falsa.* Jornal da Semana, Recife, 14 a 20 Abr., 1974.

_____. *João Dantas, Falsário e Ladrão. João Dantas, Defensor do Sr. Gentil Lins. Delicadeza Moral de João Dantas.* Jornal da Semana, Recife, 21 a 27 Abr., 1974.

_____. *A Viagem de João Pessoa ao Recife. O Motivo da Viagem. Palavras de João Pessoa Sobre A Viagem. O Papel de Antônio Pontes. A Partida.* Jornal da Semana, Recife, 28 Abr. a 4 Maio, 1974.

_____. *O Dia 26 De Julho de 1930. João Dantas. Suassuna. Covardia. A Morte.* Jornal da Semana, Recife, 5 a 11 Maio, 1974.

_____. *Augusto Caldas. O Telefonema d os Tiros. O Depoimento de João Dantas.* Jornal da Semana, Recife, 12 a 18 Maio, 1974.

_____. *Augusto Caldas, Inocente. O Tiro.* Jornal da Semana, Recife, 19 a 25 Maio, 1974.

_____. *Esclarecimento. O Tiro, de novo. O Guarda-Costas Antonio Pontes.* Jornal da Semana, Recife, 26 Maio a 1 Jun., 1974.

_____. *Meu Padrinho Júlio Lyra. As Testemunhas. Outro Depoimento. Valor Desses Depoimentos. O Motivo Verdadeiro.* Jornal da Semana, Recife, 2-8 Jun., 1974.

_____. "A confissão desesperada". *Diário de Pernambuco*. Recife, de 26 jun. 1977 a 09 ago. 1981.

_____. "Ariano Suassuna". *Folha de São Paulo*. São Paulo, de 02 fev. 1999 a 04 jul. 2000.

_____. "Almanaque Armorial Brasileiro". *Folha de São Paulo*, São Paulo, de 10 jun. 2000 a 26 mar. 2001.

Sobre Suassuna

BATISTA, Maria de Fátima Barbosa de Mesquita. *A Predicação em História d'O Rei Degolado nas Caatingas do Sertão de Ariano Suassuna: Uma Visão Semântico-Sintática*. João Pessoa, Universidade Federal da Paraíba, Dissertação de Mestrado, 1986.

BRONZEADO, Sônia Lúcia Ramalho de Farias. *Messianismo e Cangaço na Ficção Nordestina: Análise dos Romances Pedra Bonita e Cangaceiros, de José Lins do Rêgo, e A Pedra do Reino, de Ariano Suassuna*. Rio de Janeiro, Pontifícia Universidade Católica, Tese de Doutorado, 1988.

CADERNOS DE LITERATURA BRASILEIRA. *Ariano Suassuna*. São Paulo: Instituto Moreira Salles, n.10, nov. 2000.

CARVALHO, Maria Eleuda de. *Cordelim de Novelas da Xerazade do Sertão ou Romance d'A Pedra do Reino, Narrativa de Mediações entre o Arcaico e o Contemporâneo*. Fortaleza, Universidade Federal do Ceará, Dissertação de Mestrado, 1998.

CASTRO, Ângela Maria Bezerra de. *Gil Vicente e Ariano Suassuna: Acima das Profissões e dos Vãos Disfarces dos Homens*. Rio de Janeiro, Pontifícia Universidade Católica, Dissertação de Mestrado, 1976.

O Brasil dos espertos

DIAS, Vilma T. Barbosa. *Suassuna, Procedimentos Estilísticos: Análise Quantitativa de O Santo e a Porca.* Rio de Janeiro, Universidade Federal do Rio de Janeiro, Dissertação de Mestrado, 1981.

GUAPIASSU, Paulo Roberto. *A Marmita e a Porca: A Presença Plautiana na Comédia Nordestina.* Rio de Janeiro, Universidade Federal do Rio de Janeiro, Tese de Doutorado, 1980.

GUIDARINI, Mário. *Os Pícaros e os Trapaceiros de Ariano Suassuna.* São Paulo: Ateniense, 1992.

MATOS, Geraldo da Costa. *O Palco Popular e o Texto Palimpsético de Ariano Suassuna.* Juiz de Fora, Esdeva, 1988.

_____. *O Riso e a Dor no Auto da Compadecida.* Juiz de Fora, Universidade Federal de Juiz de Fora, Dissertação de Mestrado, 1979.

MICHELETTI, Guaraciaba. *Na Confluência das Formas: O Discurso Polifônico de Quaderna/Suassuna.* São Paulo: Clíper, 1997.

MORAES, Maria Thereza Didier de. *Emblemas da Sagração Armorial: Ariano Suassuna e o Movimento Armorial (1970-1976).* Recife: Universidade Federal de Pernambuco/Editora Universitária, 2000.

_____. *Miragens Peregrinas De Brasil No Sertão Encantado De Ariano Suassuna.* São Paulo, Universidade de São Paulo, Tese de Doutorado, 2004.

NEWTON JR., Carlos. *Os Quixotes do Brasil: O Real e o Sonho no Movimento Armorial.* Recife, Universidade Federal de Pernambuco, Monografia (Especialização em Teoria da Arte), 1990.

_____. *A Ilha Baratária e a Ilha Brasil.* Natal: Universidade Federal do Rio Grande do Norte/ Editora Universitária, 1996.

270   Eduardo Dimitrov

_____. *O Pai, o Exílio e o Reino*: *A Poesia Armorial de Ariano Suassuna*. Recife: Universidade Federal de Pernambuco e Editora Universitária, 1999.

_____. *O Circo da Onça Malhada: iniciação à obra de Ariano Suassuna*. Recife: Artelivro, 2000.

_____. *Vida de Quaderna e Simão*. Recife: Editora Universitária da UFPE; Ed. Artelivro, 2003.

NOGUEIRA, Maria Aparecida Lopes. *O Cabreiro Tresmalhado: Ariano Suassuna e a Universalidade da Cultura*. São Paulo: Palas Athena, 2002

NOVAIS, Maria Ignez Moura. *Nas Trilhas da Cultura Popular: O Teatro de Ariano Suassuna*. São Paulo, Universidade de São Paulo, Dissertação de Mestrado, 1976.

NUNES, Maria Zélia de Lucena. *Valor Estilístico do Epíteto em A Pedra do Reino de Ariano Suassuna*. João Pessoa, Universidade Federal da Paraíba, Dissertação de Mestrado, 1978-1979.

PINHEIRO, Kilma de Barros. *A Pedra do Reino e a Tradição Literária Brasileira*. Brasília, Universidade de Brasília, Dissertação de Mestrado, 1983.

PONTES, Catarina Santana. *O Riso-a-Cavalo no Galope do Sonho*: *Auto da Compadecida*. Niterói, Universidade Federal Fluminense, Dissertação de Mestrado, 1981.

PRADO, Décio de Almeida. "Auto da Compadecida". In: *Teatro em Progresso: Crítica Teatral* (1955-1964), São Paulo: Martins Fontes, 1964.

RABETTI, Beti (org.). *Teatro e Comicidades: Estudos sobre Ariano Suassuna e outros ensaios*. Rio de Janeiro: 7Letras, 2005.

O Brasil dos espertos

SANTOS, Idelette Muzart Fonseca dos. *Em demanda da Poética Popular: Ariano Suassuna e o Movimento Armorial*. Campinas: Editora da Unicamp, 1999.

_____. "O Decifrador de Brasilidades". In: *Cadernos de Literatura Brasileira*. n. 10, nov. 2002.

SILVA, Rivaldete Maria Oliveira da. *Recursos Cômicos em A Pena e a Lei, de Ariano Suassuna: Personagem e Linguagem*. João Pessoa, Universidade Federal da Paraíba, Dissertação de Mestrado, 1986.

VAN WOENSEL, Maurice. *Uma Leitura Semiótica de A Pedra do Reino, de Ariano Suassuna*. João Pessoa, Universidade Federal da Paraíba, Dissertação de Mestrado, 1978.

VASSALLO, Lígia. *O Sertão Medieval: Origens europeias do teatro de Ariano Suassuna*. Rio de Janeiro: Franscisco Alves, 1993.

_____. *O Grande Teatro do Mundo*. In: *Cadernos de Literatura Brasileira*. *Ariano Suassuna*. São Paulo: Instituto Moreira Salles, n.10, nov. 2000.

VILAÇA, Marco Vinicios. "Em Louvor do Cangaceiro de Taperoá". In: *No Território do Sentimento*. Recife: Fundação de Cultura Cidade do Recife, 1992.

WANDERLEY, Vernaide Medeiros. "Sertão de Ariano Suassuna - Família e Poder: Uma Leitura". *Cadernos de Estudos Sociais*. Recife: vol. 9, n. 1, p. 137-160, jan./ jun. 1992.

_____; MENEZES, Eugênia. "Ariano Suassuna: A Dimensão Simbólica". *Momentos de Crítica Literária VIII*, Campina Grande [Governo do Estado da Paraíba], 1994, p. 537-544.

_____; _____. *Viagem ao Sertão Brasileiro: leitura geo-sócio-antropológica de Ariano Suassuna, Euclides da Cunha e Guimarães Rosa*. Recife: Fundação do Patrimônio Histórico e Artístico de Pernambuco (FUNDARPE), 1997.

_____. *A Pedra do Reino: Sertão Vivido de Ariano Suassuna*. Rio Claro, Universidade Estadual Paulista, Tese de Doutorado, 1997.

Livros, teses e artigos

ABREU F., Ovídeo de. "Parentesco e Identidade Social". *Anuário Antropológico*. Fortaleza: Ed. UFC/Rio de Janeiro: Tempo Brasileiro, n. 80, 1982. p. 95-118.

ALMEIDA, José Américo de. *O ano do Nego*. João Pessoa: Fundação Casa José Américo/Companhia Paraibana de Gás, 2005.

ALVIM, Rosilene. *A sedução da cidade: os operários-camponeses e a fábrica dos Lundgren*. Rio de Janeiro: Graphia, 1997.

ANDRADE, Ana Isabel de Souza Leão (Coord.). *O Arquivo José Américo e a Revolução de 1930*. João Pessoa: Fundação Casa de José Américo, 1985.

ARRUDA, Maria Arminda do Nascimento. *Metrópole e Cultura: São Paulo no meio século XX*. Bauru, SP: EDUSC, 2001.

BAKHTIN, Mikhail Mikhailovitch. *A Cultura Popular na Idade Média e No Renascimento: O Contexto de François Rabelais*. São Paulo-Brasília: Hucitec, 1999.

BOAS, Franz. *Primitive Art*. Dover publicatins, New York, 1955.

_____. *Primeiras Características Culturais*. (1911). Tradução Margarida Maria Moura. (Mimeo)

_____. *Antropologia cultural*. Org. e trad. Celso Castro. Rio de Janeiro: Zahar, 2004.

_____. *A Formação da Antropologia Americana: antologia/ Franz Boas*; Org. George W. Stoking, Jr. Rio de Janeiro: Contraponto: Editora UFRJ, 2004.

BORBA FILHO, Hemilo. *Duas Conferências (Teatro: Arte do Povo; Reflexoes sobre a "Mise-em-Scène")*. Recife: Diretoria de Documentação e Cultura/ Prefeitura Municipal do Recife, 1947.

_____. *Fisionomia e Espírito do Mamulengo*. São Paulo: Cia. Editora Nacional, 1966.

_____. *Sobrados e Mocambos: uma peça segundo sugestões da obra de Gilberto Freyre nem sempre seguidas pelo autor*. Rio de Janeiro: Civilização Brasileira, 1972.

BOSI, Alfredo. *História Concisa da Literatura Brasileira*. São Paulo: Cultrix, 1999.

BOURDIEU, Pierre. *As Regras da Arte*. São Paulo: Companhia das Letras, 2002.

_____. *Meditações Pascalianas*. Rio de Janeiro: Bertrand Brasil, 2001.

_____. "Objectiver lê sujet de l'objectivation"; "Esquisse pour une autoanalyse". In: *Science de la Science et Réflexivité: Cours du Collège de France 2001*. Paris: Raisons d'Agir, 2001, p. 167-223.

BRANDÃO, Carlos Rodrigues. *Identidade e Etnia. Construção da pessoa e resistência cultural*. São Paulo: Brasiliense, 1986.

BURKE, Peter. *Cultura Popular na Idade Moderna: Europa, 1500 – 1800*. São Paulo: Companhia das Letras, 1989.

CADENGUE, Antonio Edson. *Tap: anos de aprendizagem; o teatro de amadores de Pernambuco (1941-1947)*. São Paulo, Universidade de São Paulo, Dissertação de Mestrado, 1989.

_____. *Tap: sua cena e sua sombra - o teatro de amadores de Pernambuco (1948-1991)*. São Paulo, Universidade de São Paulo, Tese de Doutorado, 1991.

CALDAS, Joaquim Moreira. *Porque João Dantas Assassinou João Pessoa*. João Pessoa: Manufatura, 2005.

CANDIDO, Antonio. *Formação da Literatura Brasileira*. Belo Horizonte: Itatiaia, 1975.

_____. *Parceiros do Rio Bonito*. São Paulo: Duas Cidades, 1975.

_____. *Literatura e Sociedade*. São Paulo: Companhia Editora Nacional, 1965.

_____. "Dialética da Malandragem". In: *O Discurso e a Cidade*. São Paulo: Duas Cidades, 1993.

_____. "A revolução de 30 e a cultura" In: *A Educação pela Noite e Outros Ensaios*, São Paulo: Ática, 1989.

CANÊDO, Letícia Bicalho. "Caminhos da Memória: Parentesco e Poder". In: *Textos de História*. vol. 2, n. 3. p. 85-122. 1994.

_____. "As metáforas da família na transmissão do poder político: questões de método". *Cadernos Cedes*, ano XVIII, n. 42, out. 1997. p. 29-52.

CARVALHO, José Murilo. *A Formação das Almas*. São Paulo: Companhia das Letras, 1992.

O Brasil dos espertos

CARVALHEIRA, Luiz Maurício Britto. *Por um teatro do povo e da terra: Hermilo Borba Filho e o Teatro do Estudante de Pernambuco.* Recife: Governo de Pernambuco, Secretaria de Turismo, Cultura e Esportes, Fundação do Patrimônio Histórico e Artístico de Pernambuco, Diretoria de Assuntos Culturais, 1986.

CHANDLER, Billy Janes. *Os Feitosas e o Sertão dos Inhamuns: A história de uma família e uma comunidade no Nordeste do Brasil – 1700 – 1930.* Fortaleza: Edições UFC; Rio de Janeiro: Civilização Brasileira, 1981.

COMERFORD, John Cunha. *Como uma Família: sociabilidade, territórios de parentesco e sindicalismo rural.* Rio de Janeiro: Relume Dumará, 2003.

CORRÊA, Mariza. "Repensando a família patriarcal brasileira". In: ALMEIRA, Maria S.Kofes de et al. *Colcha de Retalhos.* São Paulo: Brasiliense, 1982. p. 13-38.

COSTA, Iná Camargo. *A Hora do Teatro Épico no Brasil.* Rio de Janeiro: Paz e Terra, 1996.

COSTA PINTO, Luís Aguiar. *Lutas de Família no Brasil.* São Paulo: Companhia Editora Nacional,1949.

COUTINHO, Natércia Suassuna Dutra Ribeiro. *Paraíba – Nomes do Século: João Suassuna.* Paraíba: A União Editora, 2000.

_____. *História de Duas Vidas: Adília e Natércio.* Paraíba: Sol da Terra, 2001.

CUNHA, Euclides da. *Os Sertões.* São Paulo: Cultrix, 1973.

CUNHA, Manoela Carneiro da. "O futuro da questão indígena". In: SILVA, Aracy Lopes da; GRUPIONI, Donisete Benzi (orgs.). *A Temática Indígena na Escola.* Brasília: MEC/MARI/UNESCO, 1995, p. 129-141.

DA MATTA, Roberto. "A obra literária como etnografia: notas sobre as relações entre literatura e antropologia" in *Conta de Mentiroso: Sete ensaios de antropologia brasileira*. Rio de Janeiro: Rocco, 1993.

_____. *Carnavais, Malandros e Heróis*. Rio de Janeiro: Zahar, 1983.

_____. "A família como valor: considerações não-familiares sobre a família à brasileira". In: Almeira, Ângela Mendes de (org.). *Pensando a Família no Brasil: da colônia à modernidade*. Rio de Janeiro: Espaço e Tempo/Ed. da UFRJ, 1987. p. 115-136.

_____. *O que Faz do Brasil, Brasil*. Rio de Janeiro: Rocco, 1997.

DARNTON, Robert. *Grande Massacre de Gatos e outros episódios da história cultural francesa*. Rio de Janeiro: Graal, 1986.

_____. *O Beijo de Lamourette – Mídia, Cultura e Revolução*. São Paulo: Companhia das Letras, 1990.

DUARTE, Nestor. *A Ordem Privada e a Organização Política Nacional*. São Paulo: Companhia Editora Nacional. 1966.

DURKHEIM, É. *As Formas Elementares da Vida Religiosa* São Paulo: Martins Fontes, 2000.

ECO, Umberto. *Sobre os Espelhos e Outros Ensaios*. Rio de Janeiro: Nova Fronteira, 1989.

ELIAS, Norbert. *A Sociedade de Corte* (1933). Rio de Janeiro: Zahar, 2001.

_____. *Mozart, sociologia de um gênio*. Rio de Janeiro: Zahar, 1995.

FONSECA, Cláudia. "Amor, família: vacas sagradas da nossa época". In: RIBEIRO, Ivete; RIBEIRO, Ana Clara T. (orgs.). *Família em Processos*

O Brasil dos espertos

Contemporâneos: inovações culturais na sociedade brasileira. São Paulo: Loyola, 1995. p. 69-89.

_____. *Família, Fofoca e Honra: etnografia das relações de gênero e violência em grupos populares*. Porto Alegre: Ed. UFRGS, 2000.

FRANCO, Maria Sylvia de Carvalho. *Homens Livres na Ordem Escravocrata*. São Paulo: Editora Ática, 1974.

FREYRE, Gilberto. *Casa-Grande & Senzala* (1933). Rio de Janeiro/São Paulo: Record, 2001.

_____. "Manifesto Regionalista". In: QUINTAS, Fátima. *Manifesto Regionalista*. Recife: Editora Massangana, 1996.

FRYE, Northrop. *Anatomia da Crítica*. São Paulo: Cultrix, 1973.

GEERTZ, Clifford. *A Interpretação das Culturas*. Rio de Janeiro: Zahar, 1978.

_____. *Saber Local: novos ensaios em antropologia interpretativa*. Petrópolis: Vozes, 1997.

_____. *Nova Luz sobre a Antropologia*. Rio de Janeiro: Zahar, 2001.

GINZBURG, Carlo. *O Queijo e os Vermes: o cotidiano e as ideias de um moleiro perseguido pela inquisição*. São Paulo: Companhia das Letras, 1987.

GRAHAM, Richard. *Clientelismo e Política no Brasil do Século XIX*. Rio de Janeiro: Editora UFRJ. 1997.

GUINSBURG, J.; FARIA, João Roberto; LIMA, Mariangela Alves de (coord.). *Dicionário do teatro brasileiro: temas, formas e conceitos*. São Paulo: Perspectiva: SESC-São Paulo, 2006.

Eduardo Dimitrov

HALBWACHS, Maurice. *Les Cadres Sociaux de La Mémoire*. Paris: Albin Michel, 1994.

HEREDIA, Beatriz M. A. de. & GARCIA JR., Afrânio Raul. "Trabalho Familiar e campesinato". América Latina. Rio de Janeiro: Centro Latino Americano de Pesquisas em Ciências Sociais, ns. 1/2, ano 14, Jan./Jun. 1971. p. 10-20.

HEREDIA, Beatriz M. A de. *A Morada da Vida: trabalho familiar de pequenos produtores do Nordeste do Brasil.* Rio de Janeiro: Paz e Terra, 1979.

HOBSBAWM, Eric. *A Invenção das Tradições.* Rio de Janeiro: Paz e Terra, 1984.

HOLLANDA, Sérgio Buarque de. *Raízes do Brasil.* São Paulo: Companhia das Letras, 2001.

HOUAISS, Antônio; VILLAR, Mauro Salles. *Dicionário Houaiss da Língua Portuguesa.* Rio de Janeiro: Objetiva, 2001.

INOJOSA, Joaquim. *República de Princesa.* Rio de Janeiro: Civilização Brasileira/ INL/ MEC, 1980.

LEAL, José. *Dicionário Biobibliográfico Paraibano.* João Pessoa: FUNCEP, S/d.

LEPENIES, Wolf. *As Três Culturas.* São Paulo: EDUSP, 1996.

LEWIN, Linda. *Política e Parentela na Paraíba. Um estudo de caso da oligarquia de base familiar.* Rio de Janeiro: Record. 1993.

_____. "Some Historical Implications of Kinship Organization for Family-Based Politics in the Brazilian Northeast". Comparative Studies in Society and History, vol. 21. 1979, p. 262-292.

LINS, Osman. *Guerra do "Cansa Cavalo".* São Paulo: Imprensa Oficial do Estado, 1966.

LINS, Wilson. "Mandonismo e Obediência". In: LINS, Wilson *et al* (org.). *Coronéis e Oligarquias.* Salvador: UFBA/Ianamá, 1988. p. 7-28.

MAGALDI, Sábato. *Moderna Dramaturgia Brasileira.* São Paulo: Editora Perspectiva, 1998.

_____. *Panorama do teatro brasileiro.* São Paulo: Difusão Europeia do Livro, 1962.

MARQUES, Ana Claudia. *Intrigas e Questões. Vingança de família e tramas sociais no sertão de Pernambuco.* Rio de Janeiro: Relume Dumará, 2002.

_____. "Política e questão de família". Revista de Antropologia, vol. 45, n. 2, 2003. p. 417-442.

MAUSS, Marcel. *Sociologia e Antropologia.* São Paulo: Cosac & Naify, 2004.

MELO NETO, João Cabral de. *Morte e Vida Severina e outros poemas para vozes.* Rio de Janeiro: Nova Fronteira, 1994.

MESQUITA, Lauro. Hermilo "Borba Filho: um pensador do teatro popular". *Revista Vintém: Teatro e Cultura Brasileira.* São Paulo: Companhia do Latão/Editora Hedra, S.d.

MICELI, Sérgio (org). *História das Ciências Sociais no Brasil*, vol. 2. São Paulo: Sumaré, 1995.

_____. *Intelectuais à brasileira.* São Paulo: Companhia das Letras, 2001.

MOTTA, Leonardo. *Violeiros do Norte.* São Paulo: Monteiro Corato, 1925.

MOURA, Margarida Maria. *Os Herdeiros da Terra: parentesco e herança numa área rural.* São Paulo: Hucitec, 1978.

280 Eduardo Dimitrov

NÓBREGA, Apolônio. *História Republicana da Paraíba*. Departamento de Publicidade-Divisão de Imprensa oficial. João Pessoa (Paraíba): 1950. p. 91-220.

ODILON, Marcus, *Pequeno Dicionário de Fatos e Vultos da Paraíba*. Rio de Janeiro: Editora Cátedra LTDA, 1984.

ORTIZ, Renato. *Cultura Brasileira e Identidade Nacional*. São Paulo: Brasiliense, 1988.

_____. *A Moderna Tradição Brasileira: cultura brasileira e indústria cultural*. São Paulo: Brasiliense, 2001.

PALMEIRA, Moacir & HEREDIA, Beatriz Maria A. de. "Política Ambígua". In: BIRMAM, Patrícia (org.). *O Mal à Brasileira*. Rio de Janeiro: Ed. UERJ, 1997. p. 159-184.

PINTO, Luiz de Aguiar Costa. *Lutas de Famílias no Brasil*. São Paulo: Companhia Editora Nacional, 1949.

PONTES, Heloisa. *Destinos Mistos: os críticos do Grupo Clima em São Paulo (1940-68)*. São Paulo: Companhia das Letras, 1998.

_____. "Brasil com z: a produção sobre o país, editada aqui, sob a forma de livro, entre 1930 e 1988". In: MICELI, Sergio (org.). *História das Ciências Sociais no Brasil*. São Paulo: Vértice/ IDESP, 1989, vol.1, p. 359- 409.

PONTES, Joel. *O Teatro Moderno em Pernambuco*. Recife: Governo do Estado de Pernambuco, Secretaria de Educação, Cultura e Esportes/ FUNDARPE: Companhia Editora de Pernambuco, 1990.

PRADO, Décio de Almeida. *Teatro em Progresso: crítica Teatral (1955-1964)*. São Paulo: Livraria Martins Editora, 1964.

_____. *O Teatro Brasileiro Moderno: 1930-1980*. São Paulo: Perspectiva/Edusp, 1988.

_____. "A Personagem no Teatro". In: CANDIDO, Antonio. *A Personagem de Ficção*. São Paulo: Perspectiva, 1998.

_____. *Apresentação do Teatro Moderno Brasileiro*. São Paulo: Perspectiva, 2001.

QUEIROZ, Maria Isaura P. de. *O Mandonismo Local na Vida Política Brasileira e Outros Ensaios*. São Paulo: Alfa-Ômega, 1976.

QUEIROZ, Rachel. *O quinze*. Rio de Janeiro: José Olympio, 2004.

_____. *Lampião. A beata Maria do Egito*. Rio de Janeiro: José Olympio, 2005.

REIS, João José; SILVA, Eduardo. *Negociação e Conflito: A resistência negra no Brasil escravista*. São Paulo: Companhia das Letras, 1999.

SAHLINS, Marshall. *Ilhas e História*. Rio de Janeiro: Zahar, 1990.

_____. *O "pessimismo sentimental" e a experiência etnográfica: por que a cultura não é um "objeto" em via de extinção (parte II)*. Mana, Oct. 1997, vol. 3, n. 2, p. 103-150.

SCHWARCZ, Lilia Katri Moritz. *O Espetáculo das Raças: cientistas, instituições e questão racial no Brasil –1870-1930*. São Paulo: Companhia das Letras, 1993.

_____. *Complexo de Zé Carioca*. Revista Brasileira de Ciências Sociais, São Paulo, n. 29, out. 1995.

_____. *As Barbas do Imperador: D. Pedro II, um monarca nos Trópicos*. São Paulo: Companhia das Letras, 1998.

282 Eduardo Dimitrov

SCHWARZ, Roberto. *Que Horas São?* São Paulo: Companhia das Letras, 1987.

_____. "As ideias fora do lugar". In: *Ao Vencedor as Batatas*. São Paulo: Duas Cidades; Ed. 34, 2000.

SILVA, Francisco Pereira da. *Desejado; Romance do Vilela*. Rio de Janeiro: Agir, 1973.

_____. *Cristo proclamado*; *O chão dos penitentes*. Rio de Janeiro: Agir, 1975.

STOCKING JR., George W. (Org). "Pressupostos básicos da antropologia de Boas". In: Boas, Franz. *A Formação da Antropologia Americana: antologia*. Rio de Janeiro: Contraponto: Editora UFRJ, 2004.

SUASSUNA, Raimundo. *Uma Estirpe Sertaneja: Genealogia da Família Suassuna*. João Pessoa: A União, 1993.

SUASSUNA FILHO, João. *Memórias... Histórias...* Recife: Ed. Do Autor, 2000.

SYLVESTRE, Josué. *Da Revolução de 30 à Queda do Estado Novo: Fatos e personagens da história da Campina Grande e da Paraíba (1930/1945)*. Brasília: Senado Federal, Centro Gráfico, 1993.

TAMARU, Ângela Harumi. *Construção Literária da Mulher Nordestina em Raquel de Queiroz*. Campinas, Unicamp, Tese de Doutorado, 2004.

TERUYA, Marisa Tayra. *Trajetória Sertaneja: um século de poder e dispersão familiar na Paraíba (1870-1970)*. São Paulo, Universidade de São Paulo, Tese de Doutorado, 2002.

VENTURA, Roberto. *Estilo Tropical*. São Paulo: Companhia das Letras, 1992.

O Brasil dos espertos

VIANNA, Oliveira. *Instituições Políticas Brasileiras: Fundamentos Sociais do Estado*. 3ª Ed. Rio de Janeiro: Record, 1974.

VICENTE, Gil. *Obras-primas do Teatro Vicentino*. São Paulo: Difusão Europeia do Livro e Edusp, 1970.

VILHENA, Luís Rodolfo. *Projeto e missão, o movimento folclórico brasileiro, 1947-1964*. Rio de Janeiro: FUNARTE/ FGV, 1997.

VILLELA, Jorge L. M. "Societas Sceleris – cangaço e formação de bandos armados no sertão de Peranambuco". *Civitas*. vol. 1, n. 2, p. 143-164.

_____; MARQUES, Ana Claudia. "Sobre a circulação de recursos nas eleições municipais no sertão de Pernambuco". In: HEREDIA, Beatriz Maria A. (org.). *Como se Fazem Eleições no Brasil*. Rio de Janeiro: Relume Dumará, 2002. p. 63-101.

VON MARTIUS, Karl F. P. "Como escrever a História do Brasil". In: Revista do IHGB, T. 6, Rio de Janeiro, 1844.

WAGNER, Roy *The Invention of Culture*. Chicago: The University of Chicago Press, 1981.

WILLIAMS, Raymond. *The Long Revolution*. Londres: Peguin, 1965.

_____. "The Bloomsbury fraction" In: *Problems in Materialism and Culture*, Londres: Verso, 1989.

_____. *O Campo e a Cidade*. São Paulo: Companhia das Letras, 2000.

WOORTMANN, Ellen. *Herdeiros, Parentes e Compadres: colonos do Sul e sitiantes do Nordeste*. São Paulo: Hucitec, 1995, p. 241-283.

WOORTMANN, Klass. "Com parente não se neguceia". *Anuário Antropológico*. Rio de Janeiro: Tempo Brasileiro, n. 87, 1998, p. 11-73.

Filmes

O Homem de Areia: 50 anos depois da Revolução de 30, as Confissões de José Américo. Direção e Roteiro: Vladimir Carvalho. Intérpretes: Fernanda Montenegro e Mário Lago. Embrafilmes, 1982, 116 minnutos, VHS, P&B.

Revolução de 30. Direção e Roteiro: Sylvio Back. Intérpretes (Comentários Críticos) Edgar Carone, Boris Fausto, Paulo Sérgio Pinheiro. Produtora: Sylvio Back Produções Cinematográficas, 1980, VHS, P&B.

Sites

Academia Brasileira de Letras: http://www.academia.org.br/

Academia Paraibana de Letras: http://www.aplpb.com.br/

Academia Pernambucana de Letras: http://apl.iteci.com.br/

CPDOC- FGV: http://www.cpdoc.fgv.Br

Genealogia Pernambucana: http://www.araujo.eti.br/cascao2.asp

Teatro de Amadores de Pernambuco: www.tap.org.br

Fundação Joaquim Nabuco: http:// www.fundaj.gov.br

Agradecimentos

O mais interessante durante o processo de elaboração deste Mestrado, agora publicado em forma de livro, foi sua imprevisibilidade. Apesar de trabalhar com a obra de Ariano Suassuna desde a minha graduação em ciências sociais, foi apenas nos últimos meses que uma nova chave interpretativa se desenhou. Principalmente por meio dos comentários rigorosos e sempre pertinentes de minha orientadora, pude trabalhar com outros elementos que meu texto sugeria, mas que não havia me dado conta.

É por esse motivo que só tenho a agradecer a Lilia Schwarcz pela paciência, dedicação e capacidade de fazer-me estranhar aquilo que me era tão familiar. Agradeço pelo carinho com que leu meus textos, apoiando-me nos momentos difíceis e celebrando os mais felizes.

Agradeço também a todo o grupo de colegas do Grupo Etno-História, do Departamento de Antropologia Social da USP que, por meio de discussões e debates, tanto arejaram os meus primeiros textos como me apresentaram autores importantes para o desenvolvimento deste trabalho. Especialmente Rafaela e Iris, desde sempre por perto, estiveram ao meu lado desde os primeiros projetos de iniciação até as últimas versões deste texto.

Não posso deixar de registrar a importância que Maria Lúcia Zoega de Souza e Glória Cordovani tiveram tanto na minha formação como no desenrolar deste trabalho. Devo tornar público o auxílio de Glória nas citações bíblicas.

Fernanda Peixoto acompanhou o desenvolvimento deste trabalho desde seu início e fez importantes comentários e indicações bibliográficas. Ana Claudia Marques, Heloisa Pontes e Sérgio Miceli fizeram observações relevantes no exame de qualificação e na banca de defesa que muito me ajudaram a repensar os rumos do texto.

Devo registrar minha surpresa ao conhecer algumas pessoas ao longo da pesquisa. Alexandre Nóbrega tornou-se um grande amigo. Esteve sempre pronto para me atender, receber-me em sua casa em Recife e oferecer-me todo o apoio necessário. O mesmo devo falar de Carlos Newton Junior, que colaborou enviando materiais essenciais para a elaboração desta pesquisa. Sem sua ajuda, principalmente no fornecimento das cópias dos artigos de Suassuna publicados no *Jornal da Semana*, o argumento central do texto não poderia ser desenvolvido. Marisa Tayra Teruya também muito me auxiliou esclarecendo algumas dúvidas sobre a genealogia Suassuna e enviando-me alguns exemplares de livros, já esgotados.

Meus mais sinceros agradecimentos ao próprio Ariano Suassuna, que se mostrou acessível e extremamente divertido em todos os nossos encontros.

Ajudou-me a pensar a estrutura final do texto, mesmo sem saber, o companheiro de travessias acadêmicas entre História e Antropologia, Rafael. Também não posso deixar de mencionar os nomes de Daniela e Samuel: grandes amigos.

Por fim devo agradecer à Maíra, aos meus pais, Pedro e Nádia, irmãos, Alexandre e Stefânia, compadres e comadres. Pela memória da grande matriarca, minha avó Sultana, eu saúdo toda a parentela, incluindo aqui as alianças e excluindo as inimizades.

Este livro foi impresso em Santa Catarina pela Nova
Letra Gráfica & Editora no inverno de 2011.
No texto foi utilizada a fonte Adobe Garamond,
em corpo 10,5 e entrelinha 16 pontos.